XIANGCUN LÜYOU
CONG LILUN DAO SHIJIAN

乡村旅游：从理论到实践

窦志萍 ◎ 著

中国旅游出版社

前 言

"故人具鸡黍,邀我至田家。绿树村边合,青山郭外斜。开轩面场圃,把酒话桑麻。"美丽乡村、故土田园,是抹不去的乡愁。乡村是伟大的,人类文明源自乡村。乡村不仅提供我们赖以生存的粮食和原材料,随着社会生活水平的不断提高、城乡基础设施建设的日益完善,乡村更成为人们放松心情、休闲度假的好去处。望得见山、看得见水、记得住乡愁的乡村已成人们向往的融生态美、生产美、生活美于一体的旅游目的地,乡村旅游成为人们休闲生活的重要方式之一。人们到乡村旅游,在人员流动的同时,带来物流、资金流、信息流。乡村旅游在促进城乡人口、文化、技术、资本、资源交流与融合,城乡统筹协调,推动区域生态环境改善和社会经济发展等方面发挥着重要作用。

发展乡村旅游,有利于传承传统文化、促进农业提质增效。乡村通过发展旅游可把乡村特色转化为旅游品牌,以乘数效应推动乡村经济发展,能有效拓宽农民就业创业渠道、增加农民收入。发展乡村旅游有助于改善乡村环境,提升公共服务设施水平及服务质量,让乡村成为人们向往之地、创业之地。

近年来,我国乡村旅游在脱贫攻坚、促进乡村振兴、推动城乡一体化发展等方面发挥了重要的作用。宏观而言,乡村旅游是实现乡村振兴战略的重要助力途径,是社会和谐发展的重要动力,是生态环境改善与优化的重要力量。中观来看,乡村旅游是经济提质增效、产业融合及产业转型升级的关键抓手,是文化传承与创新的重要阵地。具体来说,发展乡村旅游能满足人民群众对"美好生活"追求的需要,是让城乡居民共享幸福生活的重要领域。

进入新时代,乡村旅游的发展理念、市场需求、发展主体、产业功能与属性、业态创新、产品生产、产品形态及内容、参与者积极性等方面都发生着变化。如今,乡村成为旅游发展的热门区域,成为资本投入的重要集聚地。政府、企业、乡村居民以及"创客"们都积极参与到乡村旅游发展、建设中,各地在发展乡村旅游过程中取得了较大的成就,总结出了很多成功且可推广的经验。但是,在乡村旅游实践推进中,依然有很多困惑。如何在新时代抓住机遇,迎接挑战,把乡村建设成为游客向往的旅游目的地,满足人民群众对美好生活的需要,在服务农业农村发展、推动和助力乡村振兴等方面发挥更大的作用,实现乡村旅游高质量发展等,既是产业发展之惑,也是时代赋予我们的历史命题,需要同仁一起奋力攻克。

本人有幸长期参与并承担了有关乡村旅游的教学科研、挂职实践、调研指导等工作,并在此基础上完成了本书。21世纪初,因教学及科研的需要,本人开始了乡村旅游的研究工作,并在国内相关省份进行乡村旅游的调研,在瑞士访学期间也对当地乡村旅游进行了深度调研,完成了相关课题及项目。因工作需要,曾到基层挂职工作,成为县域乡村旅游的直接管理者、推进者。在脱贫攻坚过程中,本人作为省级乡村旅游指导专家组成员,亲身到访相关村寨指导乡村旅游脱贫工作。在工作实践,特别是在基层指导乡村旅游推进的具体工作中,本人深刻体会到乡村旅游发展理论联系实际的重要性及关键点。

本书围绕现代乡村旅游发展中需要厘清的一些困惑,如乡村旅游属性、发展与参与要素的变化,发展中共享、共赢目标的实现,新时代发展理念、思路及路径的选择与落实,乡村旅游资源、业态、产品等概念内涵的挖掘与创新,新兴特色项目拓展与品牌打造、IP利用、目的地运营、营销与管理等,紧扣乡村旅游是什么、要什么、做什么、怎么做、为何做、如何做的逻辑,以理论联系实际、强调实践可能、体现可操作性的思路展开编写。

全书共九章，第一章是乡村旅游发展沿革与概念内涵，通过分析乡村旅游的产生及发展沿革，明确乡村旅游作为一个动态概念的属性、特点，明晰其组合系统，根据发展需要进行分类，为乡村旅游发展与实践提供基础理论与依据。第二章是乡村旅游发展的基本条件，通过乡村旅游发展的基本条件，如客源、资源、服务等的梳理，明晰相关概念及内涵，明确乡村旅游发展要有效利用各类条件，要与时俱进跟上时代的步伐，要用发展的眼光看待发展条件的变化，要敢于创新，更要有效经营管理。第三章是乡村旅游发展环境，通过对乡村旅游发展环境概念的界定及类型划分，提出科学保护与合理利用环境发展乡村旅游的路径与方法。第四章是乡村旅游发展理念、路径与模式，基于乡村振兴总目标，根据现代乡村旅游发展实践，提出乡村旅游发展的基本理念、路径，总结可供借鉴的乡村旅游发展、运营模式。第五章是乡村旅游规划，对乡村旅游规划的属性、类型进行梳理，明晰了乡村旅游规划思路、技术路线，以及不同层级不同类型乡村旅游规划的主要内容及要求。第六章是乡村旅游主要业态及服务，通过对业态、旅游业态概念的分析，明确了旅游业态、乡村旅游业态的概念、内涵、类型及特点，厘清了业态的属性及服务等内容。在对乡村旅游业态演化机理分析的同时，总结了乡村旅游发展的业态组合要求，提出了餐饮美食、住宿、特色交通、游览观光、商品与购物、休闲娱乐等基础业态的发展及创新的路径，明确了乡村民宿、乡村露营等新兴业态的发展要求。第七章是乡村旅游产品，厘清了业态与产品的关系，分析了乡村旅游产品的概念与内涵、特征与类型，给出了乡村旅游产品开发、设计等的要求。第八章是乡村旅游地的形象、品牌与营销，分析了旅游目的地形象及品牌内涵，从旅游消费需求的角度，探讨了如何构建乡村旅游地形象系统，明确了乡村旅游地形象塑造的原则、要求、传播及管理等内容，以及如何做好品牌建设与乡村旅游地IP、营销渠道联动。第九章是乡村旅游目的地管理，以乡村旅游高质量发展为目标，提出了乡村旅游目的地管理的目标、内容及方式。

旅游理论来自实践，实践需要理论的指导，乡村旅游发展需要理论与实践的结合。希望本书对有兴趣参与乡村旅游的朋友们有所帮助，希望对相关部门开展乡村旅游培训、高校教师开展相关教学、学生系统学习乡村旅游知识有参考价值,希望成为乡村旅游实践者、管理者的有用参考书。

  本书的撰写参考了大量资料,在调研中得到各级文旅部门以及相关乡镇、村的支持,在此深表感谢。作者在撰写过程中力求确保相关知识的准确性,提升实践的指导性和可操作性,但限于学识水平,还存在诸多不足,难免有不妥或纰漏的地方,诚请不吝赐教。

窦志萍
2022 年 10 月 16 日于昆明

目 录

第一章 乡村旅游发展沿革与概念内涵 ………………………………… 1
 第一节 乡村旅游的产生与发展 ……………………………………… 2
 第二节 乡村旅游概念 ………………………………………………… 8
 第三节 乡村旅游的属性、特点与组合系统 ……………………… 20
 第四节 乡村旅游的类型 ……………………………………………… 27

第二章 乡村旅游发展的基本条件 ……………………………………… 35
 第一节 游客 …………………………………………………………… 36
 第二节 乡村旅游资源 ………………………………………………… 44
 第三节 乡村旅游经营与管理 ………………………………………… 66

第三章 乡村旅游发展环境 ……………………………………………… 71
 第一节 乡村旅游发展环境的界定及类型 …………………………… 72
 第二节 乡村旅游发展环境保护 ……………………………………… 82

第四章 乡村旅游发展理念、路径与模式 ……………………………… 93
 第一节 乡村旅游发展理念 …………………………………………… 94
 第二节 乡村旅游发展路径 …………………………………………… 108
 第三节 乡村旅游发展模式 …………………………………………… 115

第五章　乡村旅游规划 ······ 135
第一节　关于旅游规划 ······ 136
第二节　乡村旅游规划概述 ······ 140
第三节　乡村旅游规划思路及技术路线 ······ 149
第四节　乡村旅游规划的主要内容 ······ 154

第六章　乡村旅游主要业态及服务 ······ 173
第一节　旅游业态与乡村旅游业态概述 ······ 174
第二节　乡村旅游基础业态 ······ 192
第三节　新兴乡村旅游业态 ······ 235

第七章　乡村旅游产品 ······ 247
第一节　乡村旅游产品概述 ······ 248
第二节　乡村旅游产品类型 ······ 253

第八章　乡村旅游地的形象、品牌与营销 ······ 267
第一节　乡村旅游地形象塑造 ······ 268
第二节　乡村旅游品牌建设与IP打造 ······ 280
第三节　乡村旅游营销 ······ 291

第九章　乡村旅游目的地管理 ······ 303
第一节　管理目标及方式 ······ 304
第二节　乡村旅游宏观管理的内容 ······ 307
第三节　乡村旅游高质量发展 ······ 313

参考文献 ······ 326

第一章 乡村旅游发展沿革与概念内涵

第一节 乡村旅游的产生与发展

一、国际乡村旅游产生与发展

(一) 产生

乡村旅游在欧美发达国家已有上百年历史。学者们通常认为,现代意义上的乡村旅游发源于19世纪中叶的欧洲,工业化、城市化进程的加速及带来的负面影响,加上经济的无序发展和激烈竞争,使得城市居民开始向往宁静的田园生活和美好的乡间环境,乡村旅游应运而生,但此时无论是游客数量还是发展规模都处于初级阶段。随着乡村旅游的发展,其功能不断显现,随之引起了人们的关注、重视,1865年,意大利"农业与旅游全国协会"的成立推进了乡村旅游的发展进程,该协会的成立标志着国际乡村旅游步入发展正轨。与此同时,乡村旅游业也引起了学者们的研究兴趣,19世纪中期,欧洲开始了对乡村旅游的研究。在欧洲,随着经济及技术的发展,以铁路为代表的交通设施、工具得到了迅速发展,乡村的通达性大大提高,这极大地促进了当地乡村旅游的发展,出现了大众化的乡村旅游。目前学者们基本达成共识,认为真正意义上的大众化乡村旅游起源于20世纪60年代的西班牙。

进入20世纪70年代后,欧美地区的乡村旅游进入了快速发展期,如在美国和加拿大等国家,发展乡村旅游被认为是一种提高农民收入、促进农业发展的重要举措。进入20世纪80年代后,一些经济发达的国家陆续开设专门经营乡村旅游的企业以及专门化的乡村旅游接待服务处,有的甚至成立专门机构进行行政管理,更有的从立法上确定了乡村旅游的地位。这一系列举措,使得乡村旅游形成了规模,走上了规范化发展的道路。在欧洲,德国、奥地利、法国、英国、西班牙等国家的乡村旅游具有相当规模,产生了较大的影响。

进入20世纪90年代，在世界旅游组织等相关国际组织的推动下，乡村旅游作为生态旅游的一个重要组成部分，开始向发展中国家推广。

（二）发展沿革

乡村旅游在国外有"绿色旅游""农业观光旅游"等替代名称，被认为是旅游与农业相结合而形成的新型旅游产品，是实现乡村地区农业经济多样化和农业产业升级的重要形式，并成为旅游经济的重要组成部分，兼具产品、产业属性。

乡村旅游之所以受到重视，与特殊历史背景有一定关系。随着工业化、城市化进程的加快，乡村的政治、经济地位发生了较大变化。技术进步使得农业生产方式不断改进，农业劳动力需求下降，许多乡村地区人口外移，数量下降，出现乡村服务业萧条、乡村社区衰落的现象。乡村年轻人外迁，又导致乡村老龄化问题日渐显现，乡村地区的发展引起了各国政府的重视。在乡村发展旅游，作为可改变乡村经济结构的重要途径之一，引起了各方的注意和重视。政府、企业、学者、游客、村民，还有资本等对乡村旅游产生了极大的兴趣，促进了乡村旅游的蓬勃发展。

随着经济与社会需求的变化，欧美等国的乡村旅游载体也由单一的观光型农业园发展为集观光、休闲、度假、教育和体验于一体的农业园、农业区和农业带，形成多元化、多功能、多层次的经营格局，做到了规模与效益同步增长。以法国为例，20世纪末、21世纪初就有超过16万个农庄推出了乡村旅游项目，国民中超过三分之一的人选择到乡村休闲度假，乡村旅游收入占到了全国旅游总收入的四分之一左右。再看意大利，全国20个行政大区都发展了乡村旅游。在英国，小旅馆随处可见，便捷且收费相对低廉，还提供第二天的早餐，受到很多人欢迎。游客到乡村可以亲自参与农业活动、体验差异且种类繁多的娱乐休闲活动、购买现场加工的纪念品等。美国农村地多人少，开展乡村旅游不仅可以暂时性弥补农业劳动力短缺，还帮农场主就地就近推销了农副产品，人们通过乡村牧场放牧、观光度假、探亲访友、考察体验等方式，既可以观赏田园景色，也可以参与田园耕作，还可以分享丰收果实，有些地方还会举办一些具有当地特色的娱乐项目，这些活动都受到了游客们的欢迎。在日本发展乡村旅游过程中，重视挖掘自然景观的文化色彩，注重自然风景与历史遗迹结合，充分利用各种资源，提升对游客的吸引力。如充分利用古老民居，条件成熟的改造为特色博物馆；在一些老房子里开餐馆，经营手擀荞麦面、海鲜料理等当地的传统食品和绿色食品；在乡村进行传统的手工艺表演活动，出售纪念品和土特产。特别值得一提的是日本乡村旅游发展中特别注重村庄与学校的联结，通过乡土教育的方式，获得稳定的消费人群。

国外乡村旅游发展历史较长，积累了很多可贵的经验，值得认真研究借鉴。总体看，乡村旅游发展的基础是高度发达的城市化，城市是乡村旅游的目标市场，城市化及城市发展能为乡村旅游提供庞大客源。具体经验为：

1. 乡村旅游的载体及功能日趋多样化

美丽的乡村田园、山林、海岛，风光旖旎的江河湖泊，风格独特的建筑和历史遗迹，农林牧渔的生产工具、过程、工艺及成果，以及特色美食、农业节庆、民俗文化等资源，都被充分挖掘出来并加以很好地利用。

2. 重视服务规范化

为确保乡村风貌，不少国家对接待酒店环境和风格等有明确要求。如对旺季期间非法经营者严加处罚，要求相关人员必须参加培训提高专业技能，提升乡村旅游质量等。

3. 保持乡村的乡村性，注重与文化结合

对乡村吸引人的自然景观、原真性较强的乡村人文传统的保护极为重视，通过制定相关政策，禁止污染环境，避免将城市化、工业化中出现的负面效应复制到乡村，让乡村保持山清水秀。政府部门通过法规等途径对乡村旅游发展质量加以管理，通过非遗申报、文化旅游等途径，积极利用乡村文化。

4. 为乡村旅游提供政策和财政支持

例如，欧盟于1990年开始实施"乡村经济开发关联行动计划"，以推动乡村地区旅游基础设施及农业旅游电子商务建设。意大利政府则对已经开展乡村旅游的单位给予了享受政府有关农业低息优惠信贷和税收减免的政策。法国农业部、农业信贷银行和旅馆信贷银行对从事乡村旅游10年以上的家庭

农舍,按平均每个农舍5万欧元的标准发放建筑整修翻新补贴,重视发挥各类乡村旅游组织及行业协会的作用。

5. 突出游客的参与性和体验感,将教育属性融入乡村旅游

在乡村旅游中融入教育与科普的功能,以科学普及拉动乡村旅游,形成特色"教育农场""学童农园""农业科技园"等。

6. 创新丰富旅游产品,精心策划旅游活动,重视乡村营销

乡村旅游产品类型有农业旅游、森林旅游、民俗旅游、牧场旅游、渔村旅游和水乡旅游等。乡村旅游企业特别注重旅游营销工作,善于通过营销手段激发市场消费活力,其中,最有效的手段是节庆营销。

旅游业是一个竞争性强且波动性大的产业,建立在市场经济条件下的乡村旅游可能出现回报低且风险高的经营格局。从国际乡村旅游发展历程看,乡村旅游发展需要克服以下主要制约因素:一是缺乏重新创业的资金和热情,老龄化的乡村决定了重新创业的冒险性下降;二是缺乏旅游经营的有序性;三是缺乏资格认定与培训;四是缺乏其他部门的有效支持;五是旅游吸引物缺乏开发潜力;六是季节性对乡村旅游的困扰;七是缺乏对旅游发展产生的外在影响的有效控制;八是新的社会矛盾需要解决;九是开发过程中破坏自然与文化遗产。乡村文化和环境遗产是不可再生的,乡村旅游的发展使得乡村遗产直接暴露在公众活动中,会对乡村遗产产生一定的冲击,因此,各个国家在乡村旅游发展过程中对遗产保护特别是乡村保护极为重视,保护乡村自然和文化遗产也成为乡村旅游发展的宗旨。

二、国内乡村旅游产生与发展

20世纪80年代中期,以农业观光为主要形式的乡村旅游在我国开始出现。进入21世纪,乡村旅游成为国民旅游休闲的重要方式和农民增收致富的重要途径,也是农村经济发展的重要力量。

(一)缘起与发展沿革

中国是一个古老的农业大国,农业资源丰富、乡村景观类型多样,农耕文化历史悠久，具有发展乡村旅游的优越条件。

我国真正意义上的乡村旅游萌芽于20世纪70年代后期，开始于20世纪80年代，是在市场需求的促动，农业产业结构调整，需要寻找新的经济增长点的情况下产生的，是供给与需求两方面共同推动的结果。20世纪80年代后期，随着农村产业结构调整，农业观光旅游项目开发成为当时乡村旅游发展的主要渠道之一，为一、三产业结合，多产业融合找到了一个切入点。1989年4月，"中国农民旅游协会"更名为"中国乡村旅游协会"，乡村旅游有了自己的行业组织，同时标志着乡村旅游成为中国旅游发展的重要力量。

进入20世纪90年代，中国乡村旅游虽发展迅速，但仍处于起步阶段。这个时期，乡村旅游主要围绕知名景区展开，体现出"农游合一"的特点及格局，且多分布在经济发达省份、大城市郊区，主要以观光+休闲为主，主要活动内容是吃农家饭、购农家特产、森林浴、乡土文化欣赏等。20世纪90年代中后期，中国的假日制度发生了变化，1995年双休日制度确立，1999年"黄金周"出现，中国旅游市场发生了巨大的变化，旅游业成为假日制度改革的直接受益行业，并成为国民经济新的增长点。在国内旅游业快速增长的同时，乡村旅游随着大景区的火爆在景区周边迅速发展起来，与景区旅游形成互补。同时，乡村旅游的客源市场开始扩张，更多的城市居民参与到乡村旅游活动中。同一时期，生态旅游越来越受到重视，随着生态旅游的发展，农家旅馆在一些经济发达地区及旅游热点地区悄然兴起，成为乡村度假旅游的重要载体之一。至此，乡村旅游实现了从观光旅游到休闲度假方式的升级，成为我国广大乡村发展第三产业及产业融合的重要途径。

21世纪初，国家提出"统筹城乡社会经济发展"建设社会主义新农村的战略思路，农民小康、村民富裕需要通过非农产业的发展，带来城市"反哺"。乡村旅游依托不断改善的农村环境而得到更大的发展空间。乡村旅游在增加农民就业、提高农民收入方面起到了重要作用。

2006年，农业部和国家旅游局出台文件明确了"农村旅游是以城带乡的重要途径"，乡村旅游的产业带动作用得到认可，发展乡村旅游得到国家政策的大力支持。与此同时,"2006中国乡村游"确定为当年旅游宣传的主题。中国乡村旅游的客源市场迅速扩大,消费需求和消费能力有了较大幅度的提升。以"新农村、新旅游、新体验、新风尚"的发展理念及思路全面推动了乡村旅游质量和效益的提高,农家乐、观光园等传统乡村旅游产品数量大幅度提升,内容上也更加丰富。

2008年后,在扩大内需、刺激消费等政策引领下,旅游业作为拉动国内消费市场的抓手受到高度关注,中国乡村旅游随旅游业的发展迈上了新台阶。旅游已成为大众性消费,游客群更加广泛,旅游空间不断扩展,为中国乡村旅游发展提供了更好的产业基础。乡村旅游从点状发展转向集群发展,乡村旅游的辐射和带动作用增强,运营主体多元化特征显现,不同经营模式得到探索。

2013年,国家启动"美丽乡村"创建活动,为乡村旅游提供了更好的发展平台。在美丽乡村建设框架下,乡村旅游与乡村产业进一步融合,极大丰富了乡村旅游的业态及产品形态。其间,受政策鼓励,外部企业、外部资本和外部人才开始进入乡村,经营模式进一步丰富深化。普通农民个体经营和村集体经营规模也在扩大,有政府支持和思维扩展,经营的科学性得到了提升,经济效益越来越好。部分地区政府作为主要管理者也加入乡村旅游的经营中,积极发动鼓励村民参与到乡村旅游发展中。

我国交通运输业及互联网的快速发展,使得城乡之间的区位差异不断弱化,让一些边远乡村的区位劣势成了发展优势。借助交通工具,乡村旅游的分布由点、轴联动逐步向着空间上的全域发展。乡村旅游在脱贫攻坚全面小康中发挥的作用是有目共睹的。在脱贫攻坚全面小康进程中,乡村从外到内都发生了根本性的变化,各种公共服务得到完善与丰富,这为乡村旅游进一步广泛而高质量的发展奠定了更坚实的基础。乡村旅游与文化、美食、交通、教育等的融合越来越深入,新的产品形态不断融入传统乡村旅游产品中,生动活泼、形式多样、特色鲜明,已成为乡村旅游发展的新趋势。

中国乡村旅游在快速发展并取得成绩的同时,还有一些需要改进的方面,如同质化、模仿发展、缺乏创新的情况;发展中缺乏科学规划,盲目、过度开发；个别地区在缺乏乡村旅游的根本属性"乡村性"这个基本条件的情况下，盲目开发；项目相对单一，经营管理不到位，乡村旅游相关要素功能未得到较好发挥等情况；乡村旅游服务意识、服务水平还有待提高，管理、监管需进一步提升；部分地区还存在不注意环境容量控制，对居民及游客行为约束不够等问题。

（二）中国乡村旅游发展趋势

进入新发展阶段，我国乡村旅游与整体旅游业一样面临高质量发展的新要求。未来乡村旅游发展在深度挖掘、传承提升乡村优秀传统文化，带动乡村旅游发展方面会发挥更大作用。各地将根据资源、市场及消费需求变化，实施主题化、特色化、差异化发展。未来乡村旅游发展将呈现六大发展趋势，即乡村主题化、体验生活化、产品细分化、业态多元化、服务规范化、村镇景观化。特色化与主题化是乡村旅游产品的"灵魂"，是未来乡村旅游发展的基本要求。未来乡村旅游应围绕"旅游是一种生活、学习和成长方式"的理念，优化产品结构，丰富产品供给，着力构建好全方位、多层次的乡村旅游业态与产品品牌体系。

第二节 乡村旅游概念

在前一节中介绍了乡村旅游的产生和发展，在日常生活中人们也经常提到乡村旅游，但是，如果问到什么是乡村旅游？很多人不一定能马上回答出来，或者往往用自己的旅游经历来解释，即便是乡村旅游的从业者也会遇到同样的情况。

乡村旅游，人们对其所指含义似乎是清晰的，因为其发生在"乡村"，具有特定的地域特征。但要准确做出相对明确的界定时则会出现两种情况，一是界定过泛，理解过宽，把地处乡村区域的旅游都认为是乡村旅游。另一种则是理解过窄，认为农家乐才是乡村旅游。

更多的人会从游客的视角，认为乡村旅游就是一种出游方式，或一种旅游活动。但从地方发展的视角，会认为乡村旅游是一种产业，是乡村发展的重要抓手，是解决农民非农收入的重要途径，是实现乡村振兴的重要路径之一。从投资者的角度，会把乡村旅游看作是投资领域，是一个业态组合，是开发项目。在当地村民眼中，乡村旅游是提高乡村价值，是创业和不离乡就业及提高非农收入的重要路径等。

对概念形成一定的认知，是发展的基础。乡村旅游发展经历了从缘起、发展到兴旺的历程，未来还有很大的发展空间，将发挥更大的功能及作用。因此，需要相对全面地厘清概念，更清晰地认识乡村旅游的属性，有效推动乡村旅游高质量发展。

一、国外对乡村旅游概念的界定

乡村旅游在英文文献中通写作 rural tourism，有时 agritourism（农业旅游）、farm tourism（农场旅游）以及 ecotourism（生态旅游），甚至还有 geotourism（地学旅游）等也在一定意义上表示乡村旅游。由于各地农业产业基础有差异，旅游休闲方式不尽相同，在表述乡村旅游时不同国家的用词会有所不同，如英国喜欢用 rural tourism、波兰常用 agritourism、北美及澳洲多用 farm tourism。

由于乡村旅游的复杂性和多元性，不同国家和地区乡村旅游的形式不同，对乡村的界定标准存在差异。在国外，乡村旅游不仅仅是以农场或农庄为基础的旅游，还包括在乡村进行的各类运动休闲、康体保健、科普研学、文化体验、生态回归等旅游活动。一些地方，城市和乡村是一个连续体，无法截然分离，而且乡村地区本身也处于复杂的动态变化中。因此，界定乡村旅游的概念有一定难度，学者们对乡村旅游概念的界定和认知不尽相同。

对乡村旅游概念的定义有繁有简，但都体现出了乡村旅游是在乡村地域，乡村性是其核心卖点的内容。在众多学者的概念界定中，《可持续性旅游期刊》（*Journal of Sustainable Tourism*）主编 Bernard Lane 认为界定乡村旅游有如下要求：一是旅游希望到达的地点界限位于乡村地区；二是开展的旅游活动具有乡村性,即由小规模企业经营的旅游活动,有面积较大的空间,有与自然紧密的联系,有源远流长的传统文化活动等乡村地区显著的特点;三是具有乡村的小规模性,体现在乡村的居民点和建筑群都是小规模的;四是社会结构有明显的有序性、稳定性、整体性特征,乡村传统文化特征显著,社会发展进程缓慢,乡村的本乡本土家庭常与发生在乡村的旅游活动相联系,乡村当地的各种条件在很大程度上制约着乡村旅游;五是由于乡村的自然因素、经济因素、历史环境及风貌和区位条件具有很大的差异性,导致乡村旅游类型众多。Bernard Lane(1994)给出的乡村旅游概念具有一定代表性。他认为:乡村旅游是基于农业的一种旅游业态和旅游活动,是多层次的旅游活动,能够为游客提供农业休闲度假,同时能为游客提供针对性的自然旅游,如假日步行、登山活动、探险活动等旅游活动,是一种教育性的旅游和文化性的旅游,具有民俗旅游的特点。

其他学者及组织也给出过乡村旅游的概念,较有代表性的有:

乡村旅游的对象局限于农场、牧场,其实质是农业旅游,农户为旅游者提供住宿等设施及服务,使其在农场、牧场等典型环境中从事各种休闲活动。(Gibber,1990)

乡村旅游是指位于农村区域的旅游活动,具有农村区域的特点,如区域开阔、可持续发展等。(Rdich,1999)

乡村旅游是发生在非城市区域的活动,它与土地密切相关,这里居住着永久性居民,永久居民是乡村旅游发展的重要条件之一。(Dernoi,2001)

乡村旅游是乡村生活体验的商品化和模式化。(Bill Barnwell,1994)

乡村旅游不仅是基于农业的旅游活动,而且是一个多层面的旅游活动,它除了包括基于农业的假日旅游外,还包括特殊兴趣的自然旅游、生态旅游,在假日步行、登山和骑马等活动,探险、运动和健康旅游,打猎和钓鱼,教育性的旅游,文化与传统旅游,以及一些区域的民俗旅游活动。(Bramwell,Lane,1994)

乡村旅游就是位于农村区域的旅游,具有农村区域的特性,如旅游企业规模要小、区域要开阔和具有可持续发展性等特点。(Arie Reichel,Oded

Lowengart，Ady Milman，1999）

乡村旅游是一种旅游形式，这种形式与传统乡村有关。参与这种旅游形式，村民和游客都可以从中受益。（Insekeep，2002）

欧盟（EU）和世界经济合作与发展组织（OECD）于1994年对乡村旅游给出了定义：在乡村地区发生的小规模、可持续发展的旅游形式。其中，"乡村性是乡村旅游整体推销的核心和独特卖点"。芬兰乡村发展委员会（2003）认为乡村旅游是全面开发乡村资源，创造出口产品的途径和工具，通过量与质两个方面的不断努力，乡村旅游可以成为乡村就业和收入的基本源泉。

国外学者对乡村旅游概念的界定分析，对我国发展乡村旅游有一定的启发和帮助。归纳起来，国外对乡村旅游概念的界定主要涉及的内容有：

第一，关于乡村旅游发生的场地空间，认为乡村旅游必须发生在乡村。

第二，乡村旅游活动要有乡村性。乡村性是客观、准确地描述乡村旅游活动区域或活动对象的特征，也是区别于其他不同旅游活动类型的重要依据。

第三，重视乡村旅游的作用、综合效益和可持续发展，目标是乡村主客共享。强调游客的参与性，游客在乡村旅游的过程中不仅可以欣赏农村的自然风光，同时也可以参与到各种互动和体验活动中。

第四，乡村旅游发展依托乡村的自然环境、文化环境、生产资料和生活资料，强调乡村旅游的开发与土地利用的关联和一致性。

第五，体现差异性。乡村旅游是在乡村开展的旅游活动，区域地理位置不同，使得乡村旅游存在较大的差异和不同。由于地理环境及其他要素的影响，如季节、降水、地形地貌等的差异，导致相同的地点在各个方面也存在差异。

国外对乡村旅游概念的界定多依据发展实际，抓住乡村旅游的某一个或几个典型特征进行解释性阐述与界定。不同国家因其乡村所指向的地域特点、环境特点及体验要素的异同，在突出乡村旅游与乡村社会、社区之间的紧密关系的同时，在偏向上有一些差异。

二、国内对乡村旅游概念的界定

（一）观点介绍

国内常用的乡村旅游概念，由于侧重点不同，表述方式也有所不同，主要包括以下几种概念类型。

一是认为乡村旅游是指以乡村空间环境为依托，以乡村独特的生产形态、民俗风情、生活形式、乡村风光、乡村居所和乡村文化为对象，利用城乡差异来规划设计和组合产品，融观光游览、娱乐、休闲、度假等活动为一体的一种旅游形式。

二是认为乡村旅游是以农业文化景观、农业生态环境、农事活动及传统的民俗为资源，融观赏、考察、学习、参与、娱乐、购物、度假等为一体的旅游活动。

三是认为乡村旅游是以乡村地域以及农事相关的风土、风物、风俗、风景组合而成的乡村风情为吸引物，吸引旅游者前往休憩、观光、体验以及学习的旅游活动。

四是认为乡村旅游是指以乡村地区为活动场所，利用乡村独特的自然环境、田园景观、生产经营形态、民俗文化风情、农耕文化、农舍村落等资源，为城市游客提供观光、休闲、体验、健身、娱乐、购物、度假的一种新的旅游经营活动。

五是认为乡村旅游是指在乡村地区，以乡村自然和人文景观为吸引物使旅游者领略农村乡野田园风光，体验农事生产劳作，了解风土民俗和回归自然，融观光、考察、学习、参与、娱乐、购物、度假等为一体，能够满足旅游者求异、求知、求根等需求并能产生经济效益的旅游活动。

以上关于乡村旅游概念的界定，主要强调乡村旅游发展的空间，重点关注乡村旅游资源的利用与旅游者的旅游动机，把乡村旅游归作一种旅游活动、活动方式或旅游经营活动。

（二）乡村旅游概念界定

乡村旅游概念的界定，首先要明确乡村旅游应侧重旅游，而旅游要以游客的需求为出发点，利用自身乡村性的特点"生产"适合乡村旅游的产品与服务；其次，要把握好乡村旅游的特征。

总结起来，乡村旅游的典型特征主要表现为：

第一，乡村性。乡村性是乡村旅游的本质特征。

第二，参与体验性。游客与村民共同参与到乡村旅游活动中，游客通过吃、住、行、游、购、娱体验乡村的农耕劳作生活、淳朴的民风民俗。游客参与体验离不开当地村民提供的服务，村民在支持乡村旅游的过程中也能受益，只有游客与村民开展良性互动，才能促进乡村旅游的健康发展。

第三，可持续性。乡村的自然风景、人文资源是开展乡村旅游的根本。要注意乡村的生态保护，维持乡村旅游资源的永续利用。

从传统的视角看，并非发生在乡村地区的旅游形式或活动都是乡村旅游，只有当旅游与当地乡村资源、乡村社区环境及乡民的生产、生活相融合才能称得上是乡村旅游。乡村旅游发展中很重要的一点就是乡村社区及村民的参与。

从发展的视角看，随着时代的发展，游客的乡村旅游活动已不限于乡村性的活动，在乡村环境的非城市体验也被纳入了乡村旅游的范畴，有的乡村旅游只是在空间和资源上具有乡村性，不再过多强调社区参与和活动。在对乡村旅游出发点及特征把握的基础上，从地方发展乡村旅游的视角，可以把乡村旅游定义为：乡村旅游是指在城市以外的广大乡村地域内，利用乡村自然景观环境、田园景观、农林牧渔生产景观、民俗文化风情、古镇村落景观、农家生活场景以及乡村景观意境等资源条件，立足景观价值的多重性特征，通过科学规划、开发与设计，为消费者提供观光、休闲、度假、体验、娱乐、康体健身的一种旅游经营活动。

从市场及产品的视角，乡村旅游是一种充分利用乡村的自然环境、人文特色资源，为游客提供旅游观光、娱乐健身、休闲度假、体验购物、科普教育等服务的生态无破坏的综合性旅游活动。

对消费者来说，乡村旅游是一种传统的观光旅游向休闲过渡的新的旅游产品形态。

三、相近概念比较分析

在乡村旅游发展中，无论在学术研究领域还是实践领域，出现过不少相关概念，一些概念至今仍在不同领域使用，这些概念与乡村旅游似乎是相同的，但有时又是不可互相替代的。

（一）农家乐与乡村旅游

"农家乐"就是在农村环境中，以吃农家饭，住农家屋，干农家活，享农家乐为特征的一种旅游形式。从内容上看，农家乐虽符合乡村旅游的条件，属于乡村旅游的范畴，但农家乐不等同于乡村旅游，不能用农家乐替代乡村旅游概念。

从旅游活动的空间来说，虽然农家乐的活动空间属于乡村，但其重点在"农家"，而乡村旅游的空间在整个"乡村"，因此乡村旅游的范围更大更广。

从旅游开发以及经营主体来看，农家乐是以单家单户为主来开展的，而乡村旅游则可能以整个乡村（村、寨）来组织开发与经营。

从活动内容看，农家乐内容简单，主要以吃农家饭为主，偶尔提供简单的采摘活动。服务单一，领域活动性强，缺乏服务规范。

从这个意义上来讲，农家乐是乡村旅游的组成部分之一，是我国乡村旅游发展初期的初级形式。随着乡村旅游的拓展与发展，农家乐也在提升。在现在的乡村旅游中，农家乐以一种传统业态，具体说是乡村餐饮业中的一种业态的形式存在。现代农家乐（也包括渔家乐等）可以是一种初级简单产品，也可以成为综合性乡村旅游产品中的一个环节。现代农家乐的服务也比过去有了很大的提高，有部分条件好的农家乐已升级为特色民宿，所提供的服务内容从餐饮延伸到了住宿、文化体验等。

(二)观光农业与乡村旅游

观光就是观看游览的意思,观光农业是以农业为基础,把旅游与农业结合在一起的一种现代农业,其侧重点在农业,可以理解为农业+旅游(休闲)的一种发展模式,是农业产业中的一种新型业态。从乡村区域发展的角度,可以把观光农业理解为乡村旅游的一种发展模式,是乡村旅游产品体系的重要组成部分。

观光农业的形式和类型很多,在国外发展得较好。根据目前的发展状况,其中规模较大的形式主要有:

(1)观光农园。这是国外观光农业最普遍的一种形式。即在城市近郊或风景区附近开辟特色果园、菜园、茶园、花圃等,让游客可以摘果、收菜、赏花、采茶,享受田园乐趣。

(2)农业公园。即按照公园的经营思路,把农业生产场所、农产品消费场所和休闲旅游场所结合为一体。

(3)教育农园。是一种兼顾农业生产与科普教育功能的农业经营形态。

(4)观光农场。是以传统农场为基础,结合农业生产,在农产中增加观赏、采集、教育、体验等内容,把农场打造为一个农业与旅游业有机结合的复合体。

在实践中,一部分观光农业也可以视为乡村旅游业,如在乡村开发的观光农园、教育农园以及观光农场等。但另一些观光农业并不属于乡村旅游业的范畴,如在城市附近应用纯粹的现代农业技术所开发建设的现代农业观光农园,它虽然也有旅游的功能,但由于其不在乡村,也不具有乡村文化的元素,因此不能称之为乡村旅游。

(三)农业旅游与乡村旅游

农业旅游与观光农业很相似,都是以农业为基础,把旅游与农业结合起来的一种旅游形式。理论上,农业旅游是指充分利用农业资源,以旅游内涵为主题而开发的以农村独特的田园风光、农事劳作及农村特有风土人情等为内容的，将农业发展与建设、农田科学管理、农艺展示、农产品加工、农业科普教育等与游客的广泛参与相融合的一种旅游形式。同时，因为农业旅游依托的吸引物主要为农业生产过程、农村风貌、农民生产劳动场景等，发展农业旅游的目的是以农业效益为主，旅游效益为辅，实现生产与观光功能的兼容，所以也可以把农业旅游理解为是提供见识农业生产机会和欣赏田园风光的开放性农业。

乡村是从事农业生产的地方，乡村旅游的活动与农事难以分割，旅游就成了乡村旅游必不可少的组成部分。但就旅游的形式、内容、分布地域来看，游客不仅能在农业场地亲自参与体验农家生活与生产，购买时鲜农产品和其他土特产品，还能够在广阔的非农地域游览观光、度假休闲，进行多样化的活动，可以说乡村旅游所包含和涉及的内容要比农业旅游要广阔得多、宽泛得多，乡村旅游的活动也比农业旅游的活动更成熟、分布地域更广泛，因此，农业旅游可看作是乡村旅游的一个类型。

乡村旅游是按旅游的地域空间划分的一种旅游形式，农业旅游是按旅游对象划分的一种旅游形式，与民俗旅游、古迹旅游、山水风光旅游等是对应的，它指的是以农业活动为基础、农业与旅游业相结合的一种新型农业产业形式。由于都市农业的出现（都市农业是位于大都市中、都市郊区或大都市经济圈以内，以适应现代化都市生存与发展需要而形成的现代农业），农业并不都发展在纯粹的乡村地区，所以农业旅游有时与乡村旅游并不一定发生在共同的地域范围之内。

因此，我们认为在乡村开展的具有乡村性的农业旅游可以视为乡村旅游，而不在乡村地区开展的一些展示现代农业技术的农业旅游则不能称其为乡村旅游。如在现代农业科技园区以参观、考察、学习现代无土栽培、现代转基因农业、现代喷灌等技术为主要目的的旅游是农业旅游，但显然不属于乡村旅游。

伴随我国农业的转型升级，农业的产业功能和旅游内容在深化和扩展，"农业+"在不断融入人们的生活，"农业+安全""农业+观光""农业+休养""农业+医疗"等丰富的农业体验使得农业旅游将成为乡村旅游的重要的组成部分。

(四) 农村旅游与乡村旅游

一般人把乡村等同于农村，实际上农村与乡村是有一定差别的，农村是从事农业的人居住的居住点，而乡村里面居住着各种各样的人，并不一定以农民为主。虽然就目前我国的实际情况来看，乡村与农村的差异并不十分明显，但二者的差异在国外尤其显著，乡村涵盖了农村，乡村比农村的范围广。因此，乡村旅游也就涵盖了农村旅游，农村旅游可以归属于乡村旅游。

(五) 民俗旅游与乡村旅游

所谓民俗就是依然存在的民间传统文化，是民间世代传承下来的文化。民俗旅游是指人们离开惯常居住地，到异地去以地域民俗事项为主要内容而进行的文化旅游活动的总和。从属性看，民俗旅游属于文化旅游的一种。文化旅游通常是指人们通过旅游或在旅游活动中了解和获取知识的活动。

对民俗旅游概念的理解，也因人而异。有的认为民俗旅游是借助民俗而开展的旅游项目，如寻根祭祖、朝山进香、民间艺术表演、民俗展览、节庆活动、品风味食品、乘坐旧式交通工具、住民房等，即到民间去旅游，到民俗氛围里去切身体会。有的认为民俗旅游是一种高层次的文化型旅游，它欣赏的对象为人文景观，而非自然景观，任何一个国家、地区和民族的传统节日、婚丧嫁娶、建筑风格、民间歌舞都是民俗旅游的珍贵资源。还有的认为民俗旅游是指游客被异域或异族独具个性的民俗文化所吸引，以一定的旅游设施为条件，离开自己的居所，前往旅游地（某个特定的地域或特定的民族区域），进行民俗文化消费的一个动态过程的复合体。

关于乡村旅游与民俗旅游之间的关系说法不一，有些学者认为乡村旅游包括民俗旅游，其实不然。民俗旅游有多种分类方式，陶思炎教授在《略论民俗旅游》一文中，从民俗旅游涉及的民俗范畴、民俗生活空间、民俗旅游产品性质以及民俗旅游产品服务功能四方面进行划分，其中根据民俗生活空间，民俗旅游可作市井民俗游、水乡民俗游、山村民俗游、渔村民俗游等划分,因此民俗旅游既可以在农村开展,也可以在城镇进行,故两者不是包含与被包含的关系,而是含有共同部分——乡村民俗旅游的关系。

综上所述,民俗旅游就是以传统文化为主要旅游吸引物的旅游活动。这种民间传统文化不仅存在于乡村,它同样也存在于城市。如北京城的老北京民俗,丽江城的纳西民俗等。因此,民俗旅游不等同于乡村旅游。民俗旅游可以分为城市民俗旅游和乡村民俗旅游,其中乡村民俗旅游就属于乡村旅游的范畴。因而民俗旅游与乡村旅游有交叉,但不相等。

(六)乡村旅游与乡村休闲、乡村度假、乡村观光及乡村生活

乡村休闲、乡村度假、乡村观光及乡村生活是乡村旅游在发展过程中存在的几种比较常见的概念说法,往往容易混用,但是它们都是乡村旅游的重要形式,在乡村旅游发展过程中不可或缺,因此需要厘清这几种说法之间的关系。

度假旅游和观光旅游是相互关联的两个不同层面的旅游形式。观光旅游是旅游业发展的初期阶段,度假旅游是旅游业发展到高级阶段的必然产物。乡村观光最鲜明的特点是以到乡村"看"为主要形式,而乡村度假最鲜明的特点是以到乡村"养"为主要形式。从心理学的角度深度剖析旅游需求,观光旅游追求的是"刺激",即通过"求新求异"获得刺激,从而获得与日常生活全然不同的体验,其主要特点是追求感官的愉悦,而度假旅游是利用假日外出,以度假和休闲为主要目的和内容的,进行令精神和身体放松的康体休闲活动,它追求的是通过各种方式和活动使得游客获得生理和心理上的"放松",从而恢复正常的生理机能和心理状态。不过度假旅游和观光旅游有时也没有明确界限,游客在度假旅游中同样带有观光活动,两者是结合在一起的。

在最初的乡村旅游发展中,乡村观光的需求比较大,人们追求有别于城市的新奇观感,但快速的城市化进程使得人们也更加向往在乡村身心放松的体验,乡村度假成为乡村旅游深化发展的重要形式,与乡村观光共同为乡村旅游者提供丰富的旅游体验。

乡村休闲包含了乡村度假和乡村观光。休闲是指在非劳动及非工作时间内以各种"玩"的方式求得身心的调节与放松,达到保健生命、恢复体能、娱悦身心愉悦目的的一种业余生活，也是人们对可自由支配时间的一种科学和合理的使用，休闲活动是人们自我发展与自我完善的载体。

旅游行为是否发生与休闲方式不存在直接的联系，观光和度假则是站在旅游的角度去分析人们在闲暇时间时产生的初级和高层次旅游行为。

从范围上看，作为人们对闲暇时间的利用方式，外出旅游、参与多样化的文化项目，看文艺演出、看电影、读书、参加各类体育活动，甚至逛街、聚餐、喝茶、打牌、K歌都是休闲方式，休闲内容涵盖的范围远比观光旅游和度假旅游大得多，在某种层面，旅游是休闲活动的一个部分。

从时间和支出上看，休闲的时间可长可短，10分钟可以休闲，10天也可以休闲，弹性很大，因而休闲的支出也是从低到高，范围较广。而旅游则需要人们有较高的可支配收入和较长的闲暇时间，条件限制相对较多。休闲旅游是指以旅游资源为依托，以休闲为主要目的，以旅游设施为条件，以特定的文化娱乐和项目为内容，离开定居地到异地逗留一定时期的游览、娱乐、观光和休息，但不可否认的是休闲和观光旅游、度假旅游都已经成为人们生活中的重要组成部分。

乡村休闲包含的范围也比较广，在乡村所发生的所有休闲活动都可以称为乡村休闲，时间可长可短，涉及观光、度假、生活等旅游形式，是一种最为普遍的乡村体验。

乡村生活是乡村旅游者去到乡村体验具有乡村性的生活型旅游方式，这种体验涉及乡村观光、乡村度假以及乡村休闲的体验形式和生活方式，但又不完全包括。比如，去乡村观看大山大水，到乡村旅游度假区去放松身心，就不属于体验乡村生活的范畴；比如，去乡村锻炼、作画等休闲活动也不属于乡村生活内容。乡村生活的最大特点是在乡村"住"下来，把乡村当作"家"进行短时期的生活体验。

综上所述，这些概念有些与乡村旅游有相交叉的内容，有些则完全可以被乡村旅游概念所涵盖，如农家乐、农村旅游。为了研究的规范和认识的统一，作者主张今后将农家乐以及农村旅游等属于乡村旅游范畴的概念均统一为乡村旅游。

第三节 乡村旅游的属性、特点与组合系统

一、属性分析

前面各种乡村旅游概念的界定基本是从游客视角或经营者的视角做出的。近几年围绕乡村旅游提出了很多新概念和新理论,如游居(即旅游式居住)、居游(即居住式旅游)、诗意栖居(即生态文化游居方式)、第二居所(即以游居为主的旅游式居所)、微度假、野行(是以强身养性为宗旨,以村庄野外为空间,以人文无干扰、生态无破坏、行走无路径为特色的村野徒步运动)、轻建设、场景时代等,新概念和新理论的提出使乡村旅游内容更丰富,形式更多元。

各地发展乡村旅游,特别是各方在参与乡村旅游发展中,了解概念固然重要,但充分认识乡村旅游的属性更具有实践价值及意义。在充分研究乡村旅游发展沿革及概念界定历程的基础上,挖掘出如下乡村旅游的属性。

(一)空间与发展属性

乡村旅游的发生地在乡村,这里的乡村有别于荒野,是从事农业生产、有农民居住且传承着特色地方文化的区域。关于乡村在前文中已做详细分析,这里就不再赘述。乡村与城市是相对的,在空间上是互补的。因此发展乡村旅游需要明确发展的空间是乡村。这个空间的地理区位、交通区位在乡村旅游的发展中起到了重要作用。

乡村旅游虽然发生在特定的乡村空间,在其发展进程中,由于社会经济文化及参与者(包括实施者、消费者及服务者)消费理念等的变化,乡村旅游的内容是在不断发展变化的。

同时随着技术的进步,特别是交通条件的改变,乡村区域的旅游价值也会发展改变,也就是说空间的旅游价值处于发展中。

（二）保护与利用属性

发展旅游需要有吸引物，资源是构成乡村旅游吸引物的核心。判断一个乡村区域是否适合发展乡村旅游，很大一个因素就是看这个乡村区域的旅游资源及其价值。如何看待乡村旅游可以依托的资源及旅游发展的可利用价值，在后面章节有专门的论述与介绍。

游客到乡村的旅游、休闲、度假等活动需要依托乡村资源来展开，乡村旅游发展需要依托乡村区域内的物质和非物质资源来进行。发展乡村旅游需要判断乡村资源的旅游利用属性，并不是所有乡村资源都可用来做旅游开发。

乡村旅游发展需要对乡村资源基于保护的前提做资源属性及价值分析，通过综合分析，做出判断，明确哪些是可开发直接利用的，哪些是需要保护性利用的，哪些是作为背景资源利用的，哪些是可以通过产业融合借助特色业态间接利用的。

（三）生产与生活属性

人们在认识乡村旅游的时候多从游客的需求的角度来进行分析界定，从某种意义上看是一种消费思维。从乡村发展的视角，乡村旅游对于当地机构、企业及村民来说是一种特殊的生产行为，发展乡村旅游需要"生产"出游客愿意"购买"并消费的内容，即乡村旅游产品。因此发展乡村旅游具有了生产属性，因为具有生产属性，乡村旅游发展需要策划、规划、投入和必要的建设，更要有产出，这样才能对接游客的消费需求。因此也提醒人们高质量发展乡村旅游是一个系统工程。

同时，乡村旅游由于其发生地域的特殊性，与过去传统的景区旅游有很大的差异。大部分乡村旅游资源不仅是旅游资源，同时也是当地居民的生产资源和生活资源，当地居民的生活本身又是乡村旅游资源的重要组成部分，很多旅游体验的内容也是当地居民生活的状态。如早期的乡村民宿，其本身就是乡村居民的居所，因游客需要提供住宿和部分餐食，有条件的还可以让游客在自家的菜园里体验摘菜等活动。

(四)产业与事业属性

从旅游到旅游业再到旅游产业,体现了旅游的经济产业属性。发展乡村旅游需要投入、生产和产出,需要有经济效益,因此具有鲜明的产业属性。乡村旅游围绕游客最基本的吃、住、行、游、购、娱也存在上、中、下游产业体系和产业链,也因此成为促进乡村产业发展的引导产业,也成为我国乡村振兴中产业振兴的重要组成部分及重要抓手之一。

同时由于乡村旅游发生在乡村,发展乡村旅游有助于乡村地区生活条件的改善,缩小城乡居民生活水平的差距。对于乡村居民,通过发展乡村旅游可实现在地就业,提高农业附加值,增加非农收入;对于游客,可满足日益增长的旅游、休闲、度假、健康等多方面的需要。现代人们越来越重视乡村,特别是我国提出乡村振兴战略后,人们参与乡村发展的动力及积极性倍增,无论是企业还是个人都希望参与到乡村发展建设中,乡村旅游,特别是乡村旅游业因其同样具有旅游业的综合性、融合性及先导性等特点,因此成为各行业、企业、个人参与到乡村发展中的首选。

作为旅游业的重要组成内容,乡村旅游业同样是提高人民幸福指数的幸福产业,为此,各方面都在加大相关投入,满足城乡居民旅游的刚性需求。从这个意义看,发展乡村旅游不仅有经济价值,更有社会价值,乡村旅游业具有了事业属性。

(五)产品与市场属性

乡村区域乡村性的体验对游客有较大吸引力,从旅游活动内容上看,乡村环境、农业景观、乡村生活等都是乡村旅游吸引物的组成部分。游客的乡村旅游活动是由不同的具体活动,如观光、采摘、品尝美食、参与农事活动、体验传统民俗、参与手工制作等组合而成的。游客可以根据具体目的自行选择与组合,也可委托相关机构代为组合并提供服务,从事这样的活动就是旅游消费的过程。这些活动及活动组合与乡村提供的相关服务共同组成了不同的乡村旅游产品。

因此，发展乡村旅游需要明确游客的消费需求，进行动态的市场分析，生产提供满足不同游客乡村旅游需求的传统与时尚结合的乡村旅游产品。

（六）生态与文化属性

在实践中，要求乡村旅游发展做到对环境、对当地文化的影响最小，对目的地民众的利益最大，并最大限度地满足游客对"娱乐"的需求。这些内容与生态旅游、遗产旅游的要求是一致的。

发展乡村旅游的乡村区域都是生态环境优越并蕴含着特色传统地域文化的区域，优质的生态环境与特色文化本身就是最具吸引力的旅游资源，发展乡村旅游需要注重生态保护和文化保护，在乡村旅游产品及商品中体现生态价值及文化价值。

二、特点

（一）时空特征

（1）独特的活动区域——乡村。乡村地域广大，种类多样，多数地区仍保留自然风貌。

（2）分散的时空结构。中国的乡村旅游资源，上下五千年，十里不同俗，且大多以自然风貌、劳作形态、农家生活和传统习俗为主，受季节和气候的影响较大。因此乡村旅游时间的可变性、地域的分散性，可以满足游客多方面的需求。

（二）内涵特征

（1）优质自然生态环境。乡村有独特的自然生态环境及风光，生产、生活环境，生活方式和文化留存相对传统，体现着人与自然的和谐。

（2）高品位的文化层次。乡村文化属于民间文化，我国乡村绚丽多彩的民间文化具有悠久历史和丰富内涵，致使乡村旅游在文化层次上具有高品位的特点。各种民俗节庆、工艺美术、民间建筑、民间文艺、婚俗禁忌、趣事传说等，赋予乡村深厚的文化底蕴，对于城市游客来说，具有极大的诱惑力和吸引力。

（三）客源特征

（1）游客组成。乡村旅游的客源大部分是城镇居民。城镇居民的生活环境与农村不同，对农村环境和农村生活缺乏直观的感受和了解，这也是乡村旅游最大的发展动力。

（2）参与的主体行为。乡村旅游不仅仅指单一的观光游览项目和活动，还包括娱乐、康疗、民俗、科考、访祖等在内的多功能、复合型旅游活动。乡村旅游的复合型导致游客在主体行为上具有很大程度的参与性。乡村旅游能够让游客体验乡村民风民俗、农家生活和劳作形式，在劳动的欢快之余，购得满意的农副产品和民间工艺品。

（四）发展与经营特征

（1）经营主体呈现多样化特征。乡村旅游发展初期以家庭经营为主，随着发展的升级及社会经济的影响，企业、组织（协会）、合作社、个体等都参与到乡村旅游中，经营主体呈现多样化特征。

（2）乡村旅游涉及面广，在发展中需要多部门参与，共同支持。通过分工协作，齐抓共管，共促发展。

（3）可持续高质量发展。现代乡村旅游融乡村自然意象、文化意象和现代科技于一体，旅游发展与农业生产于一体和城市旅游与乡村旅游于一体，是可持续旅游。现代乡村旅游进入创新、协调、绿色、开放、共享发展的阶段。

三、组合系统

无论如何界定乡村旅游概念，乡村旅游作为旅游发展的重要内容，都是最具地方性的旅游产品。乡村旅游虽发生在乡村，其核心仍是旅游，因此其组合系统还是以旅游要素为基础，结合乡村旅游发展及需求进一步拓展。

（一）消费者构成的市场系统

由消费者构成的需求市场对乡村旅游发展起着重要作用，乡村旅游消费者即乡村游客是乡村旅游发展的主体，直接影响着乡村旅游的业态组合、项目类型、活动内容及发展趋势，是乡村旅游发展的关键因素之一。发展乡村旅游必须有一定规模且相对稳定的消费需求市场。

乡村旅游市场的地域空间与传统景区不同，是一个由近及远的市场。目前的消费主体是近距离的城市居民。但随着乡村旅游地的发展，待其知名度达到一定程度时，会吸引远道而来的旅游者。一些地区，特色鲜明的乡村景观及文化呈现出不可替代性时，其市场半径将不断扩大，甚至吸引海外游客。

乡村旅游在一定程度上主要满足城市居民微旅游、微度假需求，发展初期消费人群构成主要以家庭出游、亲子游游客群为主，随着业态的不断丰富和活动内容的增加，消费群体的构成逐渐呈现多样化。

（二）旅游资源构成的吸引力系统

在消费市场已形成的背景下，发展乡村旅游需要有能吸引游客的旅游资源，及由资源为基础构成的吸引力系统。由于乡村旅游地多为开放的乡村区域，乡村能吸引城市居民的内容有有形的，也有无形的，乡村旅游资源具有明显的综合性和复杂性。其存在形态差别较大，表现与表达方式也不同，还有更多意象内容，与发生地乡村的文化、经济，特别是当地的生产、生活及人本身密切相关。

乡村旅游资源为基础构成的吸引力系统包含宏观、中观和微观三个层次，内容包括有形与无形两大类别。

（三）由硬件和软件共同构成的服务系统

旅游活动需要从惯常居住场所到旅游目的地，在旅游目的地还需要有吃、住、行、游、购、娱等的服务，这些服务需要旅游目的地的相关机构、企业、人员提供。乡村旅游同样需要这样的环节与系统，而且乡村旅游的服务系统相较以往观光旅游服务系统更复杂、更具体，还需要体现乡村性。

（四）乡村旅游形象

乡村旅游发生在乡村，由于地理环境、发展历史及文化等方面的原因，乡村的地域特征及乡村性表现各有相对的差异。不同时期人们对乡村的认识、认知、意象也是有差异的。

选择乡村旅游，更多的人是循着乡村意象，奔着凝聚乡愁的精神故乡而来。乡村旅游地需要把乡村意境融入乡村景物、景象中，通过文化探寻、活动体验系统向人们展示现代乡村、满足人们回归"乡村"的精神需求。在此过程中需要把乡村的历史、文化等个体特征与游客的公共需求和个人诉求结合，把理想化的乡村意境与现实结合起来，营造意境，结合品牌打造，构建乡村旅游形象体系。乡村旅游形象系统构建，需要研究处理好几个关系，即大众认同形象与个人诉求的关系、积淀的理想与现实的关系、文化认知与活动体验的关系、传统文化与时尚文化的关系等。该体系中，有游客期望形象，各类媒体传播乡村、村民文化与精神的形象，旅游产品形象，旅游商品形象，游客感知形象等内容。

（五）产品及品牌系统

乡村旅游同样需要构建自身的产品体系，这样才能满足乡村游客多样化的旅游需求。乡村旅游产品可以有类似传统旅游的点、线、面叠加优质服务构成的综合产品，更因其游客构成及需求的特殊性，需要有单一要素形成的多样性特色产品。每一类产品还应在乡村旅游目的地形象基础上形成自己具有鲜明个性特征的产品品牌，共同构成乡村旅游目的地旅游产品品牌体系。

（六）运营管理系统

旅游是典型的服务行业，在旅游产品中服务占了较高的比例。要让城里人来乡村、住下来、享受乡村生活，还要让他们再来，不仅需要资源，更需要服务，要保持优质的服务，必须依靠运营管理。

乡村旅游可持续高质量发展，要保护利用好乡村生态环境，要通过产业融合、业态创新，要传承利用发扬传统文化，还要提升服务、创新服务吸引游客到乡村旅游，让更多的村民参与进来实现主客共享、共同富裕等，这些都离不开有效的运营与管理，需要有一套完善而有效的运营管理系统。

第四节　乡村旅游的类型

一、根据发展依托对象来划分

（一）农田依托型

观赏田园风光、体验乡村野趣是都市人选择乡村旅游的基本要求，但在观光游览过程中，单纯的以自然田园风光为主的观光方式，无法满足市民对更高层次具有文化品位的专门化活动的需求。因此，本土浓厚的乡土文化特色和农村人文景观成为越来越多城市居民关注的热点。

农田依托型的乡村旅游主要依托富有特色的种植业、渔业、牧业和副业发展起来，如成片的甘蔗林、花卉园、瓜果园、基塘地、油菜花田等。此类型乡村旅游地的旅游活动项目与内容多紧扣所依托的基础农业业态进行，多以农事参与为主，如稻田插秧、水车灌溉、鱼鹰捕鱼、采藕摘茶等，并在此基础上融入乡村风俗，举办龙舟竞赛、荡秋千、赛马、射箭、赶歌等农村活动。典型的如桂林雁山的无公害园地，兴安县的橘园、葡萄园、草莓园，昆明团结乡的苹果园等，一年一度的采摘活动，吸引了大批的游客，同时也为当地创造了良好的经济效益。

（二）乡村聚落依托型

乡村聚落的自然生态、秀丽山水、人文生态景观、特有的历史文化和乡情习俗构成一个个特色浓郁，带有极强的文化与生态色彩的乡村旅游地。以乡村聚落、农民生活为依托的乡村旅游发展是很多地方的主要选择。

此类乡村旅游主要依托乡村聚落及聚落景观（如村落景观、乡村宗祠和其他建筑形式、乡村民居及乡村人文环境等）发展乡村旅游。中国乡村聚落地域特色鲜明，分布及布局类型多样，有聚团式分布、带状格局、环状聚合、点状存在等，聚落形态及在村落中分布的乡土民居地方特色鲜明，如云南西双版纳等地的干栏式建筑、黄土高原的窑洞、东北林区的板屋、客家的土楼等民居，这些乡村乡土建筑承载着特有的乡土文化，对游客极具吸引力。都市的人们生活节奏越来越快，工作压力也日益增加，城市人对乡村生活的悠闲和恬静十分向往，对传统的生活方式十分怀念，因此，到乡村小住几天，感受宁静的乡村生活，成为城市人较为流行的一种旅游休闲方式。

（三）复合型

旅游对象不是以某一种类型为主，而是包括多种内容，如农业景观、民族风俗、各式建筑、聚落形态，甚至包括附近的山水景观和周边优美的生态环境。这是一种内容丰富、活动多样的类型。

二、按对资源和市场的依赖程度来划分

（一）资源型

对乡村资源依赖程度较高的乡村旅游地，资源品位一般较高，特色较浓。主要依靠丰富而独具特色的旅游资源吸引游客。典型的如云南普洱市澜沧县的景迈山、丽江黎明的老君山等地。

根据乡村旅游依托资源本底的不同，还可将此类乡村旅游地进一步划分为历史文化型（包含民族民俗）、自然生态型、农业元素型（产业型）。

1. 历史文化型（包含民族民俗）

依托古民居、古街巷、古民俗等历史文化价值高的乡村文化遗产，以文化的保护与再利用为核心，围绕文化遗存发展旅游，形成文化记忆浓厚、文化体验性强的文化主导型乡村旅游发展模式。这一类型强调空间的聚拢性，

区域面积不大,自然山水优美或文化特色鲜明,古村落、古民居、古街巷等保存较好,具有很强的文化传承性和不可再生性。如安徽的西递村和宏村,云南建水西庄的团山村、腾冲的和顺镇、丽江玉龙县的宝山乡、澜沧县的老达保村等。此类乡村旅游地发展必须处理好开发与保护之间的关系,处理好外来经营者与居民、游客与村民的关系。

2. 自然生态型

以原汁原味的乡村自然生态为核心吸引力的乡村旅游地类型。此类型乡村旅游地多以乡村生态景观、乡村文化吸引游客。此类型多位于都市郊区,离市中心较远,是城市的"郊野公园"。因山水生态环境清新,地方民俗独特,旅游发展从乡村生产生活区向周边自然山水环境范围进行延伸,形成乡村旅游片区。典型案例如桂林的龙脊梯田、丽江玉龙县的玉湖村、昆明的西山区团结街道等。

3. 农业元素型(产业型)

以乡镇、村落为单位,依托原有或可引进的农业(农、林、牧、渔)、工业(加工制造业)及文化服务业,围绕产业发展主题乡村旅游。以主题产业的生产、生活旅游体验为特色,构筑旅游要素发展成为一定规模的主题特色产业,带动乡村产业结构调整优化,形成产业引导型的乡村旅游发展模式。此类型乡村旅游地多依托城市和知名景区(点),处于环城游憩带。此类型乡村旅游地的发展,产业主题性强,旅游活动受农业产业影响大,特色产业资源是关键。

在发展进程中,此类乡村旅游地的乡村生活区向农业生产范围延伸,空间再塑性强,发展初期多以政府引导性投资为主,后期随着产业壮大,社会资金开始注入并不断壮大。如三亚玫瑰谷以玫瑰种植为基础,建设婚纱摄影基地,打造休闲观光农业旅游产业,打造玫瑰衍生产品加工产业,建立全国香精香料集散地,分期建设玫瑰鲜切花基地、玫瑰文化园、玫瑰风情小镇,走出了一条"农业+旅游+玫瑰文化"的路子。其他还有云南石林的杏林大观园、普洱景迈山的普洱茶庄园等。

（二）市场型

对市场依赖程度较高的乡村旅游地一般来说位于经济发达、人口众多、交通方便的地方，特别是在大中城市周边分布较多。多数是为满足大中城市巨大的旅游需求，在原有的农业和现代农村聚落景观基础上，融入现代科技而发展起来的各种观光农业。

三、按形成机理分

根据各方在乡村旅游系统中所起作用的不同，将乡村旅游分为三种类型，包括需求拉动型、供给推动型及政策扶持型。

（一）需求拉动型

需求拉动型主要受市场需求的影响，一般位于城市及知名景区周边。这一类型乡村旅游的资源本底也很重要，但不起决定性作用。如浙江省湖州市德清县的莫干山，一方面是由于外来人经营改善了农家乐的品质，发展成了民宿聚居区；另一方面是由于其周边有包括上海、杭州和南京在内的巨大的长三角旅游市场，该市场的个性化、品质化和国际化需求旺盛，对乡村旅游地的发展起到了更大的作用。其他的如北京昌平区康陵村、成都郫都区农科村等都是依托大城市巨大的市场需求，形成发展的根本动力。

（二）供给推动型

供给推动型是指受旅游供给的推动影响，发展成具有吸引力的乡村旅游目的地。这一类型乡村旅游地的发展与资源的关联度高，其发展需要具有一定的经济基础，具备投入开发乡村旅游产品的实力。如陕西的袁家村等。

（三）政策扶持型

主要指受政府政策推动和扶持作用发展起来的乡村旅游地。此类乡村旅游地主要分布于西部地区或经济发展相对滞后的乡村。这样的地方过去远离客源市场，但因资源本底较好，发展乡村旅游具有一定的潜力，在政策的引导下开始发展乡村旅游。典型案例如西藏林芝市扎西岗村、浙江湖州市安吉县高家堂村、云南临沧南美村、云南弥勒的可邑村、昆明宜良的阿路龙等。

四、按区位条件分

（一）中心城镇依托型

分布于城郊或环城带，以中心城镇游客多次重游为主，依托中心城镇的配套服务和空间延伸，提供差异化、特色化的乡村旅游产品和服务。比较容易集聚，形成环城游憩带，与中心城镇形成共生关系，业态上以吃、住、娱为主。

（二）重点景区依托型

分布于成熟景区周边或内部，或自成景区，以景区客源一次性游览为主，属于景区部分功能和业态的外溢和延伸，发展吃、住、购等业态作为景区的补充并服务到景区游览的游客。此类乡村旅游地与景区形成寄生关系，并且以景区为中心呈放射状分布，在业态上与依托景区相互补充，主要是餐饮、住宿和购物。典型案例如慕田峪国际文化村承载慕田峪长城景区流量和服务形成艺术家和游客的集聚，西递宏村依托黄山景区形成自主目的地等。

（三）优势资源依托型

区位相对独立，依托具有竞争力和绝对优势的资源，如可视性较强的景观资源、聚集特色的文化遗产或是富有竞争力的产业形态，通过外来的资本注入、客源导入等实现快速发展，以自身为中心向周围辐射进行自我生长，形成聚集区或功能区、目的地，未来可向景区依托型转变的乡村旅游地。如黑龙江省牡丹江雪乡，云南大理双廊和新华村、红河甲寅、新平戛洒、丽江黎明黎光、文山丘北普者黑等。

（四）交通干线依托型

依托具有目的地性质的景观道，沿线分布，组团发展，形成具有特色的乡村旅游集聚点，客源来自景观道的自驾或团队群体。如318、324、214等国道沿线，景观变化大、跨度大，具有发展乡村旅游的优势。还有如环太湖沿线、云南昆明—大理—丽江—迪庆高速公路沿线及高铁沿线等具有发展乡村旅游的较大优势。

五、按参与主体分

根据乡村旅游参与主体在乡村旅游活动中所起作用的不同，将乡村旅游划分为以下类型。

（一）农民主导型

农民对自己所拥有的旅游资源进行管理，自主、分散、独立经营，各自承担经营风险，并独享经济收益。该类型能最大限度地维护农民的利益。根据实际经营结构组织的不同，可细分为"农户+农户"、个体农庄、村集体三种农民主导的乡村旅游经营模式，突出村民参与形成发展合力。

（二）政府主导型

由政府直接（成立管委会）统筹规划开发与运营管理，以旅游发展收益反哺资源保护投入，并为当地居民提供就业机会，促进农民增收。随着市场经济的发展，政府统筹运营管理的乡村旅游项目中，也出现了市场化运作的现象，即政府成立旅游开发公司，执行乡村旅游项目的市场运营工作。如贵州雷山县千户苗寨、江苏的周庄、云南腾冲的司莫拉佤族村等都比较有代表性。

（三）企业主导型

在一些资本经济活跃度高、市场相对成熟、土地与资金政策改革试点的区域，如经济发达的长三角地区等，开始出现以企业主导，以成熟的公司组织架构来投资开发并运营管理乡村旅游项目的乡村旅游发展方式。

（四）混合型

乡村旅游的开发运营进入优化调整期，从前期的农民主导型、政府主导型、企业主导型转向混合型，即由农民、政府、企业、投资商等多方共同参与乡村旅游的开发运营管理，充分发挥各类主体的独特经营优势，避免了单一主体主导的局限性，多方通力协作，合理协调不同相关者的利益诉求，优化运营管理。

六、按科技含量来划分

（一）现代型

科技含量高的乡村旅游地或项目。一般位于大中城市附近，在原有农业的基础上，融入现代科技，进行人工设计形成一个"自然—人工"系统，典型的如农业科技园。此类型乡村旅游地以农业观光为主，多分布在郊区的农、林、牧生产基地，功能多样，既可以为城市提供时鲜农产品，也可以开展农业观光、蔬果采摘等活动。

（二）传统型

传统型乡村旅游主要是指以特色鲜明的传统乡村的自然、文化和社会资源，以及传统农耕文化、农业生产方式等为旅游吸引物及吸引要素的乡村旅游。此类乡村旅游地由于地理区位及环境等因素影响，一些村寨至今仍保留着传统的乡村风貌，传承着传统的生活与生产方式。优秀的传统文化、传统习俗，以及传统的生态理念、生产方式和生产的农特产品等，对游客及消费者有较强的吸引力，是游客体验"乡愁"最适宜的地方。

第二章 乡村旅游发展的基本条件

通常一个地方的旅游发展需要几个基本条件，首先要有客源，即游客，也可称为旅游消费者，及由旅游消费者构成的买方市场；其次要有能吸引游客来旅游的吸引物，也就是人们通常说的旅游资源，以及由旅游资源开发利用形成的游览景区、文化及生活体验区、度假区等旅游场所；最后要有为游客旅游活动提供便利以及为游客在旅游目的地提供游览休闲等服务的服务体系，如提供交通、住宿、餐饮以及游览服务的企业组合，过去人们统称其为旅游业。乡村旅游虽发生在乡村这个特定的区域，其发展同样需要具备基本条件。

第一节 游 客

游客的稳定与增长是发展乡村旅游及实现可持续高质量发展的重要基础条件。城市居民是乡村旅游市场的主要客源，是乡村旅游市场的主体。传统旅游者的概念中有出行距离及时间的要求，而到乡村旅游的消费者其出行距离、时间等灵活性大，因此，本书将到乡村旅游休闲的消费者统称为游客，这样避免了名词使用的理论限制。

游客参与乡村旅游，促进了乡村旅游目的地及乡村旅游业的发展。乡村旅游目的地建设、业态与项目、产品及相关服务主要是围绕游客消费需求进行的。有游客、有消费乡村旅游才能真正可持续发展下去，主客互动、主客共赢是乡村旅游高质量发展的基础。因此，了解认识游客乡村旅游的动机、决策过程及旅游消费行为，是乡村旅游发展的基础和前提。

一、基本条件

乡村游游客是乡村旅游市场的主体，所有前往乡村参与旅游、休闲、度假等活动的人都可称为乡村游游客。乡村旅游与其他旅游活动一样都是属于消费活动，因此同样需要一定的经济基础和时间。

（一）游客自身条件

1. 可随意支配收入

可随意支配收入是人们可以任意决定其用途的收入，也就是人们从事社会经济活动而得到的个人收入扣除所得税及必要的生活支出（如必要的吃穿住、水电、交通等的支出）后的余额。可支配收入是产生旅游需求的前提，对出行距离、旅游目的地选择及消费内容等具有决定性影响。

随着社会经济的发展，人们的收入不断提高，消费结构和消费层次发生变化，改善生活质量的消费备受青睐，如消费者更趋向于高质量和有利于健康的消费。目前，绝大部分城市居民都已具备了到乡村旅游消费的经济条件，到乡村观光旅游、休闲娱乐、体验文化及度假修养等，已成为现代城市居民的日常消费需求。

2. 闲暇时间

闲暇时间是旅游活动的必要条件，连续性闲暇时间的长短是人们选择旅游目的地的重要影响因素之一。在我国，人们的闲暇时间不断增加。在闲暇时间构成中，周末闲暇时间占了绝大部分，导致城市居民没有充裕的时间到相对较远的地方旅游和度假，人们通常只有小长假期间才能选择距离较远的旅游目的地，乡村旅游则是周末游的首选。

3. 旅游需求

旅游需求属于人类总体需求的一个方面，是一种综合需求。现代社会中，旅游被人们列为"幸福产业"，成为人们日常生活中的必需品。由于乡村以乡野风光、乡村风情和传统文化体验等作为主要吸引物，对追求生活质量和文化体验的游客具有较大的吸引力。

受时间和经济条件影响，短途、短时及内容更丰富是大部分游客选择旅游休闲目的地的前提。因其自身特点，乡村旅游成为城市居民周期性调节生活方式的重要选择之一。

（二）外在条件

1. 旅游目的地的可进入性

人们出游，选择旅游目的地时要求能进得去、散得开、出得来。这里所说的可进入性不仅指交通的通达性，对于乡村旅游目的地来说，可进入性还包括目的地的公共服务设施是否完善、当地居民的待客态度是否友好等内容。

2. 多样化的吸引物及旅游产品

游客到乡村旅游休闲，需要有看的、有吃的、有玩的、有学的、有买的、有体验的……要满足游客的需求，就需要有吸引游客的内容，有活动。同时要让游客产生消费，要让游客有可购买的旅游产品。

乡村旅游是建立在乡村自然景观、特色村落、农业资源及乡村文化基础上的一种旅游产品，具有鲜明的乡村和农业特色。中国是农业大国，拥有广阔的农村地域环境，风景优美，空气清新，农业生产历史悠久，农耕文化特色鲜明。在乡村景观、乡村传统、特色村落、体现农耕文化主题的田园、高科技农业生产基地以及特色鲜明的地方文化基础上，开发建设的各类乡村旅游服务设施和有乡村特色的活动及服务等构成了乡村旅游产品组合体系。这个产品组合体系也是乡村旅游的吸引物体系，有了这些，游客来到乡村才能真正实现旅游、休闲、度假的综合消费。

二、游客出游动机

动机是指能引起、维持一个人活动，并将该活动导向某一指标，以满足某种需要的念头、愿望、理想的心理动力。引申来说，旅游的动机是引发、维持个体的旅游活动并将这一行为导向旅游目标的心理动力。人们外出旅游的动机可归纳为心理动机、身体动机、精神动机和经济动机等。具体到乡村旅游，其动机可归纳为娱悦、求知、怀旧、探亲、健康、跟风等方面。

（一）娱悦——缓解生活压力、追求清新环境

随着工业化和城市化水平提高，人们生活和工作的压力越来越大，"有

钱""有闲""有烦"成了都市人的特征。在这样的背景下，人们希望能暂时远离喧嚣的生活环境，回归自然，享受自然，放开身心的双重压力，贴近自然，追求休闲。同时通过参与一些活动让自己忘却工作的烦恼，放松身心。"回归自然、返璞归真"已成为人们所追求的一种生活方式，并成为旅游的主旋律。因此，只要有条件、有机会人们都愿离开都市，选择自己心仪的旅游目的地，去贴近自然、放松自己、享受生活。在选择目的地时，因时间成本的因素，美丽而有文化积淀，同时又能提供各种休闲娱乐活动的乡村成了人们的首选。

在欧洲，由于地理环境等因素以及自身文化趋向等因素的影响，游客在选择休闲度假地时，往往会选择海滨度假或乡村度假，海滨度假需要的时间长、消费高，只能在长假出游，且受季节影响，其出游频率较低。乡村休闲度假相对而言对假期和消费要求较为灵活，且在不同季节有不同的景观及活动，较少受季节影响，是都市人选择频率较高的旅游休闲度假方式。

在文化趋向方面，中国人的土地情结自古有之，对土地、对故乡的眷念早已融在血液中，成了一种文化烙印。这个烙印深深影响着中国人的旅游动机和旅游行为。隐逸山林、隐逸田园的人文情怀与追求，使得田园乡村成为中国人旅游休闲度假的首选。这也是乡村旅游在中国发展更为迅速、更有前景的原因之一。周末双休日人们选择到乡村旅游休闲，在乡村，享受自然、享受环境、参与各种农事活动，获得身心的放松和娱乐。

（二）求知、求异——探寻自然与文化

乡村是中国传统文化的重要传承地之一，传承和延续着传统文化的精髓。乡村旅游地通过具有乡土风貌的建筑、传统与现代结合的生产方式、蕴含着浓郁乡土气息的生活方式、体现传统的民俗文化等向乡村旅游者展示着文化，而这些文化背后的文化内容也成为人们探寻的物质基础。

长期生活在都市的人们，特别是少年儿童，缺少对大自然、对乡村以及农事等的基本了解，家长们都希望能在休闲旅游状态下补上这一课，到乡村去，参与到乡村旅游中，增长知识、扩展视野、陶冶情操、全家受益。

(三)增进家庭关系

乡村旅游优美的自然山水、怡人的田园景观、保存较好的传统文化与风俗和良好的人与人交流的氛围为人们的情感交流提供了良好的空间。乡村的乡土及以人为中心的同心圆格局、多样化的体验活动、家庭全员参与,在一定意义上为增进家庭关系提供了机会。

现实中,家庭和亲朋好友出游是乡村旅游的主要形式,在田园山水中共同出游、共同体验、共同生活的方式,能够有效促进人与人之间的相互沟通与交流,打造和维护亲子、家庭的情感纽带。

(四)探亲访友,朋友聚会

中国是个农业大国,城市化的进程使很多农村人进入城市,众多的城市人与农村有着亲缘与血缘关系,各个阶层的人都与农村、农民发生直接或间接的关系,许多城市人利用节假日回乡探亲、走访老朋友、老战友等,形成乡村旅游流。

人需要情感交流,亲朋好友长时间不见面也会导致关系的疏远。在日常工作日人们少有时间和精力与亲朋好友聚会交流感情。周末利用公休日,选择一处环境好、文化氛围浓,且不受干扰的乡村旅游目的地,休闲、旅游加聚会已成为都市人度周末的常态。

(五)怀旧与乡愁"治愈"

由于历史的原因,中国现在的很多城市居民都在乡村生活过,有的甚至在农村从事过较长时间的劳动。迁居到城市后,面对着日益现代化的生活环境,他们常常回想起农村的朴素田园,并且渴望回到故地生活,重温昔日情景。

乡愁是一种与自我相关的情感,被认为是一种积极的情绪体验。在乡村这个特定的场域,游客通过景物、器物等物象,以及生产、生活及习俗等,并通过观光、美食体验、农事体验等活动能激发并满足自身的对乡愁文化的追求与体验。回到乡村，留住"乡愁"，已超越了观看别样风景的传统旅游活动。

（六）康体保健

出于对健康的需求，城市居民愿意参加乡村旅游。随着城市生活节奏加快，城市居民生活、工作压力日益增大，心理容易疲劳，加之平日工作繁忙，无暇顾及自身健康，到乡村野外观光游览，一边呼吸新鲜空气，一边参与农事劳动，不仅释放心理压力，消除心理疲倦，还锻炼身体，获得健康。都市的许多休闲阶层，如身体有疾的都市居民和退休职工常常有充裕的休息时间，出于疗养疾病、锻炼身体以及消磨时间的目的，他们喜欢选择一些风光优美、空气清新、花费不多、颇具意义的乡村旅游地去度假。

（七）跟风打卡

旅游活动被视为一种高层次的消费活动，工作之余外出旅游是时尚潮流，是生活步入小康的标志之一。而参加到乡村旅游活动的潮流中，追求人性的返璞归真，那不仅是个性释放的最佳选择，更是时尚的标志。因此对乡村旅游的需求有一部分是因为标榜个性和品位，追求时尚生活。

自我国实行双休日以来，城市居民的闲暇时间增多，如何度过周末和节假日成为城市热门话题。乡村旅游由于旅行距离短、所需时间少、价格实惠，能放松身心、获得知识、陶冶情操，成为工薪族周末、节假日休闲的方式之一。

三、游客行为特征

旅游资源的综合性和乡村文化及乡村体验活动的多样性，形成了多样性的乡村吸引物和综合的乡村旅游产品体系。无论性别、年龄或受教育程度，只要具备成为乡村旅游者的基本条件，都能在广阔的乡村找到自己喜好的内容，也即都可以成为乡村游客。

乡村游客分类可以借鉴旅游者的分类方法。可根据旅游者的停留时间、客源地、旅游动机、组织形式、消费水平、出行频率等进行分类。

总体看，选择乡村旅游的游客具有如下特征。

（一）需求多样，参与体验性强

游客到乡村除观赏乡村美景、田园风光外，还希望品尝特色农家美食、参与相关农事体验活动、逛乡村集市、住农家屋、体验多样性的乡村文化。

（二）出游形式多样，多结伴同游且频次高

乡村旅游发生于城市周边的乡村，居住在城市的人多会利用周末，或以家庭为核心，或同学、同事、好友相约，自驾、租车或乘坐公共交通工具到乡村参与乡村旅游活动。由于时间、消费水平及乡村活动丰富等原因，乡村旅游的重游率远远高于旅游景区。

（三）旅游行为的规律性

乡村游客旅游行为通常由乡村旅游动机的产生、乡村旅游认知、乡村旅游决策、乡村旅游体验、乡村旅游重游、游客感知与满意度等环节组成。

四、客源市场细分

市场细分是把具有共同特性、需求、购买行为或消费形态的购买者划分为一类群体。有效的市场细分，应尽可能依据相关的特性将购买者分成许多同质市场，每一个同质市场内的购买者有高度的相似性，而单个的细分市场之间则呈现明显的差异化。营销行为的第一步是市场细分，从而选择适当的细分市场作为目标市场。通常市场细分的标准是以许多细分变量为基础来定义的。

最常见的细分依据包括九种消费者特征，即地理因素、人口统计因素、心理因素、心理统计因素、社会文化因素、使用行为特征、使用情境因素、利益考虑以及混合细分形态，也可通过游客的社会经济变量（如年龄、性别、受教育程度、职业、收入水平等）划分，还可通过游客出游特征，如季节性

市场、旅行时间、旅行距离、出游目的、旅行方式等,以及游客心理特征综合分析。以城市居民为客源市场的乡村旅游可以考虑将适合自己的目标市场确定在以下一个或几个细分市场上,目的是为他们提供更适合、更受欢迎的差异化产品,如表2-1所示。

表2-1 乡村旅游客源市场细分

细分依据	细分市场	需求特点
年龄	青少年市场	求奇、求知、时尚、重娱乐、美食、研学、交友、团建等,关注特色项目及内容,注重实用,消费价格敏感度不高
	中年市场	观光、健身、购物等,关注农产品的价格和质量,价格敏感度一般
	老年市场	休闲、度假、养生、文化、购物等,关注旅游接待服务条件及质量,对价格较为敏感
收入水平	工薪族假日市场	观光、休闲、度假、康体、娱乐,注重消费实惠性
	白领市场(中收入)	健身、文化、休闲、猎奇等,关注接待质量和农产品质量,价格敏感度一般
	富豪市场(高收入)	休闲、度假、康养、健身等,关注质量,热衷于高消费
职业	专业市场	省、市、县、乡主管农业和旅游业的干部、农业科技人员、专家等,他们热衷于观光、学习、观摩、科研等
	学生市场	热衷于了解农业知识,体验农家生活和农业生产劳动,接受乡土情感教育
	商人市场	热衷于购物、农产品加工与品尝、度假等
客源地	境内或周边区域大众市场	热衷于民情、民俗、观光、猎奇、购物、美食等内容,热衷于文化度假、野外采风等

第二节　乡村旅游资源

一、乡村旅游资源概念分析

（一）关于旅游资源

旅游资源是旅游发展的基本要素，是旅游业发展的基础条件，是形成旅游活动的最基本的因子。传统观念认为旅游资源是指对旅游者具有吸引力的自然存在和历史文化遗产，以及直接用于旅游目的的人工创造物。我国《旅游资源分类、调查与评价》（GB/T 18972—2017）是这样定义旅游资源的：旅游资源（tourism resources）是自然界和人类社会凡是能对旅游者产生吸引力，可以为旅游业开发利用，并可产生经济效益、社会效益和环境效益的各种事物和因素。欧美国家把旅游资源称为旅游吸引物（tourist attractions），它不仅包括旅游地的旅游资源，而且还包括接待设施和优良的服务因素，甚至还包括舒适快捷的交通条件。

旅游发展的历程显示，旅游资源吸引力具有群体倾向性或吸引力的定向性，旅游资源不是一成不变的概念，是一个随社会经济发展，特别是科技发展而不断变化的带有发展属性的概念。在旅游发展实践中人们发现某些事物在其存在之初并没有被作为旅游资源，但随着需求的变化，它成了具有吸引力的旅游资源，反之亦然。

旅游资源具有多样性、观赏性与吸引力、垄断性及对环境的依赖性、脆弱性、非消耗性及可创新性等特点。旅游资源多样性是由旅游消费者的兴趣和旅游动机的多样性决定的，任何客观存在的事物，只要能针对旅游者形成吸引力环境，皆可成为旅游资源。对旅游者有吸引力是所有旅游资源都共同拥有的本质特征，但任何一项旅游资源的吸引力都会有某种程度的定向性特征，不太可能对所有旅游消费人群都具有同等的吸引力。

除了以主题公园为代表的当代人造物外，大多数旅游资源，特别是自然和历史遗存的旅游资源，都是"老天爷"给的或是"老祖宗"留下的，因此存在地理上的不可移动性。特别是一些列入世界遗产的资源具有高度的垄断性。这些资源一旦脱离有关事物本体的特定历史与环境，就不再具有原真性。复制品所能产生的吸引力以及所能吸引的旅游消费者人群将发生很大变化。因此，所有高级别高价值的旅游资源具有垄断性及特定环境的依赖性。这类旅游资源同时也具脆弱性特征，一旦受损将不可再生。

旅游资源属于非消耗性资源，只要在保护的前提下管理得当，合理利用，旅游资源是可重复使用、用之不竭的，而且在合理利用和科学有效管理下，旅游资源的旅游价值还会不断增强，随之带来的经济、社会、生态价值也会不断提升。

随着时代的发展，特别是随着科学技术及生产方式的改变，旅游消费者的兴趣及消费主流趋势或者说时尚的旅游消费"场域"会发生变化；随着技术的进步，根据消费需求而出现的如主打IP的主题公园、主题乐园、游乐园、新型节庆等人造旅游资源越来越多，而且还在不断创新。未来还会出现更多人们意想不到的依托高科技的旅游资源。过去人们触摸不到的东西，如外太空将成为航天旅游、太空旅游的资源，月球在未来也可能会成为旅游目的地，未来旅游资源的外延会越来越广。

（二）乡村旅游资源的定义

乡村旅游资源应该能吸引游客，能被乡村旅游业所利用，并产生综合效益，乡村旅游资源应该是乡村旅游产业、业态、产品创新的基础。因此，我们这样定义乡村旅游资源，即乡村旅游资源指具有吸引力的，能够吸引人们产生离开常住地进行乡村旅游的一切具有乡村性的事物，可以是有形的客观存在物或自然环境，也可以是无形的文化或社会环境。乡村旅游资源能被利用，并产生经济、社会、文化、生态等综合效益。

该定义的要点包括：

（1）乡村旅游资源必须具备"旅游吸引力"，而不是其他吸引力，如"文学吸引力"或者其他类型的吸引力等。也就是说，这种吸引力是足以能够吸引旅游者发生离开常住地的空间移动行为的吸引力，这种吸引力是乡村旅游资源的核心。

（2）乡村特性，即乡村特有的、有别于城市的相关因素。乡村性是乡村旅游资源吸引力的核心和独特卖点。需要指出的是，并不是所有在乡村地区的旅游资源都具有"乡村特性"，例如，建在乡村的主题公园，在乡村地区新建的吸引旅游者参观的现代化高楼和生产线等，都不应在乡村旅游资源范畴内。还有在乡村修建的房地产项目，包括乡村别墅等，就不应归在乡村旅游资源中，如果把这些别墅等改为接待游客的酒店等，这些设施也只是乡村旅游接待设施而已。

（3）乡村旅游资源可以是有形的，也可以是无形的，但无形的乡村旅游资源必须要有一个有形的外壳或载体，这样才能为旅游开发所利用并吸引人们进行乡村旅游。如"乡村文化"，多以服饰、音乐、歌舞、建筑等有形物质为载体展现或表达出来，这些载体或表达方式才能被利用而称为乡村旅游资源。

（4）乡村旅游资源可以产生综合效益。乡村旅游资源作为吸引物要对游客产生吸引力，乡村旅游发展要在保护的前提下对乡村旅游资源进行合理利用，即经过旅游开发成乡村旅游产品，由此而产生经济、社会、文化和生态效益。

（三）乡村旅游资源的三维结构

乡村旅游资源由自然环境、物质载体、文化元素三部分共同组成，形成立体、生动的有机复合整体。

1. 自然环境

自然环境是由地貌、气候、水文、土壤、生物等要素组合的自然综合体，是形成乡村旅游资源的基底和背景，人类在自然环境的基础上，创造了与当地自然环境相协调并具有地方特色的乡村景观。乡村旅游资源在外部特征和内部结构上，都会刻上自然环境的烙印。组成自然环境的各要素具有地带性分异规律，在此影响下形成的乡村景观，如农业类型、农作物分布、民居形制等也有明显的地带性分布规律。

（1）水系与水体：包括景观用水和游憩用水两个部分。水是乡村旅游中的点睛要素，清洁、明亮的水体不仅能吸引旅游者的目光，还能引得他们嬉戏其中，而且好的水质也能佐证当地良好的生态环境。乡间的小溪、沟渠、坝塘、湖泊等既是乡村旅游的环境要素，同时又是乡村旅游的吸引物及可开发利用的乡村旅游资源，适度开发利用后可成为乡村水上活动的场所。

（2）空气与大气：良好的空气质量是乡村旅游的卖点之一，乡村地域清新的空气蕴藏着泥土的芳香，往往成为旅游者留恋的对象之一。乡村区域优质的空气，使得大气中的能见度很高，遥远太空中的星星也能成为乡村的特色旅游吸引物。

（3）地形与地貌：地形与地貌景观，可分为观光性质和体验性质两类。地球的内外营力造就了千奇百怪的地球表面形态。不同的地貌景观不仅形成乡村特殊的视觉形象，而且可成为与山地有关的乡村旅游项目、活动的载体及场地，如登山、采集、野外活动等。

（4）土壤与生物：土壤不仅能长出作物，而且有些土壤本身就具有旅游吸引力，如云南东川的红土地。不同的土壤加上气候分异规律，会形成不同的生物群落及植被景观带。生物，特别是植物可用于观赏，也可用于体验。如采摘、品尝等。同时，各种乡土植物及动物是开展特色生态旅游、研学、科普活动的特色资源。

2. 物质载体

物质载体是乡村旅游资源中能让游客直接观察到的具体事物。无论何种吸引力的自然或人文资源，都需要有物质性载体，如农作物、牲畜、林木、聚落、交通工具、人物、服饰等有形物质。物质要素的不同组合，形成不同乡村旅游资源的外化，如在西双版纳，竹楼、凤尾竹、大榕树、水稻田、水牛、穿着民族服饰的当地居民等共同构成了傣族乡村特有的景观。

乡村的物质生产是乡村旅游资源中最基本的组成要素，可以形成不同的乡村旅游资源类型，如田园风光、草原牧场、渔区景色、林区景色、城郊农业景观等。一个地区的建筑是地区自然环境和人文环境诸多要素共同作用的产物。从建筑材料、房屋形制、布局、功能等方面可以反映出该地区地质、地貌、气候、水文、生物等自然条件，经济状况、民族文化、人口密度、土地利用状况、生活习惯等社会经济条件。

3. 文化元素

乡村旅游资源中还有一些不能直接通过感官感知的成分，如乡村的口承文化、精神风貌、风俗习惯、心理特征、思想观念、行为规范及文明习惯等，这些内容都属于文化的范畴。一个乡村社区的文化气质、精神面貌、生活习惯又形成一种特有的气氛。没有乡村文化，乡村旅游的魅力将大大减弱。

二、乡村旅游资源的特征

乡村旅游是发生在乡村的以乡村性为依托的旅游活动。某种意义上，它是以休闲和度假为宗旨的。因此，乡村旅游资源除了具有旅游资源的共性外，还具有区别于其他旅游资源的一些个性特点。

（一）乡村性

乡村性是乡村旅游资源的核心特性，是乡村旅游资源区别于其他类型旅游资源的标志。乡村旅游资源的乡村性为游客回归自然、返璞归真、体验生活提供了可能。乡村性产生于乡村的日常生产、生活等社会实践，并包含了乡村空间所衍生的一系列社会文化特征。乡村性也可以理解为根植于乡村自然要素与人文要素和谐混杂共生而形成的外部形态的地域特征系统。乡村性是在生产、生活和生态环境等方面不同于城市的乡村表征。乡村性的本质是乡村人所创造的乡村文化。

（二）生态性

乡村自然生态环境是乡村环境系统中的核心，是乡村旅游资源吸引力的最直接的表现形式。优越的生态环境是乡村旅游资源的本底，是其他乡村旅游资源的基础。

（三）系统性

乡村旅游资源是自然环境和人文环境各要素组成的复杂而和谐统一的整

体，任何要素的变化都会引起乡村景观之间的差异。乡村旅游资源既受自然规律的支配，也受社会规律的影响，形成了一个复杂的系统。

由于乡村旅游发展及乡村旅游活动涉及自然、社会、生产、经济和生态等各个系统，且在各个系统中都存在可为乡村旅游发展和乡村旅游活动服务的资源，所以乡村旅游资源就存在于一个多系统融合的复合系统中。

（四）和谐性

乡村旅游资源是人类长期以来与自然环境相互作用、相互影响形成的，其形成过程是人与地理环境不断磨合的过程。

当人们掌握自然规律，遵循生态学的原理，人地关系协调时，大自然就给人们以恩惠，以促进乡村社会经济的发展，反之，则会遭到大自然的惩罚。人们经过与自然环境的反复较量，逐渐认识并掌握了自然规律，人不能主宰自然界，只能和自然界平等相处，乡村的自然和人文资源应是和谐搭配的，包容了自然和人文资源的乡村社区也应是和谐的，这是实现可持续发展旅游的必经之路。

和谐性的具体表现为：

（1）人与自然和谐：旅游资源区环境优美，动植物生态良好，旅游资源开发、管理规范，组织工作到位，卫生、治安状况良好；

（2）各主体间利益关系和谐：分配制度合理，政府和居民、居民和居民之间关系总体上友好、融洽、和睦；

（3）乡村旅游资源相关的各主体和旅游业的关系和谐：社区参与动力足，各主体自觉支持乡村旅游的发展；

（4）产业和谐：乡村旅游产业结构合理，经济稳步、协调发展，居民收入逐年递增；

（5）居民和游客之间的关系和谐：乡村居民对游客抱欢迎态度，游客对乡村旅游地景观、服务及当地居民等组合成的乡村旅游地印象深刻、良好；

（6）与周边资源区和谐：乡村旅游资源具有一定的知名度和良好的口碑，本地乡村旅游的可持续发展不会影响相关地区的利益。

（五）广泛性

世界上除高山、沙漠和寒冷地带外，广泛分布着从事农业的居民，在自然条件的基础上，人们通过世代不断的努力，创造了各有特色的乡村景观，其中不少可以作为乡村旅游资源，故乡村旅游资源在空间分布上具有极其广泛性的特点。

（六）时空性

乡村旅游资源时空性的典型表现是乡村自然旅游资源有明显的季节性。这既表现在人们一年内有规律的生产、生活，也表现在随四季的变化而变化的自然环境、农业生产和社会生活。而季节变化具有明显的周期性特点，所以乡村旅游资源具有季节性的变化规律。

乡村旅游资源与自然环境、社会环境关系密切，地球上自然环境和社会环境的地域分异现象，导致乡村旅游资源呈现明显时空性特征。不同环境下往往有不同的景观，即使同一种景观类型在不同的区域自然、人文背景下，景观特征也有差异。社会进步、科学技术发展、文化交流等因素也会影响乡村景观，其中乡村人文旅游资源是一定历史时期的产物，反映着时代的特点，即乡村旅游资源具有时代特征。从乡村景观的变化中可以看到时代发展的轨迹。

（七）地域性与文化性

民俗风情是乡村旅游资源的重要组成部分。由于地理历史等多方面因素，各个民族有不同的风俗习惯，甚至同一民族因生活在不同的地理区域其习俗也会存在差异。"十里不同风，百里不同俗。"传统民居、方言、饮食、服饰、手工艺、节日习俗等无不体现着一个地方的民俗特色。乡村是地域传统民俗及民俗文化保存最完好的地方，而民俗文化对游客有着极强的吸引力。

三、乡村旅游资源的类型

乡村旅游资源属于旅游资源，通过不同的划分依据，可以对乡村旅游资源进行相应的分类。乡村旅游资源类型划分的目的是为了更好地认识、保护、利用、运营和管理。

（一）常规性分类

在国标《旅游资源分类、调查与评价》（GB/T 18972—2017）中，从地理景观的角度，把旅游资源划分为8个主类、23个亚类、110个基本类型。基本大类包括地文景观、水域景观、生物景观、天象与气候景观、建筑与设施、历史遗迹、旅游购物、人文活动。

依据资源的同质性（即同一类型的乡村旅游资源在主要构成要素、资源功能、内部结构、开发方向等方面是相同的，但和其他类型乡村旅游资源有明显的差异性原则）以及同源性（同一类型的乡村旅游资源的形成基础、形成原因，包括自然成因、社会成因具有极大的相同性和一致性，它们有基本相同的发展变化共性和演变规律），结合资源属性，借鉴国家标准，通常把乡村旅游资源划分为乡村自然旅游资源和乡村人文旅游资源两个大类及12个亚类。如表2-2所示。

表2-2 乡村旅游资源的分类

大类		亚类	典型内容
乡村旅游资源	乡村自然旅游资源	田园（种植业）	稻田、梯田、果园、菜园、茶园、花园（花卉大棚）、温室、水乡等
		林区（林业）	森林公园、林场等
		渔场（渔业）	海洋渔场、淡水渔场等
		牧场（养殖业或牧业）	奶牛、绵羊、山羊等各类畜禽饲养基地
	乡村人文旅游资源	乡村建筑	祠堂、传统地方民居（陕北窑洞、福建北部土楼）等
		乡村聚落	民族村寨、古村落的布局文化等
		农耕文化	水车灌溉、围湖造田、刀耕火种、鱼鹰捕鱼、采藕摘茶等
		乡村礼仪	人生礼仪、农业生产礼仪等
		节日庆典	火把节等
		乡土艺术	服饰、印染、陶瓷、剪纸、绘画、刺绣、雕塑、音乐、歌舞等
		特色美食	乡村小吃、农家菜等
		特色手工艺	特色工艺品、土特产等

1. 乡村自然旅游资源

乡村自然旅游资源包括田园、林区、渔场、牧场等以不同的产业门类为依托的自然景观型资源。

（1）以种植业为依托的田园型

自然田园风光是乡村景观中最主要的构成部分，是旅游者首先感受到的资源类型，是乡村旅游资源开发建设的基础，是最典型的乡村旅游资源，它包括大规模或连片的农田带、多种类的经济果林与蔬菜园区等。

我国是传统的农业大国，地域辽阔，地形、气候类型复杂，自古以来，人们因地制宜，采取不同的耕作方式，形成了多种多样的田园景观，依据地理区位的不同可分为江南水乡田园景观、平原田园景观、丘陵盆地田园景观、高原田园景观等。这些种植型田园，有许多本身就是很好的旅游资源，可以开发成旅游产品。依据作物的不同，可分为茶园、花卉园、竹园、果园等。

（2）以林业为依托的林区型

以林业为依托的林区型乡村旅游资源是指具有旅游吸引力的人工林场、林地、森林公园等，可以开发休闲、度假、野营、探险、科考和森林浴等多种旅游产品，这一类型的资源在乡村旅游发展初期占重要地位。

（3）以渔业为依托的渔场型

以渔业为依托的渔场型乡村旅游资源可以是滩涂、湖泊、水库、江河等，也可以是农家后院的鱼塘，这些资源只需要经过简单包装利用即可开发为旅游产品，让游客广泛体验渔业生产加工及渔家生活乐趣。

（4）以养殖业或牧业为依托的牧场型

以养殖业或牧业为依托的牧场型乡村旅游资源包括众多的牧场、养殖场等。这类型资源对游客，尤其对中小学生有较大的吸引力。可开发亲子体验、学生研学等特色旅游产品，也可把养殖与美食加工结合，利用牧场、养殖场开阔的空间开发乡村美食体验等产品。

2. 乡村人文旅游资源

乡村人文旅游资源是乡村地区在长期的历史发展过程中，各种生产、生活要素的积累和沉淀，构成乡村旅游独具特色的核心吸引物。

(1) 乡村建筑

建筑是立体的艺术，是凝固的音乐，是有形的诗画。建筑见证了乡村发展的历史，折射出特殊乡村地理环境下人与自然相辅相成的关系。乡村建筑既可观其形，又可用其体。乡村传统建筑以固态的方式向人们讲述着乡村的故事，是乡村重要的吸引物。乡村特色的现代建筑，承载着乡村旅游的服务与接待功能，还是一些乡村旅游活动的场所。从乡村保留的传统建筑及新建筑上，人们可以看得出乡村的历史、经济、文化、社交、理念及未来发展。

乡村建筑是"乡村性"的一个很重要的方面，乡村建筑属于"没有建筑师的建筑"，是一种土生土长的乡村文化与精湛技艺融合后的结晶，人伦之美、人文之美在其中表现得淋漓尽致。乡村建筑包括乡村民居、乡村宗祠以及其他建筑形式，不同地域的乡村民居均代表一定的地方特色，其风格独特迥异，给游客以不同的感受。如青藏高原的碉楼，华北地区的四合院式民居，内蒙古草原的毡房，黄土高原的窑洞等。

(2) 乡村聚落

聚落是人类活动的中心，它是人们劳动生产、居住、生活、休息、进行社会活动的场所，乡村聚落的形态、分布特点及建筑布局构成了其丰富的内涵。乡村聚落具有整体性、独特性和传统性等特点，反映了村民们的居住方式，往往成为区别于其他乡村的显著性标志。乡村聚落是人与自然长期交流、互动的结果，由众多单体建筑构成，是游客了解乡土文化的实物形式和乡村旅游的重要空间。

我国乡村聚落分为集聚型（团状、带状和环状）、散漫型（点状）、特殊型（帐篷、水村、土楼和窑洞）等，如广西龙胜县的平安村、江苏昆山周庄、安徽黟县西递村、江西乐安县流坑古村、浙江诸葛村、腾冲的和顺等都是深受游客喜爱的乡村旅游地。

(3) 农耕文化

我国的农耕文化源远流长，历经数千年的浸润，成为中华文明和文化的重要组成部分。"天人合一"的环境，传统"日出而作，日落而息"的生活节奏与状态构成的农耕画面，成为城市居民梦中的"乡愁"。乡村农耕文化的形式载体越古老，其派生的乡村性就越独特、鲜明，对于城市居民、外国游客就越具有吸引力。

（4）乡村礼仪

礼仪在传统文化中占有突出的地位。乡村礼仪源远流长，反映出特定地域乡村居民的生活习惯、风土人情，是乡村民俗文化长期积淀的结果，是村民精神凝聚力的一种体现。乡村礼仪包括乡村日常礼仪与重大礼仪两部分，日常礼仪包括人生礼仪（诞生礼、成年礼、婚礼、寿礼等）、饮食礼仪、婚丧嫁娶礼仪等内容。农业生产的播种、耕耘、收获每个阶段都包含有不同的礼仪习俗。渔捞、樵薪、狩猎、采集活动也各有仪节习俗。每种礼仪都有一套完整的程序和规范。这些古朴的礼仪与日渐枯燥和机械化的城市生活形成了巨大的对比，对游客来说充满着陌生感与新鲜感。

乡村礼仪中还包括当地服饰。服饰具有观赏和实用两个属性。服饰是乡村当地居民生活的一部分，是乡村文化的重要组成部分，是乡村人际交往的媒介。随着乡村旅游发展，传统服饰及相关符号还可以作为文化创意的基础元素，通过加工与生产，最终以旅游商品的形式展示在游客面前，成为地方性旅游商品或特色纪念品。

（5）节日庆典

乡村节庆反映出乡村特定地域的生活习惯和风土人情，是乡村文化长期积淀的结果。乡村节日庆典可分为生产节庆、纪念节庆、时令节庆等。

（6）乡土艺术

乡土艺术带有浓郁的乡土审美特征。田园诗人、田园书法家、田园画家、田园作家的创作具有丰富的审美想象和幽深的意蕴。乡村地区的传统音乐、舞蹈、地方戏曲、杂技、民歌、民间神话、传说、故事、歌谣、谚语、民间体育、游戏等艺术文化体现了乡村的朴实清新，体现了村韵野趣，能够起到娱乐休闲和特殊的表情达意的功能，对游客同样具有较强的吸引力，同时也是进行生活体验、参与娱乐的依托资源，还可以成为文创商品创新的源泉。

（7）特色美食

"靠山吃山，靠水吃水""就地取材，就地施烹"是乡村饮食文化的主要特色。朴实无华的农家风味、自然本味，由于其鲜美、味真、朴素、淡雅，成为当今人们追逐的时尚。乡村美食制作风格、饮食习俗中"相与而共食"的人生境界、追求诗意的宴饮情趣等，都吸引着城市游客去参与和体验。

（8）特色手工艺

特色手工艺是指和农业、农村、农民、农俗相关的、具有地方特色的工艺品、土特产、食品及其加工制作过程。乡村手工艺与乡村生活紧密相连，具有一定地域性、时代性、民族性特点，直接反映出乡村地区的文化特性和审美情趣，因而具有很大的旅游吸引力。

（9）其他，如语言、当地居民精神风貌及待客态度等

地方语言，即方言，是地方文化的重要组成部分。人们用语言传承民族文化，用语言记录历史、传说、神话，用方言创造地方戏曲、民歌等。乡音，既是区别于城市的符号，又是乡村特色的体现。乡村村民的乡音对游客同样具有吸引力，学、听方言也是游客体验地方文化的一种方式。

精神风貌、社会治安、卫生健康状况等同样是吸引、留住旅游者的重要因素，也是旅游活动得以顺利开展的基础。

在一定意义上，当地居民才应该是乡村地区发展乡村旅游最重要的资源，是关键要素。乡村居民的精神状态和好客程度决定着游客乡村旅游体验的满意度。乡村当地居民直接或间接参与到乡村旅游中，对乡村旅游的发展起到至关重要的作用。

（二）其他分类

1. 根据乡村旅游地发展特征划分

（1）传统乡村旅游资源。包括乡村民俗类、传统农业类、古村古镇类、风土类、土特产类、休闲娱乐类、乡村名胜及乡村红色旅游资源。

（2）现代乡村旅游资源。主要指现代新农村、乡村农业高科技类、生态环境类、园林休闲类、康体疗养类和知识教育类等旅游资源。

2. 按照乡村旅游资源的吸引力划分

主要是依据乡村旅游资源的知名度及吸引力辐射范围来划分。

（1）世界级乡村旅游资源。主要指被联合国教科文组织列入《世界遗产名录》的乡村旅游资源，如安徽的西递、宏村等古村落，云南红河哈尼梯田及区域内的民族村寨等。

（2）国家级乡村旅游资源。指具有重要观赏、历史、文化和科学价值，吸引力可辐射到全国乃至国际的，在全国知名度较高的乡村旅游资源，典型的如中国传统古村落、中国历史文化名村以及特色旅游村等，还有各类乡村聚落中保存的国家级文物保护单位等。

（3）区域级乡村旅游资源。指具有相对重要的观赏、历史、文化和科学价值，具有地方特色，在区域内有影响的乡村旅游资源。

（4）地方级乡村旅游资源。指吸引力辐射范围主要在本地的乡村旅游资源。

3. 按照乡村旅游资源的功能划分

根据乡村旅游消费者的需求及旅游动机对旅游资源进行功能性划分。

（1）观光类乡村旅游资源。主要提供旅游观光赏景服务的资源，如乡村山水、田园、田间艺术等。

（2）娱乐类乡村旅游资源。主要为游客提供娱乐、体验服务的资源，这类资源需要进行一定的加工，添加适当的辅助条件。如供垂钓的鱼塘、供采摘的果园、可体验的乡村厨房、供孩子亲近动物的养殖场等。

（3）健身类乡村旅游资源。主要为游客提供乡村健身活动的场所及设施，如山体上的登山步道、林间步道、可供水上运动的水体、秋千等各类具有地方民族特色的健身运动设施等。

（4）度假、疗养类乡村旅游资源。主要指能为乡村旅游者提供度假、疗养服务的资源，这类资源同样需要借助相关的设施、设备和服务来实现目标功能。如乡村景观、生态环境、温泉、美食以及康体运动等。

（5）科考、研学类乡村旅游资源。乡村的大部分资源都能为科学考察、研学等活动服务，如农业产业链中的育种育苗、种质资源展示、作物认知、环境体验等。这类资源需要根据消费主体的需要具体确定。

（6）其他功能类。乡村旅游能满足消费者的各种需要，除上述类型外，还有亲子活动类、团建类、怡情生活体验类、探险类、文化交流类等。

4. 根据乡村旅游开发过程中对资源的利用及循环方式划分

不同于传统景区观光旅游，乡村旅游可依托的资源不仅有山水，还包括农业资源等，在乡村旅游发展过程中一些资源是会被"消耗"的。

（1）可永续利用但不可再生的乡村旅游资源

不可再生的旅游资源是指在自然生成或长期历史发展过程中形成的，并保留至今可作为旅游发展使用的资源，即俗话所说的"老天爷赐予"或"老祖宗留下"的资源。此类资源较为脆弱，如特色山石、肥沃的土壤、历经岁月的古树名木等，一旦被破坏将不可再生。还有记载着乡村历史和文化的古建筑，一旦被损坏甚至损毁，即使修复和重建，它带给游客的感知和原来的建筑比已经不同了。

自然生成或长期历史发展过程中形成的资源只要保护得好，是可以永续利用的。在乡村旅游的发展中，对这类的资源必须在保护的前提下科学合理利用，坚决杜绝破坏性开发，要传承下去，让我们的子孙后代继续受益。

（2）可再生消耗性乡村旅游资源

可再生乡村旅游资源是指在乡村旅游活动中可被部分消耗，或遭受部分损耗后，通过适当途径可自然恢复或人工再造的旅游资源。如提供垂钓的鱼、供游客采摘的蔬菜、水果、美食、农特产品、手工艺品等，这些资源是会被消耗的，但是可以通过繁殖、生长、生产等恢复、生长、制作、生产出来。

（3）可复制并创新的乡村旅游资源

这类资源主要指一些人为设计的景观、乡村乐园、民俗表演、节庆活动、体育活动等。现代乡村旅游发展中，为了满足游客娱乐、时尚等消费需求，在土地等条件允许的前提下，可适当开发建设有地方农耕文化特色的农事乐园或突出乡村IP的主题乐园。引进一些适合乡村发展的业态，如创意工坊、特色体育赛事、主题节庆等。

5. 基于资源开发利用现状分类

（1）现实乡村旅游资源

这里所指的现实旅游资源是那些不仅本身对游客就有吸引力，客观上已经具备必要的接待条件，且已能或正在接待一定规模游客并发挥旅游功能的旅游资源。

对这样的旅游资源，在乡村旅游发展中应进一步挖掘其文化及科学内涵，整合提升其旅游经济及社会价值，形成特色IP及品牌，发挥其引领先导作用。

（2）潜在乡村旅游资源

这里的潜在旅游资源通常指那些本身可能具有某种让游客感兴趣的内容及特色，但由于交通、接待条件不足，有保护等方面的需要，目前开发技术及能力等限制，或是知名度太低，目前无法吸引一定数量游客前来并发挥旅游经济、社会功能及效益的资源。这样的资源需要认真深入地分析研究，通过一定的包装、创意打造、视角变化等方式，通过直接或间接利用，使其转变为可供乡村旅游发展的现实资源。

乡村存在很多潜在旅游资源，一些在乡村居民眼中司空见惯习以为常的事物，如绿水青山、传统生活、农田牧场、森林草原、村落农舍、农家烹饪，甚至猪栏牛圈等，这些并非传统意义上的旅游资源，但对城市居民来说却有新奇感。这些内容如果开发利用得当，对城市居民会有较大的吸引力，如果与特色业态结合，加上创意及服务，能成为吸引游客的重要现实资源。

6. 根据资源的组成成分及景观功能划分

（1）农业景观资源。主要指田园景观、水域景观、林区景观、渔场景观、草场景观及城郊景观等。

（2）聚落景点。包括集镇景观、村落景观等。

（3）民俗文化景观。典型的如传统民居、服饰、传统饮食、娱乐项目、民间文艺及工艺、节日庆典、生活礼仪及习俗等。

四、乡村旅游发展中的"另类资源"——"背景资源"和"小资源"

在传统旅游资源分类体系中，一些看似无形或不起眼的内容难以列入旅游资源类型中，特别是在景区观光旅游活动中这些内容几乎被忽略，但在乡村旅游发展中很受重视，它们是基础中的基础。这些内容要么因为没有具体的物化形式支撑，要么就是伴随着乡村居民的生活，是在很多人眼中习以为常的内容。这里姑且称其为"乡村旅游基础背景资源"及"乡村旅游小资源"。这些资源如果利用得当在乡村旅游发展中会有意想不到的效果。

（一）乡村旅游基础背景资源

在乡村地域空间内，空气、天气、水汽、地气是乡村生产生活必不可少的内容，是乡村的一部分。也正因如此，在乡村旅游发展中，很多人认为"四气"是理所当然的，没有从资源的角度认真地认识、分析、利用和保护它们。

1. 清洁的空气

空气质量是现代人生活中极为重视及关注的内容。人们在选择旅游目的地时都会把旅游目的地的空气质量列在参考依据中。有时即使有知名度高的旅游吸引物，但如果资源所在乡村区域空气质量不好，人们都会放弃旅游计划。

一个地方的空气质量是有指标可查的，常见的空气质量指标包括空气质量指数（AQI）、空气中的颗粒物指数、PM2.5指数、过敏指数等。

乡村区域对城市游客最大的吸引要素之一就是洁净的空气，因此发展乡村旅游要充分利用好清洁空气这个资源。充分关注及检测好空气质量，并有针对性地向目标客群推送，在春夏两季注意过敏指数的检测，这看似不起眼的指数，体现的是乡村旅游地管理的科学性及人文关怀。

2. 宜人的天气

人们到乡村旅游时野外活动占比较高，对天气的依赖较大。清洁的空气在好天气下才能充分发挥优势。现代乡村旅游中休闲、度假的占比越来越重，休闲、度假对天气要求较高。因此，乡村的天气，特别是天气指数同样成为人们选择乡村旅游目的地的重要参考因素，局地康体气候是乡村发展旅游的重要资源之一。天气指数又称气象指数，是指气象部门根据气象预测而发布的为居民生活出行而提供的参考数据，包括温度、湿度、风向、风力、太阳照射强度等相关数据。

发展乡村旅游要关注天气指数，把握其变化规律，把康体气候作为重要的资源加以开发利用。

3. 洁净的水汽

水是地球上生物赖以生存的重要要素。人们生活离不开水，旅游活动、旅游开发更离不开水。居民和游客生活离不开水、农业生产离不开水、乡村景观离不开水。无论以何种状态存在的水，对乡村旅游的发展都有较大影响。如果乡村的水资源被污染，乡村旅游是无法开展下去的。

4. 传统的地气

"一方水土养育一方人""地杰人灵"……这些老话都在表达着一个传统认知，地理环境与人文环境密切相关。优良的地理环境营造出良好的人文氛围，在传统文化名村人们都很重视对环境的保护。村落中古老的民居、韵味深厚的村落肌理、友善的村民、村规民约、传承千百年的家训、人与自然和谐共处的状态、优秀的文化传承，这些与绿水青山交相融合，形成了乡村的地气，是乡村发展的文脉所在，更在乡村旅游吸引力体系发展中起到重要的作用。

（二）乡村旅游"小资源"

1. 自然类"乡村小资源"

乡村的山地丘陵、山坡小峰、小溪水塘、无名花草、禽畜虫鸟、自然声色、小天象小气候、微地形等组成了自然类"小资源"体系。这些在乡民眼中司空见惯的小资源，让乡村比城市多了几分柔情与生机，典型的如蛙鸣鸟叫、蝉鸣鸡叫为乡村添了一些灵动与亲切。微地形的变化，如小水潭、一片野花，会导致空间相对扁平，视野足够开阔，产生让人放松的柔性视觉效果。

2. 人文类"乡村小资源"

乡村中的老屋陋巷、大野小田、土庙薄祠、亭道桥廊、川堤河坝等，是乡村人生存与智慧碰撞的物化存在，组合价值很高，少数单体的文物价值、美学价值、景观价值潜力较大，或可称为隐形的"名"资源。

乡村中不起眼的瓦片，老旧的磨盘，田边古老的水车，村中的古井及井边的洗衣石，晾晒作物的棚架，老式打谷机，用过的锄头、扁担、箩筐，甚至奶奶用过的纺车、爷爷用过的锯子，还有牲畜集中养殖后各家留下的猪圈里的猪食槽、牛圈里的饮水缸、马厩里的马鞍子……这些不起眼的物件在乡村旅游发展中都是可直接或间接利用的乡村旅游资源。

3. 社会类"乡村小资源"

社会类"乡村小资源"，包括人、行为、规范和氛围，包括乡村营造的空间环境下乡民群体曾经发生和正在发生的生产生活和精神活动，以及乡规民风等。

五、乡村旅游资源评价

乡村旅游资源是乡村旅游地发展的关键因素之一。资源的类型、价值等，直接影响乡村旅游地对游客的吸引力，是乡村旅游地旅游发展的依托。业态布局、业态创新，以及旅游产品生产、品牌构建等与资源有直接关联。因此发展乡村旅游必须对资源有一个清晰的认识，需通过调查，厘清资源类型，并在分析的基础上做出科学合理的评价。

乡村旅游资源调查分析是指运用科学的方法和手段，有目的、系统地收集、记录、整理、分析和总结某一乡村区域内旅游资源及其相关因素的信息与资料，如存量、类型、性状、存在状态等，为进一步评价、保护、利用、规划、管理、经营等提供客观的科学依据。乡村旅游资源调查的目的是摸清家底、发现问题、规范管理。乡村旅游资源调查根据目的和需要的不同，可分为普查、概查和详查。

乡村旅游资源评价就是对乡村旅游资源所进行的分析、比较和研究。具体就是对乡村旅游资源的属性、保护状态、开发利用价值、影响力等进行分析、比较，明确资源开发利用的价值、条件等。

（一）评价方法

1. 综合评价

即对调查资源数据及资料进行全方位综合评价。为使评价结果相对科学，往往采用主观与客观相结合的评价。评价中注重价值（主要包括科学价值、文化价值、艺术价值等）、效益（主要包括生态效益、经济效益、社会效益等）和条件（如区位、交通、景观等级、保护等级、市场影响力、环境容量、居民态度、建设基础等）的评价。

2. 专题性评价

主要根据乡村旅游发展需要，特别是项目、业态、产品、营销等进行针对性评价。专题评价需要依靠前期调查的数据作为支撑。

3. 层次分析法

该方法是依托数学模型进行评价的方法。即把乡村旅游资源存在的问题及相关组成要素划分为相互关联的有序层次，通过对组成要素的重要性给出权重，再利用各要素的数据进行模型测算给出要素的重要程度排序。

（二）评价内容

1. 吸引力评价

（1）自然吸引力：指观赏价值，主要内容包括旅游资源的美学与观赏价值、垄断性与稀缺度、奇特性与新颖度、资源及景观的延伸含义、美誉度及其他特殊价值等。

（2）文化吸引力：即历史文化价值，历史渊源、文化传统、文化品位、风俗民情、民间节庆、优美的历史传说、名人遗迹、传奇经历、社会时尚等。

（3）科学吸引力：即科学价值，对科考、研学旅游的吸引力。

（4）其他，如美学吸引力、社会吸引力、体验吸引力等。

2. 知名度评价

知名度是人们对该旅游资源了解和熟悉的程度及认识的广泛程度。部分乡村旅游资源从审美的角度看价值不是很大，但因其知名度较大，也就具有较大的利用开发潜力。游客在选择目的地时倾向于知名度较高的资源所在的区域。"口碑效应"对于乡村游客的引导作用很大。知名度是人们形成旅游动机的重要因素，所谓"慕名而来"更适用于乡村旅游者的旅游决策。

3. 可进入性评价

可进入性是旅游者进入该旅游资源所在地的难易程度。包括各种交通条件，交通方式、道路条件、交通工具等，也包括目的地的集散能力及居民的好客度、参与度等。人们在做旅游决策时，首选最小的旅游时间比（从居所到旅游目的地所耗费的时间与抵达旅游目的地后旅游的时间之比）。因此，在评价旅游资源价值时，需要对进入资源所在区域的交通便捷情况做详细分析评价。

4. 环境质量与环境容量评价

乡村旅游资源所在区域环境质量包括的因素较多，如气候条件、空气质量、水质状况、噪声污染情况、游人的安全程度、卫生条件、接待设施条件、绿化植被情况等。如有的乡村旅游地气候条件恶劣，一般游人难以忍受；有的乡村旅游地附近有污染源，有损游人健康；有的乡村旅游地易发生泥石流、滑坡，游客的安全性较差，这些情况下，都不适合开发乡村旅游。

旅游环境容量又称为旅游环境承载力（carrying capacity of tourism environment）。它是一个概念体系，一个包含了自然、社会、经济环境在内的复合环境系统，指一定时期内不会对旅游目的地的环境、社会、文化、经济以及旅游者旅游感受质量等方面带来无法接受的不利影响的旅游最高限度，一般量化为旅游地接待的旅游人数最大值。简单地说，环境容量是旅游资源所在地在一定时间对旅游者的容纳量。

为了保护乡村旅游资源，使资源得以永续利用，同时也为了让到乡村旅游的游客获得最佳的旅游体验，乡村旅游资源开发利用时需要进行适当的容量控制，即要进行环境容量评价。容纳量以多少为合适，不能一概而论，乡村旅游资源的性质、环境不一样，容纳量的合理度也有很大差别，对于环境容量的计算，可以有不同的方法，同时，对不同性质的乡村旅游地也有不同的计算方法。在对乡村旅游资源环境容量进行评价时还应考虑居民与游客心理、资源性状、生态环境、经济发展等方面的因素。

六、乡村旅游资源的合理开发利用

"开发"一词，英文表述为"exploit""develop"等，指的是对原有事物的利用和发展，通常指人类对资源及其相关方面进行综合利用的过程。旅游资源开发是区域旅游发展的基础工作。

乡村旅游资源开发指在一定的乡村区域范围内，以发展旅游业，带动乡村发展，主客共享为目的，以市场需求为导向，以旅游资源为核心，以发挥、改善和提高旅游资源对游客的吸引力为切入点，为招徕、吸引和接待乡村旅游者而进行的旅游吸引力塑造、旅游基础和接待设施建设、旅游环境培育等综合性的经济、社会、科学、生态、技术活动。

乡村旅游资源开发是一项复杂的系统工程，涉及区域背景、旅游资源状况和前景、资源开发模式、时序和规模、客源市场调研与预测、功能分区和布局、产品设计、创新和推广、形象定位、环境保护、人力资源开发、旅游管理政策措施等因素。

（一）乡村旅游资源开发原则

1. 保护优先，整体开发

旅游资源只有经过人类有意识的开发，至少要具备"进得来，出得去，散得开"的可进入性，有了基本的并同环境相协调的接待设施，才能被旅游业所利用。

乡村旅游的开发必须以乡村旅游资源保护为前提，没有保护优先原则，在经济利益的驱动下，难免会造成景观破坏及景观差别的缩小乃至消失。乡村自然及人文生态环境都比较脆弱，尤其是西部地区的乡村。发展乡村旅游必须以生态环境保护为前提。

乡村旅游资源既形式多样、丰富多彩，又是区域旅游资源的一个组成部分，因此要把乡村旅游资源的开发利用纳入区域发展中。

同时乡村旅游资源类型丰富，为了避免同质化、低端化的开发利用，一定还要有整体理念，在比较中突出区域资源的个性，形成体系。

2. 突出文化性，减少"硬开发"，重视"软开发"

乡村旅游资源开发应尽量减少"硬"开发，即尽量避免大拆大建，把开发重心放到"软"开发上，即在"文化"上做文章。游客到乡村旅游都希望进行文化体验，文化享受应贯穿乡村旅游活动的全过程。乡村旅游开发应在自然资源基础上突出文化内涵的开发，乡村文化的真实性、纯朴性、原生性是吸引旅游者的根本原因。

3. 突出个性化

地域分异规律导致各地乡村存在一定差异性，形成了不同特色的乡村。乡村旅游资源开发要深入挖掘乡村旅游资源的独特性，如突出乡村社区生活等，以形成个性鲜明的吸引力。

4. 生态和谐

发展乡村旅游要带动乡村产业发展，服务乡村振兴。乡村旅游资源开发所追求的目标是综合性的。因此，乡村旅游资源开发一定要有利于乡村地区社会经济文化的持续高质量发展。

任何一个稳定的生态系统都是经过千百年的进化形成的，有特定的物质能量循环方式和规模，任何外来的物质和能量都将对这一循环系统产生影响，一旦打破原有的平衡，会对当地社区产生不可估量的严重后果。乡村旅游资源的开发要尽可能不给原有的生态系统带来过多的外来物质，不建议大兴土木，提倡因地制宜，质朴自然，目标是生态和谐。

（二）用好乡村旅游资源，发展乡村旅游，助力乡村振兴

在乡村旅游发展中，对乡村旅游资源的界定并不是一成不变的，只要利用合理、得当，乡村资源都可以成为发展乡村旅游可用的资源。丰富的乡村资源应为旅游所利用，发挥综合效益，服务乡村振兴。如图2-1所示。

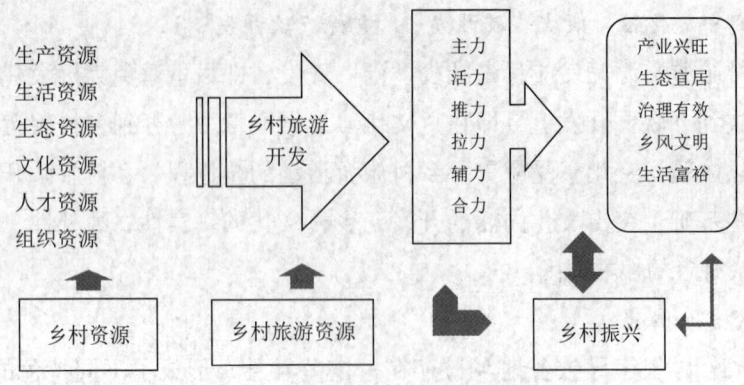

图 2-1　乡村旅游助力乡村振兴

第三节　乡村旅游经营与管理

乡村旅游活动是一种综合休闲消费活动，发展乡村旅游不仅要有游客及其构成的消费市场，要有在保护前提下可开发利用的乡村旅游资源，还应有在资源开发利用基础上的经营与管理，及在经营管理中向游客提供的适宜的产品和服务，并保证乡村旅游的可持续发展，带动乡村整体发展。

一、合理经营

乡村旅游发展要关注市场，了解市场需求，根据市场的变化调整改进乡村旅游业态及产品。乡村旅游发展初期，城市居民到乡村主要以农家乐为主，主要以到乡村吃农家饭为主，消费相对单一。为了便于了解乡村旅游发展路径，人们通常把农家乐"吃农家饭+果蔬采摘"称为乡村旅游发展的1.0时代。随着人们对乡村旅游消费需求的变化，旅游模式从单一向多样化发展，进入国民休闲时代，人们到乡村已不满足于简单的农家饭及采摘体验，对乡村游乐、休闲的需求增多，这个需求阶段被认为是乡村旅游发展的2.0时代。随着社会经济发展，游客对乡村旅游再次提出新的需求，即由简单的游乐休闲向休闲度假、康体养生发展，这个阶段被称为乡村旅游发展的 3.0 时代，即休闲、健康、度假时代。在中国，随着全面小康目标的实现，人们对乡村旅游发展的需求在原有基础上进一步提升，即进入到多样化需要融合的时代，游客不仅希望乡村旅游地能满足旅游、休闲、度假的需要，更希望乡村旅游地成为一个生活的区域，一个能提供创新、创业的地方。乡村振兴战略的实施推进，使众多的人才、资金、项目、机会投向乡村，为乡村旅游精细化发展和提档升级提供了更好的条件。从这个意义上说，乡村旅游进入了乡村生活、文化创意发展时代，大量的乡村创客加入乡村发展中，乡村旅游地将成为重要的旅游目的地，人们把这个时代称为乡村旅游发展的 4.0 时代。

无论在哪个时代，游客到乡村旅游都会有需求。乡村旅游地应提供游客需要的乡村旅游产品、旅游体验及活动，为游客提供各类服务以及特色旅游商品，并通过品牌塑造、市场营销等手段吸引游客到来，实现让游客想来、愿意来，来了留得下、能消费，离开后还想来的目标。要实现此目标需要旅游目的地进行合理的经营。

（一）服务设施与服务

各地乡村旅游发展要根据自身条件及市场需求选择好发展模式与路径。无论采用何种模式与路径，有一点是最基础的，即游客来到乡村旅游地都要有相应的服务设施，游客旅游、休闲、体验、度假等活动，都需要依靠或借助相应的设施及服务，这就要求乡村旅游目的地有与其发展及接待适应且运营良好的服务设施。

（二）多方协作、招商引资、创新业态

从产业发展的角度看，乡村旅游发展涉及农业、旅游、文化、体育、康养等多个产业。乡村旅游地的发展需要多方参与、多方协作、多产业融合。

从参与角度看，乡村旅游发展涉及当地政府、村委会、合作社、投资商、村民、外来创业者以及游客等诸多方面，因此乡村旅游发展需要做好多方协调与合作工作，在协作中吸引更多的企业及人才参与到乡村旅游发展中，协

调好各方利益，不断创新，这样才能实现优质可持续发展。

乡村旅游地发展需要营造良好的发展氛围，其中也包括良好的营商环境，吸引有志于乡村发展的企业、个人到乡村投资发展，创新业态，满足乡村旅游多样化的需求。

在乡村旅游地发展中，必要时可引入发展中介，促进营销与推广，扩大影响，招徕更广泛的客源。

（三）打造维护乡村旅游目的地形象，生产优质乡村旅游产品，形成乡村旅游品牌体系

形象塑造对乡村旅游目的地至关重要，良好形象是乡村旅游地拓展市场的基础。乡村旅游目的地形象打造需要整合要素，通力合作。有了良好的形象还需要有产品支撑，产品需要树立起自己的品牌。这一切都需要通过良好的运营来实现。

二、有效管理

随着社会生活水平不断提高、城乡基础设施建设日益完善，乡村成为人们休闲度假的好去处，成为生态美、生产美、生活美的旅游目的地。要吸引更多游客选择乡村旅游、体验乡村旅游、爱上乡村旅游，让乡村成为解乡愁的"栖息地"和农村农民脱贫致富的"聚宝盆"，乡村旅游地还需要实施有效管理。

（一）宏观管理

乡村旅游发展要注重服务大局，将乡村旅游发展融入乡村振兴、区域协调发展等国家重大战略。推进产业链整合，构建起乡村旅游产业体系。推进乡村旅游与乡村特色产业的发展，带动农村一、二、三产业融合，推动产业链上下游、关联产业之间高效联通，拓展产业链、延伸价值链，让农民更多分享产业增值收益。

宏观管理需重视乡村旅游地发展动力系统，即需求系统、引力系统、中介系统和支持系统的管理与维护，保障乡村旅游地科学、有序、高质量发展。

（二）中观管理

中观管理的目标是推进业态融合多样化及发展的相对集聚化，推进经营主体多元化，实现基础服务设施现代化。

（1）注重顶层设计。优化乡村旅游布局，推动乡村旅游纳入经济社会发展规划、国土空间规划和基础设施建设、生态环境保护等。发挥旅游规划作用，帮助乡村科学开发旅游资源、推进项目建设。

（2）注重协同发展。整合规划、基建、财税、金融、人才、土地等各部门政策措施，构建乡村旅游齐抓共管工作格局，壮大发展合力。

（3）注重示范引领。及时总结成功经验，推出典型案例，引导乡村旅游适应人民群众多样化、多层次需求，适应资源禀赋、地理区位、产业基础等差异，推动乡村旅游品牌化、特色化发展。

（4）注重能力提升。将培养、引进、留住人才作为乡村旅游的动力之源、发展之基，全方位强化乡村旅游人才队伍建设。

（三）微观管理

具体到乡村旅游目的地的管理。

（1）发展管理。如资源管理、规划管理、项目管理、业态创新、产品管理与开发等，还有发展模式及路径选择、招商引资等。

（2）市场管理。如企业协作、形象管理、营销管理、品牌管理等。

（3）质量管理。如活动策划、质量监控、人才培训、售后服务，推进经营服务规范化。

（4）设施管理。完善基础设施，加强公共服务。

（5）安全管理。如保险、治安、灾害预防等。

（6）氛围管理。现代旅游已不仅是旅游休闲活动，更成为一种学习方式、成长方式、生活方式，成为小康社会的标配、美好生活的必备。因此在乡村旅游发展中要营造好旅游氛围，满足现代游客乡村旅游的需要。

（7）智慧化管理。

第三章 乡村旅游发展环境

第一节 乡村旅游发展环境的界定及类型

一、关于乡村与乡村空间

乡村旅游的发展对环境依赖程度极大。区域乡村旅游发展需要对其发展依赖的乡村环境及相关环境要素进行系统分析与研究。要了解乡村环境先从认识乡村开始。随着城镇化进程的加快,城乡界限越来越模糊,乡村旅游发展环境也不是一成不变的。研究乡村旅游发展环境,需要对乡村地域进行分析判断。

(一) 关于乡村

乡村和城市在本质上都是人类生存的聚落,乡村概念是通过与城市的对比而形成的,但乡村与城市都是内涵丰富的复杂系统,很难用单一概念概括。在人们的日常社会经济活动中,人们往往把在城市以外,主要以农业生产为主的区域称为农村或乡村。

乡村是一个多维的概念,既是职业的概念,又是地域的或社会学的概念。1955年的《国务院关于城乡划分标准的规定》中,首次从计划、统计和业务核算的角度,对我国城、乡进行划分。随后又出台了有关设市、设镇的标准,国家统计局的统计口径随之做了相应的调整。20世纪70年代末,由于农业经济体制的改革,农村的非农化进程大大加快,乡村职能由单一提供农产品向多样化发展,传统的农业地理学已经不能反映中国乡村的实际情况,"农村"需要被内涵更为丰富的"乡村"代替[①]。1984年11月和1986年4月,国务院批准了民政部《关于调整建镇标准的报告》和《关于调整设市标准和市领导县条件的报告》,这两个报告放宽了市镇建制标准,全国市镇数量大幅度增加。在实际工作中,很多部门和专业又都有自己的标准。早在人民公社时期,

---

① 郭焕成,冯万德.我国乡村地理学研究的回顾与展望[J].人文地理,1991,6(1):44-50.

通常把"农村"作为与城市对应的概念。人民公社后,设立乡政府,在继续使用农村概念的同时,又开始较多地使用"乡村"这一概念。对乡村的认定一方面要依据我国的行政区划来确定,另一方面要依据公众的认可来判断。根据我国的行政管理体制,县以下叫乡(镇),所以,一般来讲,比县城更小的社区以及村寨可以称为乡村。但随着我国农村经济的快速发展,城镇化建设步伐的进一步加快,一些县乡(镇)已经城市化,明显不具有乡村的特征了,这一点在东部沿海地区尤其突出。反之,在我国西部欠发达地区,不少县城依然具有典型的乡村特征,相对于东部以及大一点的城市,这些县城还具有一定的"乡村性",因此,我国行政区划所规定的"县城"以及"乡(镇)",只是划分乡村的一个基本参考依据,一个区域是否属于"乡村",关键是看它是否具备乡村的明显特征。这种乡村特征也就是所谓的"乡村性"。

(二)乡村空间

乡村是一个不断发展的且被修正的概念,在不同的社会阶段和学术语境之中有着不同的解读,随着乡村经济社会的转型,乡村的概念与内涵不应该是一成不变的。当代的乡村是一个开放的外向型空间,乡村正在由静态的地域空间向流动性、关系性的动态空间演化。乡村概念除了乡村人地关系地域系统,还包括在各类多元异质主体之间所形成的跨越乡村内外部的流动与关系。在城乡交互频繁的背景下,人口、资本、商品等各类要素的流动与城乡聚落互相叠加,乡村空间具有自己的延伸和发展腹地,乡村成为以人地关系地域系统为根基,由乡村物质空间、社会空间、文化空间有机结合并层层递进、两两联动的整体。"乡村"除了代表一定地域范围的物理空间之外,还应包括社会行为、文化意识等方面。乡村是人类与自然协同进化过程中最和谐的人居环境模式和空间,兼顾"自然生态—人类居住环境—经济活动与规模"三个目标。乡村的物理空间不仅包括作为居住聚落的村寨,还包括居住聚落外的非城镇地区,如农田、森林、湖泊、草原等空间。从纯粹的空间划分来看,乡村的概念还有广义和狭义之分,广义的乡村就是相对于城市而言的其他区域。也就是说,整个空间被分为城市和乡村这两个部分,这是一种简单粗糙的划分方式。比如,浩瀚无边的海洋、茫茫无际的沙漠、人迹罕至的原始森林,这些空间区域都不属于城市的范畴,而将其作为乡村也是不对的。因此狭义的乡村概念应该是相对于城市而且有人生产和生活的空间地域。这样,整个空间就被划分为城市、乡村以及(无人生活的)自然区域三部分。乡村聚落形态、乡村建筑、乡村自然与社会文化环境等三个方面构成了乡村景观。

(三)乡村的概念内涵

进入21世纪以来,中国乡村又经历了复杂曲折的转型与重构,乡村的面貌已经不可同日而语。乡村概念应该是不断变化的,在不同阶段拥有不同的内涵。2021年6月1日开始实施的《中华人民共和国乡村振兴促进法》第二条是这样界定乡村的,"本法所称乡村,是指城市建成区以外具有自然、社会、经济特征和生产、生活、生态、文化等多重功能的地域综合体,包括乡镇和村庄等"。这一概念包含有几个重点:

首先,乡村是与城市相对应的区位概念。包括乡镇、村庄、城市郊区以及其他城市建成区以外的区域。在这一区域,有其明显的自然、社会和经济特征,也具有某些共同的制度特点,如土地主要归集体所有,产业主要是种植业和养殖业,基础设施和公共服务相对滞后,需要从法律和政策上给予特别扶持。

其次,乡村具有生产、生活、生态和文化等多重功能。从生产功能看,既包括传统的种植业和养殖业,也包括特色农业、休闲农业、现代农产品加工业、乡村手工业、绿色建材、红色旅游、乡村旅游、康养和乡村物流、电子商务等乡村新兴产业。乡村的生产功能在粮食安全保障、为消费者提供丰富的食品原料和工业原料、提供就业机会、保障农业从业者的收入等方面具有不可替代的作用,因此需要相应的制度保障,促进乡村产业的发展。从生活功能看,乡村是众多人口的生活空间,尽管在城市化进程中有不少农民进城就业和居住,但目前仍然有约36%的人口常年生活在农村地区,因此需要保障这些人口的居住、交通、环境、教育、医疗等基础生活条件和基本公共服务。从生态功能看,以农业为主的乡村产业是人与自然相互交融的产业,作物、林木、草原也具有重要的水土保持、空气净化、生态涵养作用，农业在利用自然资源的同时也在保护资源和改善生态环境。从文化功能看，乡村是农耕文明传承的重要载体，具有丰富多彩的乡风、家风、民风特征，传统生活方式以及村民之间的社会交往方式等是中华文明的重要组成部分。

二、乡村与乡村旅游

乡村不仅是农业的生产空间，更是一个离大自然最近的地方。乡村具有特殊的"资源"，是一个可以医治现代工业文明创伤的地方，许多难以治愈的城市病都在乡村生活中得到康复。乡村，包括乡村景观、乡村聚落、乡村生活、乡村生产，乡情、乡境、乡愁及乡民对游客具有无穷的吸引力，已经成为中国未来稀缺的旅游资源。中国乡村不仅对城里人有诱惑力，对外国人更是如此。乡村是中国的文化秘境和集聚点。乡村旅游对于国人，是历史之旅、文化之旅和健康之旅，对于发达国家的外国人，则是文化之旅、探秘之旅和风情之旅。

乡村旅游发展必须依托乡村地域空间，乡村是乡村旅游发展的基础与内核。当乡村遇上生活化的旅游，旅游就不仅是观光游览，更是一种生活的体验，是一种体验生活的方式及路径。乡村旅游利用乡村自然资源和人文资源，将农耕活动与休闲农业、传统农业文明与现代乡土文化有机结合，有效促进农村一、二、三产业融合发展，推动乡村生产、生活、生态三位一体发展。发展乡村旅游不仅可以增强农村经济发展的内生活力，还有利于缩小城乡差距，推动城乡统筹协调发展，助力乡村振兴。

三、乡村旅游发展环境界定

（一）关于乡村旅游发展环境

乡村地域可用以下几个方面来进行判定：用地类型、生产方式、经济来源和乡村文化。如果说，文化是人类对环境的生态适应，那么，乡村文化是人们对乡村环境的生态适应。乡村环境发生变化，乡村文化就会发生变化；

乡村环境向着城市环境演变，同时乡村文化也就向着城市文化转变，如建筑类型、生活方式等。乡村旅游环境是旅游环境的一个组成部分，是旅游环境在乡村地域的具体化体现。

（二）乡村旅游发展环境类型划分

从生态环境角度出发，乡村旅游环境包括宏观环境和微观环境两个大类，其具体内容又有所差异。如表3-1所示。

宏观生态环境是指反映乡村特色的大尺度的景观以及这些景观在乡村地域的整个空间结构和格局。如农村用地结构——水域、农业用地、宅基地、公共用地（道路、水渠）、绿化用地的比例和结构；乡村文化——农耕文化、社会风貌、聚落风貌等。

微观生态环境是指乡村旅游接待设施卫生状况、建筑材料和风格、旅游设施形象标识、服务态度等要素形成的具体物化的生态环境。

表3-1 乡村旅游环境的类型及内涵

乡村旅游环境	乡村旅游宏观环境	经济环境
		需求环境：如恩格尔系数、收入水平、城镇数量等
		供给环境：如开发资金、乡村劳动力保证、乡村建筑用地条件等
	产业环境	农业
		旅游及旅游业情况
		其他相关基础产业，如水、电等基础产业情况
	地理区位	资源区位
		客源区位
		交通区位
		旅游地理区位与环境
	乡村旅游微观环境	自然生态环境
		植被、绿化、空气、水体等
	人文生态环境	居民生活状态、待客氛围等
	复合生态环境	当地人在利用自然、改造自然过程中形成的特色乡村生态系统，如坝塘、水田、果林等。

四、乡村旅游发展的主要环境

（一）宏观环境

1. 经济环境

一个地区社会经济发展程度和总体水平，决定了乡村旅游开发的规模和程度，也决定了城市居民的出游水平，同时决定了周围居民的出游水平。

经济环境包括需求和供给两个方面：

（1）需求环境

经济水平决定出游能力，持续的市场需求是乡村旅游可持续发展的保证。乡村旅游的客源定位于城市，附近城镇居民点数量、规模和社会经济发展水平对乡村旅游发展都有影响。经济发达、人口聚居效应好且达到一定规模的中心城市及各级城镇居民点是乡村旅游发展的重要凭借和依托。

区域内城镇数量、规模、体系、分布与结构，配套服务设施种类、数量、规模、水平和特色在很大程度上决定了乡村旅游需求的基础经济环境。目前，我国乡村旅游已经成为城市居民休闲度假的重要方式，周末乡村休闲、度假已成为很多大城市居民生活的常态。

（2）供给环境

经济水平决定投资建设能力，主要因素有资金、乡村劳动力、建设用地条件等。

乡村旅游的发展需要一定的资金，其开发最终表现为资金的落实与投入，发展与开发资金是保障乡村旅游项目的直接要素。在判定乡村旅游发展及开发可行性时，需对供给的可能性及资金到位情况进行分析。既要对国家及地方财政切块、税利提留、计划投入等做出分析，还需对部门投资、群众集资、外界捐赠的能力、数额做出评估与判断，同时还要考虑海内外尤其是外资引入的可能性。

尽管进入乡村旅游行业的从业门槛不高，但仍需具有一定数量、质量的劳动力。而且随着乡村旅游向高质量发展，对劳动力的技能、服务等的要求也在提高。劳动力的产业构成及其转化的可能性也是乡村旅游供给必须重视的一个方面。

尽管乡村旅游发展要避免大拆大建，要保护乡村氛围，减少硬开发，注重软开发。但在乡村旅游发展中必要的基础设施仍需提供。建设用地条件，即乡村旅游地的用地情况直接关系项目的布局和工程投资的大小。

2. 产业环境

乡村旅游的发展多以农业为基础及背景，当地旅游产业发展的基础对乡村旅游发展有较大的影响。

（1）农业

农业是乡村旅游发展的无尽动力和源泉。农作物的种类、产量、商品率都与乡村旅游的开展息息相关。农作物的种类越丰富，可供开发的素材越多，农副产品如禽蛋、水产、蔬菜、瓜果等生产供应的种类、数量和保障程度对乡村旅游的开发有较大影响。发展乡村旅游要细致分析和研究当地的农业基础以及农业科技程度，人们的生产方式及效益等，这决定着乡村旅游开发是特色鲜明的传统农业风格还是现代化农业风格，或者二者兼而有之的混合风格。

（2）旅游及旅游业

旅游不仅具有经济效益更具有社会生态效益，现代很多地方都把旅游业列为地方重要的经济产业，同时旅游也已成为城乡居民日常的生活方式，成为人们关注、追求的幸福产业的重要组成部分。在这样的背景下，旅游特别是乡村旅游的发展有了广阔的空间。城乡两地自然与人文环境差异越大，形成旅游吸引力的落差、势能就越大，其吸引游客的可能性越大。

乡村周边区域旅游产业环境对乡村旅游发展同样有较大的影响。旅游产业基础好的区域，可进入性条件较好，市场相对成熟，乡村旅游发展的起点相对较高。

（3）其他相关基础产业

乡村区域水、电、能源、通信等基础设施条件，相关配套服务、规模、能力以及布局，直接影响乡村旅游开发的速度和投资效益。

3. 地理区位

区位是指旅游地相对于客源地及其他旅游地的位置和空间关系，它对旅游地的开发方向、模式与路径选择、业态布局等有重要影响，区位直接关系乡村旅游发展的效益及规模。大城市周边乡村能够满足城市居民重复出游、休闲放松的要求，因此即使资源条件一般，乡村旅游也能较快发展起来，容易获得发展效益。著名景区周边乡村，甚至作为景区外延的一部分，自带旅游吸引力，乡村旅游发展也相对容易。乡村旅游地的旅游地理区位包括资源区位、客源区位、交通区位三方面。

（1）资源区位

资源结构决定资源区位，乡村旅游兴旺发达的程度，不仅取决于资源的绝对价值，还取决于资源的相对价值，即乡村区域在空间位置与邻近区域资源的组合结构。同一地区内，资源价值高但知名度低的景区一般难以发挥出应有价值，倘若再与他处雷同则会处于竞争的劣势。

（2）客源区位

位置远近决定客源区位，对于乡村旅游而言，乡村旅游地并不完全依赖于资源的吸引，而更多依赖于位置的吸引，这是因为游客参与乡村旅游主要利用双休日，受时间和金钱的限制，只有旅行距离在承受范围内，才能最终形成旅游购买决策。因此，乡村旅游者购买意愿的发生具有距离倾向性，一般情况下服从距离衰减规律。

（3）交通区位

线路状况决定交通区位，一个乡村旅游地游客的多少，除了取决于资源优势和客源市场远近之外，还取决于交通线路的数量、等级和畅通程度。一般而言，乡村旅游为游客提供双休日同亲朋好友一块游玩的休闲场所，因而要求旅游地交通方便、距离适中。

（4）旅游地理区位与环境

我国地域辽阔，自然地理环境复杂多变，乡村分布广，环境类型多，从目前主要乡村旅游地的分布看，乡村旅游地的地理环境较多以表3-2所示环境较为常见。

表 3-2　乡村旅游地理区位与环境

依托环境	区位条件	主要特点	客源市场	旅游目的	实例
都市郊区	大都市郊区城市延绵带	一定产业化程度的观光农业和民族文化村	都市居民、常住都市的境外人士	休憩、度假、观光、购物	北京、上海周边乡村，珠三角地区的乡村，昆明西山团结乡等
景区周边	风景区周围乡村	山水风景之中的田园风光和传统农耕活动	来风景区旅游的游客，境外自助游客	观光、体验、旅游	云南大理、西双版纳乡村，安徽黄山周围
特色村寨与传统村落	具有特色民俗文化的乡村	有特色建筑群和淳朴的民风民俗	以城市居民为主的游客，境外游客	观光、求知、体验、访问	浙江诸葛村、福建土楼、安徽西递村
特色农业基地	具有特色农业的乡村地区	特色蔬菜、瓜果	城市居民为主的游客	观光、购物、劳作	各地的特色农业园区、农业科技园等

①都市郊区

都市郊区是目前我国比较普遍、比较成熟、市场潜力较大、效益较好的一种乡村旅游地类型，它主要是利用都市郊区良好的自然生态环境和独特的人文环境、地缘区位优势和便利的交通条件而发展起来的。这种乡村旅游的目标市场是城市，基本定位是为城市居民提供观光、休闲、游憩的"后花园"，是城市人休闲度假的好去处。如北京、上海、广州市郊区的乡村旅游地就属于此类。

②景点周边区域

景点周边乡村旅游地主要是依托各地一些著名的风景名胜区发展起来的。这种景区周边的乡村旅游是伴随景区发展而产生的，对主景区起到辅助和服务的作用。游客通过景区周围村庄和田园风光、民俗文化、农家生活的游览，可以加深对景区的了解，同时增加在整个旅游目的地的停留时间，拓展旅游活动的类型，增加休闲度假的内容。如云南大理、丽江旅游区和西双版纳旅游区周围的乡村旅游地就属于此类。

③特色村寨与传统村落

特色村寨、传统村落是乡村建设和发展的历史缩景，也是传统文化的凝固和遗迹。这种类型的乡村旅游和民俗旅游交织在一起,具有浓厚的乡村文化和村落建筑特色,不仅对周边游客,还对远距离的游客,甚至国际旅游者都充满了吸引力。中国特色村寨、传统村落不仅自身承载了独具特色的文化,其所在区域也大都环境优美、依山傍水,体现着中国特有的人与自然和谐之美。典型的如安徽的西递村和宏村、云南大理喜洲、浙江乌镇乌村、贵州西江苗寨、云南建水团山村等。

如果没有旅游,随着经济的发展一些特色村寨和传统村落便会随时代产生变化,传统村落形态会遭遇建设性破坏。如何保护、利用好这些村寨、村落,又不影响当地居民对美好生活的追求,旅游可以成为特色村寨与传统村落寻求发展和保护的一个平衡点。

④特色农业区(基地)

特色农业区(基地)旅游是指利用当地特色的农业产品和农业技术,开展观光、品尝购买农产品、休闲、度假等旅游活动。

(二)微观环境

与一般旅游生态环境一样,乡村旅游生态环境质量应明显高于一般乡村生态环境。乡村旅游生态环境在时间和空间上具有较强的变化性。不同的季节乡村地域出现不同的耕作景观和作物景观;不同的土地类型分布着溪流、池塘、水田、旱地……景观的丰度较高。

1. **自然生态环境**

发展乡村旅游必须建立在优越的自然环境基础上。自然要素中对乡村旅游开发影响较大的因素主要有地貌、气候、水文、土壤等。乡村旅游因受自然条件影响而具有强烈的季节性和地域性,所以开发地区的综合自然条件在一定程度上确立了其开发类型和方向。

2. **人文生态环境**

乡村人文生态环境包括乡村区域的建筑、聚落、服饰、语言、精神风貌、社会治安、卫生健康状况、当地居民对旅游者的态度、旅游服务、当地乡村政府行为与政策条件等。

乡村旅游以乡村环境为基础，以自然感受为追求，但习惯了现代化生活的游客对服务、接待设施有较高的清洁、舒适要求，与一般的农村居民的生产生活条件是有较大差异的。从以往经验看，到乡村去旅游休闲度假，游客最担心的问题依次为：卫生问题—饮食问题—环境问题—交通问题。

3. 复合生态环境

乡村旅游生态环境是乡村人工复合系统与旅游系统的叠加。森林生态系统、草地生态系统、池塘生态系统、河流生态系统、农田生态系统、果林生态系统、农村聚落与交通网络、旅游服务设施系统、游览系统等在空间上相互交叉。在乡村旅游发展中，不仅要关注乡村旅游地的环境、卫生问题，更要关注乡村的宏观生态环境，特别是关注非消耗型破坏（建筑污染、用地结构不当）对生态环境造成的影响。

第二节 乡村旅游发展环境保护

一、乡村旅游环境面临的问题

（一）自然环境方面

在乡村旅游发展中照搬景区发展的模式，把有旅游价值的资源"圈"起来搞景区、景点，这样做的直接结果就是乡村性逐渐消失，这是乡村旅游发展的误区。

把乡村完全按照标准旅游景区的方式加以建设和管理，会导致投资方背负沉重的包袱，同时游客又得不到他们最需要的乡村文化及乡村生活的旅游体验，当地居民也不能从乡村旅游发展中得到实惠。把优美乡村景观的一部分圈起来卖门票的做法，实现不了主客共享，不仅带动不了乡村的发展，反而限制了旅游者的到来，成了旅游发展的障碍，导致乡村旅游不可持续。

（二）人文环境方面

目前，我国许多地方还没有清楚地意识到乡村旅游文化环境的重要性，在旅游开发过程中对文化旅游环境的设计、营造所花的人力物力还不够。

乡村旅游环境是一个"自然—文化—经济"复合系统，它由乡村旅游的宏观环境和微观环境两个部分构成。因此，系统的各个部分在旅游发展的进程中都将起到举足轻重的作用，不仅要营造乡村旅游的大环境，还要塑造乡村旅游的小环境，当然，也应该积极配合区域旅游主管部门，维护好安定团结、蒸蒸日上的旅游大环境。

二、乡村旅游发展与环境保护的辩证关系

（一）乡村旅游发展与发展环境相互促进

1. 乡村旅游发展与自然环境

（1）旅游发展需要优美、协调的自然环境

传统乡村旅游，游客到乡村旅游、休闲、度假，都希望能体验到传统的乡土文化，即理论上的乡土性，老百姓常说的"土"，而且希望能"土得掉渣"。但这里所说的"土"绝不是"落后"，更不是"封闭"，这个"渣"绝不是"脏、乱、差"。这里的"土"是乡土的土，是土地的土，是绿水青山。这里的"渣"是在人与自然和谐环境中产生及保留的优秀传统文化及乡村生活。

随着经济社会的发展，乡村也在发展进步，人们到乡村旅游休闲不仅希望体验传统的乡村文化，也希望看到新时代乡村的发展变化，看到越来越美的乡村和乡村环境，看到人与自然和谐环境下发达的农业产业，体验传统与时尚的结合。因此随着乡村旅游的发展，人们会越来越重视环境保护与文化传承，让所有人，无论是村民还是游客都能体验到人与自然的和谐，获得绿水青山带给人们的"金山银山"。

（2）乡村旅游有利于乡村自然环境向着乡土化、特色化的方向发展

通过发展乡村旅游，乡村社区和当地居民能获得经济上的收益，掌握

"扩大再生产"的资本（包括资金和经验）。通过集体项目创收、个体项目税费等渠道的集资，乡村外环境的营造也能获得经费的支持，乡村自然环境会朝着好的方向发展。和谐友好、淳朴厚道、文明修养的人文氛围不仅是吸引游客的重要指标，更是乡村振兴的基础。

2. 乡村旅游发展与人文社会环境

（1）发展乡村旅游能促进整体环境的和谐

人与自然、人与环境、人与社会、人与人的和谐是中国乡村发展的传统，更是城市居民所向往的环境氛围。物化的环境呈现出历史的沧桑和凝重、和谐的生活没被沾染太多的浮躁和功利，典型的节庆习俗会让城市人体会儿时或是书本中才有的传统礼仪、习俗。这些都是乡村旅游发展依托的资源。

从当地居民的角度，保护和营造好传统、文明、和谐、好客的乡村氛围是乡村旅游发展的基础条件，要通过乡村旅游获得效益，必须自觉保护、维护、传承好优秀的文化氛围。

从游客的角度，通过文化体验，获得身体及心理的满足，在体验中受教育，自觉参与到爱护、保护优秀人文氛围中，这样的环境氛围具有聚集力，对企业家、对创业者是最有吸引力的，有这样的人文氛围会促使更多的企业家、创业者回乡发展。

从管理者的角度，和谐友好，体现道德、文化的乡村是管理者所期望的，这样的地方能有效降低管理成本，把更多精力用到乡村发展中，吸引人才、吸引投资，早日实现乡村振兴。

（2）旅游的发展有利于乡村传统文化的挖掘与保护

随着乡村旅游的发展，当地人会发现传统文化的价值，会越来越重视传统文化的保护与传承，甚至自觉保护和传承优秀乡土文化，还会在传统的基础上创新发展，这也是乡村发展、乡村振兴的目标。

有些看似生产率低，按现代工业生产的视角，已濒临淘汰的地方手工艺，在乡村旅游发展中重新显示出了生命力。各地传统工艺及文化能成为乡村旅游中传统生活及文化体验的内容，其产品成为旅游商品，成为乡村旅游中的"伴手礼"。大量的非物质文化遗产如服饰、刺绣、竹编、木质工艺、乡村画、民歌等,在乡村旅游发展中得以继承和延续,甚至大放光彩。

为了让乡村旅游更体现文化内容,各地都在不断挖掘传统文化及传统手工艺,同时通过创新,使得乡村传统文化在传承中发展,显现出生命力及文化、经济价值。

(3)乡村旅游的发展有利于缩小城乡差距,吸引村民、创客到乡村创业

发展乡村旅游不仅保护还有效利用了绿水青山,更提高了乡村居民的生活质量,使乡村成为发展创业的沃土。随着乡村旅游的发展,乡村居民不再只有务农和外出打工两条路,还有了家门口非农就业、在家自助创业的机会和可能。为发展乡村旅游而进行的基础设施建设,同样惠及当地居民,让乡村有了与城市相同的基本公共服务,加之乡村优美的环境和传统的文化,乡村成了人民创业、生活、旅居的最佳选择地。

(二)乡村旅游与发展环境保护的矛盾关系

1. 自然环境

(1)大量游客的到来,会造成对大气、水、土壤、生物等的影响

在自然环境的鉴定中,良好的自然生态环境是吸引游客的基础,天然度、纯净度和优美度是其度量的重要指标。传统村落及乡村社区的排水系统和污水处理设施等只能满足原居民的需要,大量旅游人口涌入乡村,如果生活污水得不到充分的净化,容易造成对水渠、河道的污染,进而对农田土壤、农作物造成污染。

到乡村旅游休闲的游客多借助私家车抵达旅游地,在旅游旺季汽车扎堆到乡村,容易造成乡村空气污染物超标。农田直接在沿线两侧耕种,废气、废水排放容易造成对农作物的污染。

(2)不负责任的旅游行为,会带来不可降解的物质进入农村地域

我国游客素质在不断提高,但还有少数游客存在不负责任旅游行为。由于乡村旅游消费门槛较低,乡村旅游区域的管理机制和管理队伍不够等原因,一些游客会放任自己的行为,如随手丢弃塑料瓶、塑料袋,不负责任的堆放、倾倒等行为时有发生,更有甚者为了拍照踏坏农作物、乱折花草木等,这些

行为容易造成对环境的污染和破坏。

（3）不符合地方特色的设计和建设，往往造成与自然景观的不协调，甚至破坏整体形象

乡村旅游开发最忌讳过多的人工痕迹。人文环境中要注意是否与城市环境形成较强的反差，以满足游客对心灵深处乡村意象的追寻、对传统文化的追求，乡村性是吸引游客的永久动力。

随着社会经济发展，人们收入水平增加，乡村居民也希望与城市人一样改善住宿条件，需要新建或翻盖自家住房。在此过程中，如何引导极为重要。如果是以发展旅游为主的乡村聚落地，特别是传统村落，村民在改善居住条件时，需要有相应的村规民约，在改善居住条件、提高生活质量时，多注重内部装饰、家具搭配，内部可以紧跟城市步伐，但房屋的外观、用材等需尽量保持传统，做到村落景观的和谐。

在建设旅游服务设施时，同样要尽可能与村落整体景观协调，非必要不大拆大建。如果是必要的建筑，要以建设未来遗产的理念进行设计建设，为子孙后代留下财富。

2. 人文社会环境

（1）"外来"文化与本土文化

乡村旅游需要有游客，大量都市游客的到来也会带来与乡村不同的文化，会引起与当地传统文化的交流和碰撞。发展乡村旅游，需要对此有提前准备。即对当地开放意识与社会承受力进行深入调查与分析，审时度势，选择适当的开发时机和发展强度，精选项目及内容，做好社会配套工作。要注重社区的参与，听取村民意见，积极引导村民参与开发及经营管理的态度，将其淳朴民风充分挖掘出来并当作资源加以开发利用。

相对生物多样性的保护而言，在全球化时代，文化多样性的保护也应该给予同样关注。

（2）功利性的旅游发展观，影响地方文化的保护与传承

乡村旅游发展中，必须避免为迎合游客求新、求异心理，而导致的乡村文化过度表演化和快餐化开发的情况。地方文化旅游化利用一定要有当地民

俗文化学者的指导，要体现文化中的优秀内容及特质。在利用体现形式上要丰富多彩，鼓励村民与游客共同参与并在参与中交流，让游客深度体验乡村的优秀传统民俗文化，了解民俗文化背后的故事和精神内涵。

（3）随着旅游经济效益的显现，各方利益的分配等问题会导致新的不稳定因素

旅游业具有较长产业链，能全面带动区域经济的发展。乡村旅游深度发展，经济效益显现，人们的收入增加是现实也是趋势。由于主客观等因素的影响，收入差距问题也随之出现。在发展乡村旅游中达到共同富裕是乡村旅游向深度发展需要重视的问题。既要保护乡村旅游各参与方的利益，又要防止收入差距增大，需要通过专家学者的研究，管理者、投资者、参与者的不断实践，创新管理机制，最终，实现共同富裕。

三、乡村旅游环境保护

（一）自然环境保护

1. 空气质量保护

洁净的空气是乡村最宝贵的资源之一，发展乡村旅游一定要重视空气质量的保护。

在具体操作方面要注意，区域经济发展中要避免引进污染严重的企业。改变交通方式和交通工具，多提供环保公共交通工具，减少私家车使用，或建议游客使用新能源车等，目标是乡村旅游绿色出行。改变乡村能源使用结构，减少或改变传统柴薪，减少大气污染。

2. 水体及水资源保护

水是生命之源，没有洁净的水，乡村旅游是无法发展的。在乡村旅游推进中，要完善排污系统，努力实现污水、灌溉用水分流，实现无公害、有机蔬菜品质的提升。增加沉降设施、人工小湿地等对农户排水进行生态化处理。

3. 土壤保护

（1）实施垃圾分类收集，为分类回收、处理打下基础。

（2）减少化肥、农药的施用量，避免对土壤造成新的污染，从而避免对水体的污染。

（3）合理利用土地，节约用地，防止利用发展乡村旅游的机会进行新一轮的宅基地占用和扩张；合理利用公路沿线的土地，设定一定的缓冲地带；绿色食品、无公害蔬菜、有机食品的生产基地应远离交通线路。

4. 生物保护

（1）保护野生动物，避免对野生动物造成直接或间接的伤害。

（2）慎重引入外来物种，有选择地进行本地物种的繁育和培养。

（3）加强法律宣传，保护好乡村的一草一木。

（二）乡村人文环境要素的保护

1. 传统建筑保护

（1）进行乡村建筑的普查与分类工作，为区别开发和保护打下基础。

（2）进行乡土建筑的设计和策划工作，逐步规范、形成地方特色浓郁的建筑景观。

（3）本土化设计，本土化选材，做好老房、老屋的开发、利用工作。

2. 文化氛围的营造

（1）提升服务质量与方言使用

重视当地从业者的语言训练，把普通话推广普及与方言使用有机结合。

随着大量的人口流动，很多方言逐步在退化和消亡，甚至退出了历史的舞台。在乡村旅游的发展过程中，为突出地方性，可把地方方言作为一种资源来利用，在居民日常生活中使用，让游客体验不一样的乡村文化氛围。通过民歌小调及地方戏曲的方式保护传承地方方言。

同时为了提高居民与游客交流的频率，也要鼓励居民学习使用普通话，加强与游客的沟通，在沟通中教游客使用方言也不失为一种文化体验。

（2）精神风貌塑造

结合民族文化村、文明村、民族团结示范村等的建设，提倡健康、文明的农村新风，营造团结、安定、幸福的乡村风貌，树立健康、乐观、好客的乡村主人形象。

旅游标识多采用本土化材料、本土化元素。解说系统，突出乡村特色，突显人情味。

四、科学控制乡村旅游环境容量

旅游环境容量即保证旅游地环境质量不受到破坏和满足游客最低心理游览要求时所能容纳的游客量，包括旅游地生态环境容量与游客心理容量两方面。可以理解为使生态旅游活动得以生存、进行和发展的一切外部条件的总和。乡村旅游的旅游环境容量控制需要科学计算乡村旅游地的环境容量，增加旅游活动内容，减少淡旺季的差异，加强智慧化建设，在旺季实施旅游预警。

从理论上来讲，容量问题不难理解，难的是对它的量化，更难给出一个确定的或标准的旅游容量价值表。在乡村旅游发展中，因地域、季节、时间，以及开发者行为、设施类型、管理水平等的不同，旅游容量也不相同。况且，环境本身还具有动态的特点。更重要的是，在实践中不应该将旅游活动与人类的其他活动分离。乡村旅游离不开农业生产和乡村生活，在乡村环境保护中，要最大限度地降低旅游活动对农业环境和乡村居民生活环境的影响，旅游环境容量的计算仍不失为一种操作性较强的管理方法和手段。

乡村旅游环境容量的确定可以有效保障乡村资源的生态环境质量，使乡村生态系统具有自我更新能力，这样才能保障游客的旅游活动质量。

（一）乡村旅游环境容量的基本构成

1. 生态环境容量

生态环境容量的最好指示性指标是草本植物，在不同游客负荷下，植物群落中草本植物变化最为明显，强度增加，草本植物会减少，耐阴草本植物更为明显。土壤板结会导致具有毛刷根系的植物增多，而长根系植物减少。因此，可根据草本植物的变化程度来判断旅游负荷强度的大小，进而确定环境容量。

2. 景观环境容量

景观环境容量指维持良好景观和游客游览情趣所容许的适宜游客人数，具体需根据不同的旅游活动内容和要求来确定。

3. 社会经济容量

社会经济容量是指观光游览、服务设施及交通等供给方面所能承载的游客数量。其容量大小可通过面积等因素来确定。

（二）影响环境容量的主要因素

1. 自然特性

具体包括乡村旅游地的区位、地形、地貌、土壤、植被、动物、季节及游客停留时间等。

2. 不同的经营管理及政策

乡村旅游目的地旅游休闲活动、业态和适宜的功能分区等对环境容量的影响较大，娱乐体验活动容量相对大些，养生度假容量相对小些，农业景观观光存在游人被限制在游路上的情况，可通过适当增加游步道等方式提高游客容量等。

（三）环境容量的计算

计算环境容量需要拥有资源本身和基础设施方面的信息。乡村旅游地环境容量的关键要素包括：旅游活动类型、季节、每天的游览时间、所依托资源的开发利用情况、现有设施和游客的满意度，以及当地居民的生活生产需要等。

特定的时间、特定的地点，旅游环境容量的数值在很大程度上取决于最敏感要素。乡村旅游地的环境容量通常与资源状况有关，同时也涉及该地的经济、社会、文化、管理、科技等因素。把乡村旅游地可接待游客旅游活动的点或区域的旅游环境容量简单相加不等于乡村旅游地的旅游环境容量。

乡村旅游地旅游环境容量的计算涉及三个容量的测算：

（1）自然地理环境容量，即乡村旅游地有限空间及特定时间段内可以容纳的最大游客量。

（2）事实环境容量，即特定乡村旅游点允许容纳的游客最大限度。

（3）有效或可允许的容量，在充分考虑现有的管理能力及水平的情况下，在不影响可持续高质量发展的前提下可接待游客数量的最大值。

上述三种容量呈递减关系。

随着社会经济发展，现代乡村旅游活动已由原来的乡村观光向乡村休闲、度假、康养方面发展，甚至是乡村旅居，成为乡村创客。乡村旅游要以绿色、生态、低碳和高效为目标，乡村旅游发展环境保护的任务更为艰巨。

乡村旅游发展的规划阶段就必须以绿色、生态、低碳为目标对乡村旅游地进行科学合理的旅游环境容量测算，为未来发展提供参考和指导。乡村旅游地发展、运营及管理中，要严格执行国家土地、环保等方面的政策，保护好乡村的生态环境和传承好优秀文化，同时根据游客乡村旅游活动的实际需要，充分考虑休闲、度假、康养等方面的环境需求，对规划设计阶段测算出的乡村旅游地及具体项目的环境容量进行科学修订，保护好乡村的自然、人文及社会环境，充分考虑乡村居民生活容量，满足游客乡村旅游休闲度假的环境需求，保障乡村可持续高质量发展。

五、乡村旅游发展环境保护的手段

（一）构建管理体系，实施体系化管理

建立省（市）、县、乡、村、户五级，农业、环保、文旅、城建等部门联动共管，旅游企业、经营户（者）、居民及游客共同参与的多层次联动管理体系。形成乡村旅游环境保护"人人参与，人人有责"的机制及氛围。

根据乡村发展，结合乡村旅游发展实践，出台相关奖惩分明的管理措施及制度。建立乡村旅游项目环保评审前置一票否决制度，建立乡村旅游环境的评价体系，推动乡村旅游健康发展。

（二）引入科学技术保护好乡村旅游发展环境

农业是乡村旅游发展的基础，农业生产环境是乡村旅游发展的大背景。因此，乡村旅游地在"农旅融合"发展中，要引入绿色农业、无公害农业和有机农业的生产方式，推广新的农业生产技术，培育高农业（高产、优质、高效）、生态农业，为乡村旅游的发展建立坚实的农业产业基础。

认真研究农村替代能源问题，乡村居民及乡村旅游企业应尽可能使用可循环的能源，提倡低碳生活。

（三）法律手段

乡村旅游开发建设、发展及活动中，必须认真贯彻执行相关的法律、法规，如农业法、基本农田保护条例、土地管理法、旅游法、文物保护法、环境保护法、野生动物保护法等。明确开发者、管理者、参与者及旅游者的责权。对违反有关法律、法规的行为，依法追究其法律责任。

（四）经济手段

通过经济杠杆来调控，用优惠的政策和资金倾斜来鼓励对环境保护有利的旅游产品的开发，形成正确的乡村旅游发展导向。

（五）学习与示范结合

通过各种途径让企业、村民、游客熟知保护乡村旅游环境的重要性，树立示范标杆，如示范村、示范户、示范带头人等，发挥引领作用。

第四章 乡村旅游发展理念、路径与模式

第一节　乡村旅游发展理念

一、以农为本，农旅融合

对乡村来说，发展的基础与核心是农，旅游是发展的推手。因此，乡村旅游发展应坚持以农为本，走"农旅融合"的发展之路。这里"农"包括了农业、农村、农民。

（一）以大农业为基础，实现农旅产业链"双链融合"

人们通常把农业理解为种植业，这是农业的狭义概念。由于自然条件等影响，大部分乡村旅游地多以种植业为基础发展乡村旅游，但乡村旅游发展所依托的农业应该是农业的广义概念，即包括种植业、林业、畜牧业、渔业、副业五种产业形式的大农业。

"农旅融合"的基础是大农业，乡村旅游发展要依托农业创新发展，在大农业产业链的各个环节叠加旅游，通过合理利用，形成农业产业链与旅游业产业链"双链融合"，让农业资源变为旅游资源，将农田、牧场、鱼塘等打造成旅游景观，突显乡村的魅力田园，让来到乡村的人们充分感受乡村及农业的韵味。要把"农"融入整个乡村旅游目的地的开发建设中，即旅游资源开发利用、乡村旅游特色业态创新、旅游活动特别是休闲体验活动、乡村旅游产品、乡村旅游商品开发及旅游人力资源开发等各个方面，做到农旅互补、相互支撑、相互融合。

"农旅融合"具体要做到业态多元化、融合深度化、品牌精细化、综合效益最大化，农业和旅游业都产生更多的附加值，获得更好的收益，产生"1+1＞2"的社会经济及生态效益。

"农旅融合"要以生态农业为基础，生态不仅是农业生产的要求，更是游客选择乡村旅游、乡村休闲的背景及基础需求，生态农业既是农业可持续发展的根基，更是发展乡村旅游的根本。以种植业为例，从旅游休闲者的角度让人从不同的角度感受种植景观带来的魅力，让田园景观成为一块打开旅游市场的敲门砖和乡村持续快速发展的原动力，让富于变化的种植景观成为吸引游客的重要吸引物，提升乡村旅游地吸引力。在具体实施中要突显农业的多变性、衍生性，提供有效服务让游客充分体验，更要形成产业链。

"农旅融合"要以农耕文化为魂，共享市场。把农业生产活动衍生为乡村旅游体验活动，在保障农业生产的前提下，划出特定范围，让乡村游客通过"参与劳作"了解生产过程、感受乡村生活，在娱乐中了解农业生产、在娱乐中识"五谷"、在娱乐中受教育、在娱乐中成长。把农产品消费者发展成游客，把游客发展成当地农产品的消费者、宣传者。游客通过乡村旅游对乡村环境深度认知，对优质环境下生产的农产品的认可大大提高，通过参与农业生产活动，增加在乡村的在地消费，提高农业附加值。把农产品包装成为特色旅游商品，将农产品消费者吸引到农作物原产地成为乡村游客……

以农为本的"农旅融合"，不仅是农旅两大产业的产业链及市场、产品、商品的融合，在融合中还应进一步衍生出特色二产，即农业产品加工与观光等内容，也可在深挖生态农业的基础上通过技术开发利用，推展出乡村康养等项目及产品。

（二）以农村为依托，实现乡村建设与乡村旅游发展共赢

这里说的农村指的是从事农业生产为主的劳动者聚居的地方，具体来说多指乡村居民社区、村落。乡村居民聚居空间是乡村居民世代生活的地方，这里有传承了数百年甚至数千年的农耕文化、民俗文化、礼仪文化等多样性的地方传统文化。从乡村旅游发展的视角，乡村村落空间是乡村旅游发展的重要空间，是重要服务业态的承载空间，是城乡居民文化交流的空间。

发展乡村旅游要以古朴村落为形，注重保护好美丽的村庄，因为传统村落与美丽田园、牧场等一样，是乡村旅游发展中依托的重要吸引物，对中远距离市场的消费者而言，地方传统村落的吸引力甚至超过了一些景区。

乡村旅游发展需要依托乡村村落，把乡村建设与乡村旅游发展结合起来，让乡村居民与游客共享乡村发展的成果。

（三）依托农民（村民），实现主客共享、乡村旅游升级

乡村农耕文化特别是非物质文化需要人来传承与发扬，而乡村居民是乡村活态文化的传习人、传承者。村民，即居住在乡村的居民，因长期从事农业生产，也被称为农民。他们是农业的生产者，又是乡村文化的传承者，乡村旅游离开了当地居民参与会成为无根之树。没有乡村文化，乡村旅游也就失去了"乡村性"，对游客的吸引力会大大降低。

乡村旅游发展需要为游客提供相应的要素服务，村民是乡村旅游的参与者、服务提供者，典型的如乡村美食、乡村民宿、乡村非遗体验、乡村旅游商品生产等，都离不开当地居民——村民的参与。发展乡村旅游不仅要满足游客的需求，更要让村民参与进来，通过发展乡村旅游获得非农收入，通过参与乡村旅游发展发现自身乡村文化之美，自觉保护传承好乡土文化。

乡村居民是乡村旅游发展的参与者，也是受益者。随着乡村旅游发展，乡村旅游地的可进入性会大大提升，文化、旅游公共服务设施是主客共享的，发展乡村旅游能改善乡村环境，村民是受益者。随着乡村旅游发展，更多的村民不仅参与服务，更能激发他们创新的能力，通过创新发展，让劳动变运动、产品变商品、民房成客房、村民变老板，村民得到更多的实惠和机会，游客得到更多的服务与体验。在与游客交往中，传统与时尚不断碰撞，创新能力不断提高，人们的生产、生活观在改变，新业态会在不经意间出现，城乡生活水平差距会缩短，乡村生活会成为更多人的向往，乡村旅游会向着乡村旅居、乡村生活方向发展。

二、以乡为魂，文旅融合

（一）以乡为魂，突出乡村旅游地的乡村性

乡村性通常包括三个层次——制度层、景观层和内核。制度层包括乡村的生产方式、生活方式和社会关系；景观层由乡村的生产、生活和生态景观

融合而成；内核则在于和谐的人地关系。

乡村性的决定性因素在于生产方式，以农业为主的生产方式决定了乡村的生活方式，共同形成一定的社会关系。制度层向外展现为乡村的景观特征，向内根源于和谐的人地关系。除了结构上的层次性，乡村性还具有空间上的开放性和差异性，以及时间上的动态性。空间上不同地域的乡村，因资源条件、地理区位、经济发展等不同，所具有的乡村性内涵及外显均有差异。时间序列上，乡村性处在不断的演进中，发展背景在变，乡村中的"人"在变，生产生活方式在变，乡村特征也在变。体现乡村性需要地域辽阔，且人口密度小、居民点规模小，土地类型以农业、林业等自然用地为主，建筑物占地面积较小等客观条件。在经济活动方面主要以农、林及养殖等业为主。还需要有传统社会文化特征，人与人关系密切，家庭观念、血缘观念浓厚，社会行为受风俗、习惯及传统道德约束相对鲜明，社会变迁及生活节奏相对缓慢。

乡村性由乡村本体产生。乡村本体即乡村人地关系地域系统，乡村空间系统以此为基础衍生而来，乡村性则是乡村人地关系在不同空间层面的具体体现。乡村具有物质特征，同时还是一系列社会—文化关系的交织。没有乡村本体的存在，乡村性的内涵也是虚无的。乡村性可以被利用以塑造乡村本体。乡村性本身也可以被重塑，使其在全社会范围内发挥更大的作用，例如，建筑师、规划师、开发商等群体下乡进行规划与建设的过程，即是他们思维中的乡村性概念落地实施，进而改变乡村本体的过程。

从需求角度看，乡村性是乡村旅游的核心吸引力，反映了城市居民回归自然、释放自我的心理需求以及对乡村宁静、休闲、淳朴生活的向往。据权威机构调查表明，英国、法国乡村旅游者最看重的乡村元素是"放松和惬意""新鲜空气和绿色植物""平静和安宁"；西班牙乡村旅游者认为去乡村可以"寻求宁静""体验自然"，还可以探亲访友；中国乡村旅游者则认为欣赏田园风光、回归自然、增长见识是乡村旅游的主要动力。

强调乡村的教育价值，重视乡村在国民教育中所承载的重要功能，将乡村地区当作一个教育场所，鼓励市民下乡亲自体验乡村生活，了解乡村、心系农民。乡村发展不只是乡村自身的事业，需要全社会树立城乡发展的整体观。乡村中蕴含的"乡村性"可以被思考、被塑造、被体验、被生活、被改变。

（二）以乡为魂，利用好乡村遗产，营造特有乡村旅游空间

这里的"乡"不单单是乡村的概念，从乡村发展的角度，"乡"既包括"硬件"，如山、水、田、林、建筑等，还应包括"软件"，如服饰、方言、习俗等。"乡"是乡村性的载体及具体体现，是乡村旅游发展之魂。发展乡村旅游，不但要保留传统建筑、保护自然资源、守护历史文化遗迹、发展农业、改变农村风貌，还要传承传统农耕文化、传统饮食文化、传统乡土文化、传统手工技艺。

从开发利用的角度，乡村旅游的发展要依托乡貌（即乡村建筑风貌、村落肌理等）、乡境（包括自然与人文环境）、乡味（指乡村的民风、风俗，也包括乡村风味美食等）、乡情（包括乡村生产、生活等内容）和乡愁组合而成的以"乡"为魂的空间。这个空间既是物理空间，也是文化空间。

以"乡"为魂的空间具有时空特征，同时也具有一定的脆弱性。因此，需要合理适度的开发、挖掘、利用和维护。

乡村是兼顾自然、人类居住及社会经济活动的有机整体。在发展的历史过程中，乡村承载了自然生态保护、文化继承与延续、人口繁衍与生存等重要功能，乡村景观也在不断继承与变革中，传统文化逐步被乡村新经济形式所取代。在乡村发展过程中，乡村遗产不断产生，成为乡村传递历史信息的载体。现实中无论是自然遗产还是文化遗产，各类遗产存在的环境绝大多数是乡村，这是由乡村环境、乡村发展、受干扰程度，以及乡村文化变革方式所决定的。

从广义上讲，乡村遗产是城市以外空间上的所有遗产类型，包括风景遗产、自然遗产地、村落等物质形态遗产和非物质文化遗产，这些遗产类型都表现出强烈的乡村特征。

从狭义上讲，乡村遗产主要指与乡村生产和乡村生活紧密联系的乡村聚落、乡村地方民俗文化、乡村农事活动遗迹、传统工艺和传统产品等类型。

乡村遗产具有多样性、个性化、地方性、真实性、社会性等特性。同时，乡村遗产还承担着自然生态保护与地方文化传承的作用，发挥着生态教育、自然体验与文化传播交流的功能，对乡村旅游发展具有价值增强的作用，有较强的利用开发价值。乡村旅游发展要在保护的前提下，通过合理利用和适度开发，最大限度地发挥乡村遗产的综合功能。

1. 聚落与村落

村落指村庄，村庄是村民聚居之处。我国农村基层组织按照"乡或镇—行政村—自然村"划分。行政村是我国最基层的农村行政单元，其村委会位于辖区内的某个自然村。乡政府或镇政府所在地依托于辖区内的某个行政村，由于行政村村委会位于自然村，最终乡政府或镇政府所在地也位于辖区内的某个自然村。

我国汉族聚居的自然村多称为村庄，少数民族聚居的自然村多称为村寨，它们可通称为村落。

村落是村民聚居之处，它最明显的特征是存在满足村民生产生活的建筑群、街巷、广场等物质环境，这些物质环境是村民聚居的载体。

2. 传统村落

"传统"指历史沿传下来的思想、文化、道德、风俗、艺术、制度以及行为方式，对人们的社会行为有无形的影响和控制作用。"传统"最明显的特征是从古至今的历史延续性，它不是一个短暂的、静止的片段，而是一个长期的、动态的变化过程。

传统村落，又称古村落，指村落形成较早，拥有较丰富的文化与自然资源，具有一定历史、文化、科学、艺术、经济、社会价值，应予以保护的村落。2012年9月，经传统村落保护和发展专家委员会第一次会议决定，将习惯称谓"古村落"改为"传统村落"，以突出其文明价值及传承的意义。传统村落是在长期的农耕文明传承过程中逐步形成的，凝结着历史的记忆，反映着文明的进步，体现着当地的传统文化、建筑艺术和村镇空间格局，反映着村落与周边自然环境的和谐关系。传统村落中蕴藏着丰富的历史信息和文化景观，是中国农耕文明留下的最大遗产，是民族的宝贵遗产，也是不可再生的、潜在的旅游资源。可以说，每一座蕴含传统文化的村落，都是活着的文化遗产，体现了一种人与自然和谐相处的文化精髓和空间记忆。

传统村落文化景观基因的传承是一个人地互动的过程，既受到居民个人属性的影响，也与区域发展密切相关。传统村落文化景观基因传承的影响因素主要分为居民个人属性以及区域发展两类。

传统村落是我国历史文化的鲜活载体，维系着中华民族最为浓郁的"乡愁"。

3. 特色乡村

从文化与历史看，有历史文化名村、特色建筑村、文化特色村、民族特色村等，这些乡村承载着中华民族兴盛衰微、源远流长、继往开来的农耕乡村文明。

从产业类型看，有农耕乡村、渔业乡村、游牧乡村、手工业乡村、商贸乡村等，随着乡村发展变化，特别是文化旅游的融入，还出现了画家乡村、总部乡村、太阳能乡村、学者乡村、高校乡村、科学家乡村、养老乡村等。

从自然环境看，在丘陵地带有"诗意乡村"，滨海、滨江的有"渔歌乡村"，坐落在平原上的有"田园乡村"，位于高原的是"天堂乡村"，隐藏在深山中的是"桃源乡村"。

（三）以乡为魂，促进业态创新和综合效益最大化

乡貌、乡境、乡味、乡情、乡愁的内容不仅包括有形的，更包括精神上的，因此，文旅融合不仅是对物化资源的利用，更是对精神的体现。

乡境、乡貌为旅游提供了观光游览、休闲体验的空间及场所。乡味、乡情中包含着乡村非物质文化遗产内容，通过挖掘及合理利用，可成为乡村旅游目的差异化的关键因素之一。乡愁具有群体性又带有极强的个性化特征。乡貌、乡境、乡味、乡情、乡愁在乡村中一直是存在的，在发展乡村旅游前，其价值未能得到充分体现。通过发展乡村旅游，以文旅融合为路径或手段，可以把这些具有鲜明乡村旅游地的个性特征和乡村文化特征挖掘出来、利用起来，融入乡村旅游发展的基础业态中，用到业态创新中。这些内容是乡村

旅游文化性、特色化和体验化的基础，是业态多元化、特色化和地方化的基石，是全方位吸引游客，拓展乡村客源并使客源呈现多元化的依托，是文化、旅游两大产业在乡村融合发展的基础。

以"乡"为魂发展乡村旅游，可以促进乡村文化与旅游深度融合。文旅融合对于乡村旅游，可以提升其业态的多元化，提升乡村旅游地的辨识度，从而形成形象要素和精细化品牌，促进服务的精细化，最终实现乡村旅游综合效益最大化。

"文旅融合"发展乡村旅游，还应包括利用乡村公共文化设施，如乡村图书馆或小书屋、文化馆、博物馆或展览馆，以及乡村小广场、小戏台、小讲坛及民间文艺演出队等，让这些设施及村民发挥旅游吸引作用，吸引更多希望体验乡村文化的游客到乡村旅游，并延长在乡村的停留时间。

（四）以乡为魂，以"乡愁"为核心，突出乡村旅游的文化意境

关于乡愁，目前没有确切的解释。《辞海》关于"乡"的解释是：乡是我国农村的基层行政区域。相传，乡制始于周代，秦、汉时期，乡属于县，以后历代相沿，乡泛指城市以外的地区，如回乡、下乡，也解释为处所、地方，出生地和家乡。对"愁"则是如此解释：愁为忧愁，形容景象的惨淡。"乡愁"二字在《辞海》中未做解释。乡愁一词最早出现在文学作品中。最著名的文学作品当属余光中的抒情诗《乡愁》。何谓乡愁，余光中如此解释："所谓乡愁并不仅是地理的，也是历史的。并不是说回到你的乡，回到那一村一寨就可以解愁的，乡愁往往是历史的沧桑感和时间的沧桑感在其中。小时候的游伴散掉了，屋前屋后的树可能不见了，也是一种乡愁。有一种乡愁因为离开故乡而愁；有一种乡愁是因为故乡改变了而愁。时间的乡愁是每个人都避免不了的。乡愁凝聚着对故土的眷恋，对故人的怀念，对往事的回眸，对人生的回味。乡愁是一种情愫，也可以说是岁月的痕迹。所以，人人有乡愁，长久都会有乡愁"。一个人离开一个地方，不管时间长短，往往对所处过的环境，接触过的人，经历过的事，都会不经意地回想或重现。乡愁对于古人或许是"暧暧远人村，依依墟里烟"，是"绿树村边合，青山郭外斜"，是

"久在樊笼里，复得返自然"。对现代人，乡愁可能是村旁小河中活泼的鱼虾，是青葱山冈上酸甜的野枣，是小巷中延伸的青石板，是老屋顶勾勒的翘角檐，是儿时的玩伴及游戏，是浓浓的乡音，是一本"小人书"……故乡的一切，如一棵树、一口井、一拱桥、一片瓦、一个传说、一声乡音、一节小调等都会在不经意间激发起人们的乡愁。乡愁不仅与故乡风物有关，和儿时的亲情友情有关，若从文学的角度看，乡愁可以追溯到遥远的古代，甚至远至天涯。

乡愁中的"乡"，是一个地理概念，乡愁的物质承载客体，如山川植被、老屋、邻里等不仅依托地理空间，同时还打上了时间的烙印，在特定时空条件下形成特定记忆——乡愁。乡愁的"愁"，是在物质基础上形成的一种精神感受，一种文化。

乡愁是物质的，更是精神的，是精神文化层面的情感代码，因此，乡愁文化构成涉及四个维度：地理、历史（时间）、文化和心理维度。乡愁因乡土而生，根植于人的内心。乡愁浓缩了一个地方的生活，是人的家园意识的具体体现，是文化认同的情感投射，是铭刻历史的精神坐标，是人们复返童真的心灵慰藉。乡愁是传统的，又是时尚的，具有传承性，又具有现代性。

形成乡愁的文化因子来自自然空间、生活空间和交际空间，并以自然山川河流、环境景观、建筑民居、田园风物、地域美食、故土乡音、地方小调、作物特产、节庆祭祀、乡里民俗等形式表现出来。乡愁是地域特色文化凝聚的结晶，乡愁文化具有一定的可移动性，其文化要素精髓与特殊承载物结合。

三、讲乡村故事，搭发展平台

（一）讲好乡村故事

发展乡村旅游，讲好乡村故事是关键，要讲好乡村故事需要深度了解乡村、了解农业、了解乡民。讲好乡村故事，讲故事的人自己要有感情，要动情，要有意念，讲故事不是搞欺骗、编瞎话，要让听者动情、动意，入脑、入心，记得住并产生共鸣。乡村故事讲得好，能吸引企业、投资人，吸引创客、作家、艺术家，吸引村民回乡、回家，最终吸引来大批喜爱乡村的乡村游客。

乡村旅游中的故事以山水、民俗、生活、文化为主，不涉及复杂的东西。与旅游相关的故事就是要把故事讲得好玩。通常从点切入，线延伸，面扩展。所谓点切入就是从小事开始说，从常识开始说。如果上来都是高大上的话，那不叫乡村旅游故事。找到一个关键点，然后形成一个线延伸，最后形成一个面的扩展，从小到大故事好讲，从大到小这故事讲不下来。

讲与旅游相关的乡村故事的基本要求是小题大做、大题小做，洋题中做、中题洋做，虚题实做、实题虚做，强化创意、贴近生活。

既然是故事，就要有人物，人物要有变化，变化要有细节，给谁讲，就是谁的故事、谁的语言。故事的核心是内容！内容，还是内容。故事讲完要有产品，产品里面得有内容，内容要好玩，要能吸引人、留得住人，还要让人惦记着。现在好多东西就是缺乏内容，缺乏内容的东西可以火一时，不能火长久，我们需要的不仅是"网红"，更是"常红"，需要有生命力的产品。"网红"是个手段，只是一种工具，乡村旅游发展要的是"常红"。

有文化依托的乡村故事其内核是不会随时间而消亡的，只要我们在讲故事的形式上、工具上、渠道上和方法上随着时代做调整，依托故事所做的旅游产品的生命周期可以很长很长。要讲好乡村旅游故事，要客人先行，要契合人性，要直击人心，这样才能把我们的故事真正讲好。故事讲好了，国内国际上的影响自然有了。

发展乡村旅游要讲的故事有很多，归纳起来主要包括以下五类。

1. 乡俗故事

主要突出独特的乡村性，让乡村的山山水水、村落建筑、节事活动、农作体验等体现出乡村旅游地的独特性。

2. 资源故事

主要突出分散的物候时空，挖掘乡村资源承载的内涵，让资源发挥出最佳作用，为如何规划发展、合理利用资源提供参考和依据。

3. 生活故事

主要突出乡村的复合结构，通过故事，让人们认知乡村、亲近乡村、走进乡村。通过故事做好体验性旅游产品，让游客体验乡村民风民俗、农家生活和劳作，在劳动的欢快之余，购得满意的农产品并融入乡村中来。

4. 文化故事

主要突出高品位民间文化，通过合理挖掘民间文化，取精去糟，进行推广和发扬，打好文化品牌吸引住游人的目光。鼓励参与乡村旅游发展的每一个企业、每一个人都能讲好自己的故事。

5. 发展故事

突出乡村旅游的可持续发展，对接乡村振兴。以乡村发展历史沿革为脉络，通过时空对比，展望未来，以乡村旅游发展为契机，讲好发展故事，见乡村价值、见乡村旅游发展的愿景，让乡村旅游更有内涵，让更多的人愿意加入到发展乡村旅游的队伍中。

（二）搭建发展平台

乡村是一个广大的空间，发展乡村旅游不仅仅是地方政府的事、也不仅仅是村委会或村民的任务。乡村旅游游客需求是多样且动态发展的，乡村旅游发展中涉及的产业、业态具有多样性、综合性特点，需要吸引各方参与，让专业的人参与其中。

因此，要发展乡村旅游并把它做大做强，需要组建团队、搭建发展平台。让更多的企业、个人到乡村旅游大舞台上展示自己的才华与能力，成为乡村旅游发展的"合伙人"，推动乡村旅游目的地高质量发展。乡村旅游发展中人才是更重要的资源，乡村旅游涉及面广，需要各种各样的人才。因此，在搭建平台的同时，要重视人才的集聚，建立人才库，为乡村旅游发展提供人才支持。

四、产业融合，有切入点，实现参与者共赢

（一）产业融合

乡村旅游发展涉及多种产业，发展乡村旅游必须要有产业支撑，没有产业就没有造血功能。乡村旅游发展须实施产业融合，需要有具体的项目作为

切入点。

提到产业，大家耳熟能详的就是一产、二产和三产。旅游产业看似属于三产，但其发展联动了一产和二产，乡村旅游作为产业发展更具有三产联动融合的特征。乡村旅游发展要以农业产业为基础，利用好二产（如农产品加工、食品加工等）及三产相关门类（如餐饮、住宿、健康、养生、教育等），实施产业融合，在乡村可实施1+3带2，1+2促3，2+3促1等不同的融合发展路径，目的是通过乡村旅游促进乡村各产业的自主"造血"能力，这也是实现乡村振兴的基础。"三产"融合能有效推进乡村生产、生活和生态向好发展。

（二）有发展切入点

乡村旅游发展初期为赢得市场，需要有"引爆点"，在后期发展中，为赢得市场和消费者要不断创新，而这些需要依托乡村旅游业态，以及创新形成的特色项目，再进一步依托特色项目形成适销对路、供乡村游客"购买"的旅游产品。而其中关键的环节就是要有具体的项目，有项目才能吸引投资者、才能动起来，有项目才能"生产"出产品。这里的项目不是人们日常理解的一定是建设项目，通过业态创新，一个点子、一个故事、一项活动、一条线路、一间民宿，甚至一道菜、一件旅游商品等都能成为切入点和引爆点。

（三）参与者共赢

乡村旅游综合性极强，涉及乡村的方方面面，但就直接利益相关者来说，主要包括地方政府、村民、企业、中介运营者及游客。发展乡村旅游，特别是进行乡村旅游规划需要认真分析乡村旅游的属性及利益相关各方的发展诉求，这样才能让乡村旅游真正做到可持续高质量发展。

1. 地方政府

从地方政府角度，发展乡村旅游是当地乡村发展、乡村振兴的重要路径。地方政府的主要诉求是发展，希望通过发展乡村旅游促进乡村经济社会发展，促进产业融合，调整产业结构，振兴乡村产业；希望通过发展乡村旅游让乡村变得美丽、宜居，让老百姓富起来，让乡村文明起来；希望通过乡村旅游提升地方形象，让更多的人回到乡村创业，到乡村投资发展。发展乡村旅游是乡村振兴的重要抓手和路径。

地方政府在乡村旅游发展中起着宏观调控的作用，需要加强生态及文化保护的监督和指导工作。

2. 乡村居民——村民

当地村民对乡村旅游发展的诉求用两个字总结的话，那就是"改变"。乡村旅游的发展会使村民的生产方式和生活方式以及"赚钱"的路径、方式发生改变。通过发展乡村旅游使村民的身份由单一的农业从业者转变为农业产业工人、旅游从业者；通过参与乡村旅游增加收入改善生活条件；通过发展乡村旅游改变生活环境，所居住的村庄变得越来越美；通过发展乡村旅游村民意识到乡村文化的地位和作用，积极参与到乡村优秀传统文化的保护中；通过发展乡村旅游，村民与外界的直接交流与交往增多，自己的创业、创新及经营能力得到提高。

3. 开发者、投资人

乡村发展、乡村振兴仅靠当地是不够的，内生动力要有，外力的支持也是需要的，乡村旅游发展也一样。乡村旅游发展，特别是新业态、新项目开发建设，需要资金、需要技术、需要人才。同时，乡村旅游作为乡村振兴的重要抓手之一，国家给予大力支持，乡村成为热门资源，乡村旅游成为投资的重要方向。投资乡村旅游需要有人文情怀和经济实力。企业投资乡村旅游是拓展投资渠道，发现"风口"获得回报，提高投资效益的需要。吸引企业投资需要好政策、好项目、好服务，需要村民的支持，获得地方、居民及游客的认可。

4. 中介运营者

前面提到过，乡村旅游发展要让专业的人参与其中。乡村旅游目的地发展不仅需要投资、项目、服务，同时还需要有能面向市场的运营机构，帮助乡村旅游地开拓市场、组织客源、调整产品、组织活动，这类机构就是中介运营者。

现代乡村旅游中介运营者包括旅行社、各类媒介、研究机构、乡村行业组织、乡村旅游服务中心等。

5. 乡村游客

关于游客参与乡村旅游的诉求与动机，在第二章已有过详细分析，总的来说，游客到乡村旅游是因为乡村旅游地是观光休闲度假的好去处。乡村旅游目的地发展中，要认真分析研究乡村游客的消费需求，分析消费趋势。同时注重对游客行为的引导，引导游客低碳、绿色的消费行为。通过旅游项目及旅游活动策划，既满足游客多样性的乡村旅游、乡村休闲、乡村微度假的需要，让游客在乡村"有看头、有玩头、有住头、有吃头、有买头、有说头、有拜头、有疗头、有行头、有学头、又享头、有回头"[1]，还要注意协调游客与居民的关系，营造一个景观优美、文化鲜明、包容开放的乡村旅游地，把乡村游客的旅游行为对当地居民生产、生活的影响降到最低。

五、可持续高质量发展

（一）坚持以人民为中心

现代旅游已从单纯的经济产业发展成为人民群众关注喜爱的幸福产业之一，因而发展乡村旅游必须把满足人们对美好生活的需要始终放在首位。以实现共同富裕作为乡村旅游发展的重要目标。

人是经济体系的基本组成部分，涉及需求和供给两个方面，既是消费主体，又是生产和创新的主体，是最具活力的生产要素。满足人民需要是社会主义生产的根本目的，更是发展乡村旅游的目的，是推动乡村旅游高质量发展的根本力量。

（二）坚持以绿色为导向的发展方式

在广大的乡村，山、水、林、田、湖、草、沙是一个生态共同体，要一体化保护和系统治理。乡村旅游发生在乡村，乡村旅游发展必须遵循乡村自

---

[1] 刘峰．刘峰讲旅游：文旅新探索［M］．北京：旅游教育出版社，2020：1-50．

身的发展规律,实行最严格的生态环境保护制度,保护好绿水青山和清新、清净的田园风光,保留独特的乡土味道和乡村风貌。

乡村旅游发展中,无论是乡村居民的生产生活,还是游客的旅游行为与旅游消费,都应逐步有序向绿色、低碳转型。乡村旅游发展中要处理好发展和减排、整体和局部、短期和中长期的关系,在项目建设及活动策划中积极推动和采用绿色低碳技术。

乡村旅游发展中要注意保护好绿色生态,合理利用自然生态,形成特色文创生态,营造旅游生态,注重绿色能源利用。

(三)坚持以创新为动力、以文化为灵魂的发展方式

乡村旅游虽然发生在乡村,但在发展中同样需要创新、创意。坚持展现乡村旅游地农耕文明魅力,塑造乡村文化、乡村民族文化特色,增强乡村文化的影响力,打造出既体现创新与时尚,又能彰显乡村旅游地的地方传统文化和乡村文明的乡村旅游特色业态、项目、产品及品牌。

第二节 乡村旅游发展路径

一、做优生态

(一)自然环境优美

乡村面积广大,但并不是所有乡村都适合发展乡村旅游。人们选择乡村旅游,首先考虑的是乡村旅游地的生态环境,即青山绿水、山明水秀、景观优美、环境清洁无污染。也就是说,优美的自然生态环境是乡村旅游发展的必要条件。

优美的自然生态环境,才能满足在乡村养眼、养肺、养胃、养脑、养心的"五养"需求,才能使亲近自然、田园观光、美食品尝、劳作体验等现代

乡村旅游活动成为可能。

保持自然生态，做美乡村景观要做到保持自然生态的稳定，突出代表性景观；发展中应重视景观独特性与观赏可行性的协调；开发过程中应体现梯度性与社会性。

（二）与乡村生态文明建设结合

把乡村生态文明建设与乡村旅游有机结合起来，在乡村旅游目的地建设中尽量做到产业业态相对聚集、设施不断改善、生活更加和谐文明。把乡村旅游发展与生态文明村镇建设连动起来，营造出和谐包容的乡村旅游空间。

（三）生产、生活彰显绿色、低碳

发展乡村旅游，无论是生产和生活，也无论是居民还是游客，抑或是体验还是消费，都要提倡绿色低碳。有效培养居民、乡村旅游创业者、服务提供者、管理者以及消费者健康文明的生产、生活及消费方式。

尽可能减少不必要的建设，保护农田、保护耕地、保护乡村生态。减少乡村旅游发展中的碳排放，提倡利用绿色能源、节能减排，杜绝浪费，加强垃圾、废水等处理，引入先进科技，提倡资源的循环利用。

高效利用公共服务设施。把乡村旅游发展所需的旅游服务基础设施与公共基础设施、基础文化体育设施结合起来，让各类设施的综合利用效能最大化，实现公共服务设施、旅游服务设施及公共文化设施共享。

（四）"五度"空间打造

乡村旅游发展，要做好生态保护与利用，营造出拥有优美度、安静度、洁净度、休闲度和舒适度的乡村旅游空间。

二、做美形态

乡村旅游景观发生在乡村，但其主题仍是"旅游"。随着社会经济发展及人们生活需求升级，旅游业已从最初的"眼球经济"发展成为以"观光"为基础，叠加"参与""沉浸""体验""康体""养生"等的多维经济，更多的人认为旅游已经到了"体验经济"时代。单纯从经济收益角度看，从"眼球经济"到"体验经济"是发展的必然，但如果从地区旅游发展角度看，吸引眼球的内容是不可或缺的，是发展"旅游体验经济"的基础及首要条件。从本质上说，包括乡村旅游在内的所有旅游活动都是一种寻觅美、发现美、享受美的过程，发展乡村旅游，做美乡村旅游地形态是必需的。

做美形态，从旅游者的视角看，需要乡村旅游地不是景区胜似景区，需要乡村旅游地是一个拥有自然美、形态美并充满生活气息的旅游目的地。

乡村旅游地发展要结合美丽乡村建设，使广大的乡村区域，包括农田、村落等都发挥景观效益。乡村的形态美包括宏观形态的美，如自然山水、整体绿化及特色农业等；中观形态美，包括村落形态、乡村肌理、乡村建筑、服务设施等；微观的美，如一条巷道、村口的一棵老树、民居的一扇窗子以及村民的一件服饰等。

发展乡村旅游，做美形态是发展的基础与必然，让乡村游客到乡村寻觅美、发现美、享受美是乡村旅游开发者、运营者和管理者的责任和义务。

三、做强业态

旅游产业是一个综合性、长链条及融合强的产业。乡村旅游依托乡村发展，而乡村的核心产业是农业，乡村的特色在乡村性，其中又以乡村文化为代表。因此发展乡村旅游，要农、文、旅融合，同时随着人们对休闲娱乐、度假养生需求的上升，乡村旅游发展还需进一步把与休闲体育、养生康体相关产业融进来，做好农、文、体、养、旅融合，在融合中创新业态、拓展产业门类及产业链，这样才能真正做到对应市场，可持续高质量发展。

乡村旅游发展通过推进业态融合多样化、产业发展集聚化、经营主体多元化、基础设施现代化及经营服务规范化来实现做强业态的目标。在做强业态时，要充分有效利用好现有资源，在遵守国家法律、法规的前提下，深入探究乡村游客的消费行为及发展趋势，全方位创新业态，让游客乐于消费、开心消费、全天消费。

四、做活文态

（一）挖掘乡村旅游地文化，用好乡村非物质文化遗产

乡村旅游地文化挖掘与合理有效利用是乡村旅游发展的重要任务及内容，其中非物质文化遗产的利用在业态创新、产品创新以及策划乡村旅游活动中更显重要。

乡村非物质文化遗产涉及民间文学、传统音乐、传统舞蹈、传统戏剧、传统曲艺、传统体育、游艺与杂技、传统美术、传统技艺、传统医药、民俗等，涵盖社会生活、生产、文化的方方面面。非物质文化遗产对乡村旅游规划与开发至少存在六大"催化"作用。

1. 乡村旅游项目产业化

非物质文化遗产产生于民间，是一种社会实践的产物，其本身就是一种产品，因此具有广阔的公众市场。非物质文化遗产具有很大的产品再转化、再拓展、再辐射价值，一旦转化为旅游产品，可以对接不同群体、不同区域的旅游市场人群，且容易形成具有市场垄断性、唯一性、品牌性的产品。

2. 乡村旅游地差异化

非物质文化遗产是激发旅游动机和诉求的重要因素之一，民族性、民间性、民俗性的文化，时间越久远，地域性越强，市场差异化和异质性就越强，市场影响力就越大。挖掘利用好乡村非物质文化遗产，有助于乡村旅游地差异化。

3. 乡村旅游休闲深度化

传统文化村落是乡村历史文化的"活化石"、自然遗产的"博物馆"和田园生活的"守望地"，非物质文化遗产涉及不同地域和民族独特的生活方式、风尚习俗和风土人情，是中华几千年农耕文明的"基因库"和城里人乡愁思绪的"心动点"，可以满足游客"求新、求异、求乐、求知"的旅游诉求。在这种传统文化浸润中，可以濡染一种精神、一种情怀，有助于推动旅游向深层次发展，这正是深度旅游休闲所需求的。

4. 乡村旅游产品体验化

非物质文化遗产具有原始性、原真性和异质性特征，其操作、展示、技术功能，连带着产品有很大的附加价值，不能简单地视之为旅游产品或纪念品，这也符合休闲旅游的体验化和参与性要求，可拉近与游客的距离，利于开发有互动性、有文化内涵、有传承意义的旅游产品。

5. 乡村旅游业态丰富化

非物质文化遗产丰富多彩，广泛存在于民间物质文化、社会组织、意识形态和口头语言中，包括民俗风情、生活习惯、生产方式、居住环境、节庆典礼、宗教信仰、传统服饰、民间艺术、烹调技艺、工艺特产、音乐歌舞等，这与旅游吃、住、行、游、购、娱消费需求是相一致的，因而利于打造旅游拓展衍生的旅游产品和业态。

6. 乡村旅游客源多元化

非物质文化遗产在生态观光之外，拓宽了旅游领域和内容。不仅仅为城市居民、外地游客所喜欢，境外游客也普遍对中国原始乡村的生活方式、地域文化抱有浓厚兴趣。乡村非物质文化遗产超越了国界，超越了文化层次，增加了游客的群体，可使旅游客源达到多元化。

（二）做到"三结合"

1. 保护与利用相结合

乡村传统文化需要在保护的前提下进行利用，保护包括了形态保护、内容保护及传承者保护。

2. 传统与时尚结合

乡村旅游地做活文态还应注意旅游消费的特点，即旅游是一种时尚型消费。要注意把传统与时尚相结合，通过现代技术及手段，充分展示乡村旅游地传统文化的内涵，通过现代游客耳熟能详的"语言"及"符号"讲述传统的故事。

3. 公益与效益结合

文化发展带有较强的公益性，要为广大人民群众服务。通过旅游开发叠加创意成为卖点、产品甚至商品后文化便具有经济属性。因此在开发利用中应做到公益与效益的结合，即服务居民又服务游客，既传承文化又通过市场行为获得收益。

五、协同发展，主客满意

发展乡村旅游要让游客和居民都满意，在发展中需要综合保障。乡村旅游发展涉及面广，涉及部门多，典型的如农业农村、住建、文旅、林草、发改、工信及自然资源等部门，各部门要通力合作支持乡村旅游的发展。

传统旅游景区发展主要重视的是游客满意程度，在景区评级时游客满意度占了很大比例。乡村旅游发展有别于传统旅游景区发展，乡村地区发展旅游目的不仅是吸引游客来消费，让游客满意，同时还要让旅游业发挥先导产业的作用，通过产业融合产生新业态，带动整个乡村产业发展，吸引当地居民参与到乡村旅游中，提高收入，做到让游客满意、村民致富，企业得益、政府放心，进而实现乡村振兴。

六、处理好几个关键问题

（一）土地利用

土地是乡村最重要的资源，在乡村旅游开发建设中，必须遵守国家土地政策。乡村旅游规划作为乡村发展专项规划，要服从上位规划，涉及土地利用时，必须遵守国家和地方的相关法律、法规，严守国土空间规划的"三条红线"即生态保护红线、永久基本农田和城镇开发边界三条控制线。乡村旅游规划发展中尽量避免大兴土木，要"强化软开发、适度硬开发"，保护好乡村土地资源、保护好乡村的绿水青山。

（二）建设要点

不同乡村的基本条件不一样，乡村旅游规划中需要根据旅游发展的规律，认真梳理乡村旅游发展的建设要点。从满足游客乡村旅游需求及乡村旅游可持续高质量发展的角度分析，乡村旅游发展要注重的内容如下：

（1）具有吸引力的田园美景、地貌美景、水系美景和社区美景等资源禀赋。

（2）独特的饮食文化、特色生产习俗、特色节令习俗、特色生活习俗、特色民间工艺、特色村规民约、特色建筑民居。

（3）标志性的展示传统和现代农耕文化的场所；有组织形式科学、产业结构合理、管理模式健全的运营主体。

（4）具有健全的道桥设施、住宿接待设施、餐饮服务设施、娱乐休闲设施、购物消费设施、管理与导游设施、出行运载设施、通信设施和康疗救护设施。

（5）具有特色鲜明的、传播力广、美誉度强的休闲农业与乡村旅游品牌。

（三）资金与融资

乡村旅游发展需要投入，需要资金支持。因此，乡村旅游发展规划中需要分析研究融资模式，帮助乡村旅游地获得开发新建设所需要的资金。乡村旅游发展的资金主要有国家政府划拨资金、投资商（或经济企业）投资等。常见的融资模式主要有：

（1）投资商（或经济企业）为投资企业注入资金，获取利息与分红。

（2）经济企业投资建设设施，获取使用权，获取经营收入。

（3）"三变"即"资源变股权、资金变股金、农民变股东"，即把农村沉睡的土地、分散的资金聚集起来，入股企业或合作社，参与乡村旅游项目的建设经营，通过分红方式给农民以回报，农民在家门口就业，还可获得一份工资收入。这样的转变，能充分激发农村发展的活力。

（四）运营与盈利

乡村旅游发展的目标是获得综合效益，其重点是经济收益，这也是乡村旅游持续高质量发展的基础。乡村旅游规划不仅要为乡村旅游发展规划蓝图和内容，还应通过研究分析提出乡村旅游运营方案和盈利模式，这样才能为招商引资、吸引居民参与乡村旅游奠定基础。

第三节 乡村旅游发展模式

关于乡村旅游的开发、经营及管理，国内外有很多成功的范例。由于地域的差别和具体情况的多种多样，因此模式也各不相同。研究分析各类乡村旅游发展模式，是乡村旅游规划的前提。乡村旅游开发没有固定唯一的模式，其开发模式是多样的，应因地制宜。不管何种开发模式，都应既能充分合理利用资源，又能处理和解决好与村民的利益冲突，切实保障广大村民和投资方的权益，提高村民对旅游开发的积极性和长久支持力度。

一、主体开发模式

（一）政府投资开发的公有模式

政府投资开发的公有模式适合规模较小，人口密度小的区域。这种模式往往要结合乡村整体发展来实施。开发过程中政府要有大额资金投入，因此这种模式往往用于政府财力比较宽裕的情况下。这种模式的优点是由政府出资主导开发，乡民比较放心，旅游开发的收入不会外流，政府也相对容易协调与村寨的关系。缺点是政府不仅要花大量的资金和时间处理开发事务，而且还要承担开发风险。

采用这种模式需要处理好政府与村民集体的关系。政府要不时协调旅游开发与村民之间的矛盾，如果完全排除了村民的参与，也就缺少了当地人的支持。一旦当地村民无法从旅游中受益，他们就会成为旅游开发和开发后旅游业顺利开展的障碍，这给当地政府带来了较大压力。

（二）政府协调，投资商独资的模式

政府协调，投资商独资是一种开发商出资金、村民出资源的合作开发方

式。由政府主导,才能较好地架起当地村民与投资商的联系桥梁,协调当地村民与投资商的关系,解决投资商与村民的矛盾,给投资商和当地村民政策保障。同时成立村旅游开发管理委员会,由村民选举有知识有才能、代表村民利益的成员,全权负责和协调本村的旅游开发事宜。村旅游管委会、投资商与政府共同商讨开发方式,形成开发方案。协议中注重村民的参与,保障村民参与权利,如培训受教育的权利、优先招工录用的权利等。地方政府要监督协议的执行情况以切实保障双方的权益。

(三)村委会与投资商合作开发的模式

在经济相对发达地区的乡村,村两委干部素质较高、能力较强、被村民拥护,同时村民接受外界事物及参与能力相对较强,在这样的区域采用村委会与投资商合作开发的模式较为适合。这种模式下开发商和当地村民所承担的风险都相对较大。

这种模式如果没有政府做保障,开发商与广大村民心里都不踏实,缺乏稳定性。如果在经济不太发达的地区,没有了政府的宏观指导,处于相对封闭、见识不广的当地村民委员会将无法独立完成投资开发协调重任;没有政府政策支持和有效监管,当地村民将无法或无力对开发商进行监管,无法制约开发商的短期经济行为,开发商可能会受短期经济利益的驱动,对当地资源进行超强度开发,因而可能会出现开发性的资源破坏现象,使当地的旅游资源尤其是历史人文旅游资源造成不可挽回的损失。

二、依托开发模式

不是所有的乡村地域都可以开发乡村旅游,发展乡村旅游需要有一定的条件。开发乡村旅游需要依托一定的地域和特殊资源进行。根据乡村地域的自然环境背景、区位状况等的不同,将乡村旅游依托模式划分为城市依托型、交通依托型、知名景区依托型、资源依托型、复合依托型五种基本类型。

（一）城市依托型

城市居民休闲及生态体验需求强烈，在繁忙的日常生活之余，往往需要寻找一个环境差异较大、能暂时逃避常住环境、时间精力成本较低的地方缓解身心疲劳或休闲度假。于是，与城市景观差异较大，临近城市且交通较为便捷的乡村迎来了旅游发展的机会。以"农家乐"为代表的早期乡村旅游就是迎合城市居民这一需求发展起来的，其发展方式往往是由点及带，最终形成环绕城市的城市休闲旅游带或城市旅游休闲圈。这种类型的乡村直接面对较好的客源市场，旅游成本低；即使生态环境不理想，亦可人工营造。

（二）交通依托型

距离客源市场相对较远，但临近高速公路、铁路，或是主干道，交通十分便捷的乡村成为乡村旅游发展的重点区域。随着国内私家车的迅速普及，为这类乡村带来了旅游发展的巨大商机。这类型的乡村相比环城市周边生态环境相对要好，如果注重生态因素以原生态、原文化、强刺激等为内容发展乡村旅游，对城市居民特别是消费能力更强的游客有较大的吸引力。依托交通发展乡村旅游的区域，其业态及产品要与城市依托型有明显的差异。

（三）知名景区依托型

乡村旅游景点的知名度小，进行长途旅行的游客不会专程游览，但若具有与著名风景名胜区毗邻的区位优势，则能够吸引其游客进行附带性的游览，这从游客的旅游支出上看是经济合算的，即在既定的交通费的基础上获得更多的旅游享受。

在知名景区周边的乡村，虽然其资源禀赋不能与景区相比，但可以通过挖掘乡村文化内涵，特别是乡村民俗等，以到达景区的游客作为主要市场，开发与景区有差异的旅游活动，同时在服务要素上下功夫，开发景区难以提供的乡村旅游业态，如特色餐饮、特色民宿等。

（四）特色资源依托型

这类乡村本身具备较强的旅游吸引力，其客源市场依据其知名度、资源品位、旅游产品特色等而异，可以是地区、国内甚至是国际。

（1）名镇名村。如历史悠久且村落保护较好的传统村落、革命纪念地、古村镇、名人故乡、历史事件发生地等。典型的如安徽的西递村和宏村、云南腾冲的和顺古镇等。

（2）有典型农业景观的乡村。以特有的典型农业景观为依托，如梯田、古茶园、油菜花田、桃园、梨园等。农业景观本身就具备吸引力，价值及规模不同，游客的吸引半径有所差异，如云南红河元阳的世界遗产哈尼梯田其影响力和知名度是国际性的，具备吸引远程旅游者的实力。

（3）民俗文化特色鲜明的乡村。特有的、典型的民俗风情具备较强的旅游吸引力。

（4）生态景观独特的乡村。自身环境极佳，还能依托周边独特的自然景观环境的乡村，如湖泊周边的乡村、森林植被好的乡村等。

（五）复合依托型

在我国，很多乡村资源丰富，其发展可以依托的要素往往不是单一的。拥有基础及要素两种或两种以上的乡村旅游地，而且各要素的影响力相对均衡的，称为复合依托发展型。如传统村落，同时又有特色鲜明的民俗文化，随着交通建设的发展，高速公路还从村旁通过。

三、乡村旅游发展的产业组织模式

（一）企业带动型

这种模式的特点是以企业为龙头，以乡村资源为基础，围绕乡村旅游产品，一体化经营，一条龙服务，在发展中带动农户参与发展。这样的企业要有较强的资金、人才、技术实力和较高的生产水平、经营能力、管理水平，且有一定知名度,在乡村旅游发展中把这样的企业称为乡村旅游龙头企业。这些企业不仅是连接国内外市场和乡村以及乡村旅游产品的中介,还在推动乡村旅游经济产业化发展中发挥着重要的作用。

这种产业组织模式具体表现为以下几种:

1. 企业 + 农户

适当引入市场运作的机制,将农户统一纳入企业进行经营管理,农户作为企业的员工,经过专业、系统的培训后,可以在进行正常农业劳作的同时,利用农闲时间承担旅游接待业务。企业负责农户的日常经营管理、对农户的技术培训、对外统一接待游客等。农户既作为企业的员工,又可作为企业的股东,既享有日常工资,又享有分红。

2. 企业 + 社区 + 农户

企业先与当地社区(如村委会)进行合作,通过村委会组织农户参与乡村旅游开发,公司一般不与农户直接合作,但农户提供接待服务、参与旅游开发则要经过公司的专业培训,公司制定相关的规定,以规范农户的行为,保证接待服务水平,保障公司、农户和游客的利益。同时,村级经济实力也得到较大提高,足以改善村里的交通及其他基础公共设施条件。

3. 企业 + 带头户

农户分散以及部分农民参与能力不够时,有的乡村旅游发展就采用"企业 + 带头户"的模式。企业与愿意参与,有一定实力,并已有一定乡村旅游经营基础的农户合作发展。

4. 政府 + 公司 + 协会 + 相关旅游中介机构

由政府负责乡村旅游的规划和基础设施建设,优化发展环境;乡村组建旅游公司负责经营管理和商业运作;乡村成立乡村旅游协会负责组织村民参与乡村旅游发展,如地方戏的表演、导游、工艺品的制作、住宿餐饮服务等,并负责维护和修缮传统民居,协调公司与农民的利益;公司与相关旅游中介机构,如旅行社、有经营旅游资质的网络平台等合作,由中介机构负责开拓市场,组织客源。这一模式的特点是发挥旅游产业链中各环节的优势,通过合理分享利益,来避免乡村旅游开发过度商业化,保护本土文化,增强当地居民的自豪感，并为农村弱势群体（妇女、老人）提供旅游从业机会，最大限度地保存当地民族文化的真实性。

（二）主导产业+旅游型

这种模式的特点是因地制宜，以当地乡村的传统产业和拳头产品为基础加大投入，通过扩大生产规模、提高产品质量来拉动旅游企业和农场或林场、农户发展乡村旅游。

此模式注重发挥主导产业企业资产、人才、技术和市场占有的优势，通过优化产业和产品布局，加快产业结构升级，形成某种特色产品基地，通过主导产业+旅游，构建产业群，拉长并加粗产业链，形成特色鲜明的乡村经济区。

乡村选择适宜自身发展的主导产业，要按照高标准、高科技、高效益和新机制的要求，综合规划，连片开发，建设优质农产品商品生产基地，实行专业化、规模化生产，体现"比较优势"，发挥特色示范区和示范带的辐射带动作用，并利用特色示范区和示范带的资源开展乡村旅游。

（三）示范农户+农户型

有些乡村，通常是"开拓户"首先开发旅游并获得了成功，在他们的示范带动下，农户们纷纷加入旅游接待的行列，并从示范户身上学习经验和技术，在短暂的磨合后，形成"示范农户+农户"的乡村旅游开发模式。这种模式通常投入较少，接待量有限，但乡村文化和生活方式保留最真实，游客花费少还能体验最真的本地习俗和文化，是最受欢迎的乡村旅游形式之一。

条件较好的农户参与旅游接待服务，并提供特种家禽、绿色蔬菜、山茅野菜、生态河鱼等农产品和参与民俗表演，形成"家禽养殖户""绿色蔬菜户""水产养殖户""民俗表演队"等专业农户和旅游服务组织，不仅可吸纳富余劳动力还可联动发展，形成纵向、横向关联，让所有农户都可以通过乡村旅游受益，实现乡村旅游带动共同致富的目标。

(四)农庄经济聚合型

该模式是以规模农业个体户发展起来的,以"旅游个体户"的形式出现,通过对自己经营的农、牧、果场进行改造和旅游项目建设,使之成为一个完整意义的旅游景区(点),并能完成旅游接待和服务工作。

这种模式的特点是,以乡村的经济能人或外地客商为依托,以本地的土地资源为基础,以发展集种养加工销售为一身、融合旅游与农林为一体的庄园经济为目标,通过庄园开展立体种养的示范、辐射作用,带动附近几户乃至数十户农户,逐步扩大种养规模和增加适销对路的种养新项目,形成松散型的利益共同体。通过农庄的发展,吸纳附近闲散劳动力,通过手工艺、表演、服务、生产等形式加入服务业中,形成以点带面的发展模式。

(五)生态经济型

该模式就是发展无污染的清洁农业,也即遵循生态学原理,按照生态规律全面规划,总体协调整体农业,建立一个高功能人工生态系统的高效益农业,进行良性生产,从而发展乡村旅游。

1."生态养殖"模式

该模式以畜牧业和家禽养殖为主导,带动乡村旅游以及其他相关农村经济产业的发展,以此形成环境与农村经济发展的良性循环。从生态学的角度来看,畜牧业、家禽养殖的发展能完成植物—动物—人这样的生态链。从产业功能角度来说,畜牧业的产业链可以延伸得很长,可以促进和带动农村许多相关产业。

2."环境经济"模式

该模式以林业为先导,形成环境与经济发展的良性互动,在环境治理过程中开发农林业和旅游业。客观地认识和运用自然规律,科学地开发和利用自然资源,积极地保护和改善自然环境,是21世纪农业和农村经济可持续发展的"重中之重"。这种模式特别适宜林区农村发展乡村旅游。

3. "生态经济滚动"模式

该模式以家庭为基础,以承包的土地为依托,以沼气为纽带,发展"养殖—沼气—种植"三位一体的乡村生态农业经济,从而接待生态农业旅游活动。广大农户通过优良的环境、优质的产品和诚实守信,与外地包括国外的客商建立起比较稳定的供销关系,并发展生态农业旅游活动,相应地促进本地农民供销队伍的发展。逐步增加生态农业经济投入,扩大种养规模和根据市场需求适度调整产品结构,形成农林产业化小单元。这种三位一体的生态农业经济模式,不仅能改善农村的生产条件和生活环境,提高农户的经济收入和生活质量,而且能为当地的旅游业和旅游经济注入生机与活力。

(六)对内联合型

为了合理地开发乡村旅游资源,保护乡村生态环境,可以根据资源的产权将乡村旅游资源界定为国家产权、乡村集体产权、村民小组产权和农户个人产权4种产权主体。在开发乡村旅游时,可采取国家、集体和农户个体合作,把旅游资源、特殊技术、劳动量转化成股本,收益则按股分红与按劳分红相结合,进行股份合作制经营。通过土地、技术、劳动等形式参与本社区的都市生态农业旅游的开发。企业通过公积金的积累完成扩大再生产和乡村生态保护与恢复,以及相应旅游设施的建设与维护。通过公益金的形式投入到乡村的公益事业,以及维持社区居民参与机制的运行等,同时通过股金分红支付股东的股利。这样,国家、集体和个人可在乡村旅游开发中按照自己的股份获得相应的收益,实现社区参与的深层次转变。通过"股份制"的乡村旅游开发,把社区居民的责、权、利有机结合起来,引导居民自觉参与他们赖以生存的生态资源的保护,从而保证社区生态农业旅游的良性发展。

四、乡村旅游功能主导模式

(一)观光游览型模式

观光游览模式的类型包括回归自然旅游模式、民俗风情旅游模式、村落乡镇旅游模式、历史文化名村模式等。

（二）休闲度假型模式

休闲度假就是利用假期以休闲为主要目的和内容，开展使身体和精神放松的休闲方式。休闲度假型模式主要有以下五个特征：旅游滞留时间较长、消费水平高、服务质量要求高、生态意识强、重游率高。作为乡村旅游的休闲度假型模式，首先要有一个风景优美生态良好的环境，其次必须要以旅游休闲功能为主导，为游客提供多种旅游功能在内的休闲项目。乡村旅游的休闲度假型模式就是要让游客体验慢生活。游客来到乡村，置身在优美的自然生态环境中，住着农家院，呼吸着新鲜的空气，时刻感受着淳朴的乡情，品尝着农家美食，体验着原生态的农耕文化，参与各种丰富多彩的活动，使自己的身心彻底放松。目前，乡村旅游越来越成为市民选择放松度假的主要方式。

（三）风味品尝型模式

风味品尝型模式是指为游客提供采摘、捕捞、推磨等乡村劳作方式，使游客品尝自己的劳动成果以及用当地乡村的特色美食吸引游客前来品尝的模式。风味品尝型乡村旅游模式具有地域性和文化性。人们通过具有鲜明区域性、历史文化性的乡土饮食不仅解决了餐饮问题，更是体验到了当地特色。乡土饮食是一种独特的文化旅游资源。在采用风味品尝型乡村旅游模式时要注意保持特色餐饮的原汁原味以及坚持绿色、环保、健康的理念。还要注意提升乡土饮食的文化内涵，具有文化底蕴的特色餐饮和服务才能给游客带来回味，使这种饮食和服务保持持久的生命力。这也是培养忠诚客户，打造核心竞争力的手段。在开发特色餐饮时一方面要考虑基础的食材与菜品，另一方面要考虑用餐环境与用餐方式。要把乡土饮食与乡土环境进行有机的结合，让游客参与乡土饮食的制作，让独具特色的乡土文化活动伴随顾客就餐过程。使游客在回归自然的同时，也能够被赋予文化内涵的乡土饮食所吸引。

（四）务农体验型模式

务农体验型乡村旅游是指旅游者利用农民提供的农地或其他生产资料，通过自身实践体验学到一定的农业生产知识并从中获得乐趣。游客可参加各种农事耕作以及乡土美食制作等，这些活动以务农体验为主，不以生产经营为目标。许多旅游者来到乡村春天插秧，秋天收割，捕鱼捞虾，充分享受务农乐趣。

（五）生态体验型模式

生态体验被认为是一种人类最优化的生存发展模式，也是一种震撼心灵、感动生命的魅力化教育模式，生态是乡村地区开展旅游的最大优势。

（六）科普及教育型模式

旅游自古以来就有教育功能，随着我国乡村旅游的发展，教育功能日益显现。游客来到乡村旅游享受了田园风光，乡土民情，发现了美，感受了美，陶冶了情操，获得了美育教育。在乡村旅游中还能获得农业生产、农村文化、农业科技的知识，在学识上得到提高。在乡村游玩体验的过程中，身体得到了锻炼，身心得到了放松，达到了运动的目的。科普及教育型的乡村旅游模式依托乡村旅游资源，把教育融入旅游活动中，能使旅游者在增强体质，放松身心的同时获得知识，满足旅游者更高层次的需求。科普及教育型的乡村旅游要在游客体验活动中注重开发教育类的旅游产品。比如，让游客参与学习当地农产品加工制作等，在满足其好奇心的同时达到了教育功能。还要注重开发以教育为主题的乡村旅游产品。例如，体验农业高新技术的农业科技生态园，感知农产品的农业产品展览馆以及让游客了解历史的村史纪念馆等。开发这些项目的目的就是让游客了解历史，学习农业技术，增长农业知识，满足他们求知的愿望。

（七）创新型模式

我国正在实施乡村振兴战略，其中，产业兴旺是重点。乡村旅游作为乡村产业的重要组成部分，在乡村振兴中大有作为。目前，越来越多的人把旅游视为一种高端情感补偿，他们崇尚"旅游即生活"。随着人们生活节奏的加快，生活压力的加大，为缓解生存压力，调节身心，越来越多的人崇尚慢游、体验当地生活的深度游、康养旅游等方式。乡村旅游由于所处乡村，有田园景观，有乡村慢生活文化，有相对绿色健康的饮食，有洁净的空气，这些与游客的需求高度契合。因此，从乡村旅游功能的角度，出现了乡村生活型、康体休闲型、旅居度假型，养老养生型，甚至还有创客创业型等类型。

五、乡村休闲旅游升级模式

（一）规范化的乡村酒店模式

该模式的核心理念为：一个乡村就是一座"乡村酒店"。具体内容为，以现代酒店的经营管理理念，推动乡村旅游服务的规范化与标准化，提供有品质的乡村特色食宿服务等。

（二）个性化的文化民宿模式

该模式的核心理念为：一个乡村就是一个乡土文化博物馆。在村落文脉与乡村传统民居群整体保护的基础上，通过传统文化艺术化、创意化、体验化利用，打造有故事的乡村民宿群落和精致的乡村文化休闲体系，创造传统与时尚碰撞的精致乡村生活方式。

（三）品质乡村度假乡居模式

该模式的核心理念为：一个乡村就是一个品质度假综合体。具体内容是，通过乡村闲置农宅的统一收租，对收租来的农宅进行整体改造与度假化利用，将村落打造成高品质的乡村旅游度假村，并营造特色乡村度假与乡居品牌。

（四）创意化的休闲聚落模式

该模式的核心理念为：一个乡村就是一个有趣的乡土游乐场。内容是整合乡村间的村落、河流、田园、山地等，打造出创意、多元化的乡村休闲游乐空间，并通过文化挖掘，策划出丰富且好玩的乡村活动，并形成乡村持续发展的旅游吸引力。

（五）产业化主题农场或庄园模式

该模式的核心理念为：一个乡村就是一座主题农场或庄园。具体内容为，依托现代农业和涉农企业品牌打造高品质田园综合体，复合农业产业与乡村旅游两大基本功能，既是企业品牌展示与技术研发基地，也是高品质的田园休闲度假区。

六、田园综合体

（一）概念的提出

2017年2月5日，"田园综合体"作为乡村新型产业发展的亮点措施被写进中央一号文件，原文如下：支持有条件的乡村建设以农民合作社为主要载体、让农民充分参与和受益，集循环农业、创意农业、农事体验于一体的田园综合体，通过农业综合开发、农村综合改革转移支付等渠道开展试点示范。

田园综合体是一个新生事物，其所包含的循环农业、创意农业、农事体验，是对农业产业和业态的一个创新；是"让农村发展得更好"的一个载体，其所追求的内在意义就是城乡协调发展、平衡发展、兼容发展。田园综合体中的"田园"二字，展现的就是天更蓝、山更绿、水更清、环境更优美的绿色价值，其本身就是农业和农村走出传统发展、封闭发展，走向开放发展、融合发展的一个典型代表。田园综合体倡导让农民充分参与和受益，根本上体现的就是以人民为中心的发展思想。在农村推进田园综合体建设不仅作为一种新业态，更关联到产业结构、生产方式、创新驱动、基础设施和农村改革等诸多方面，客观上就是新动能的一个培育重点，包含着新动能的巨大潜力。通过"田园综合体"建设可综合化发展产业和跨业化利用农村资产。

从发展内涵来看，田园综合体应该是一个环境优美宜人的地方、一个文化根脉突出的地方、一个休闲旅游度假的地方、一个多业融合支撑的地方、一个模式创新发展的地方，是集现代农业、休闲旅游、田园社区为一体的乡村综合发展模式，是通过旅游助力农业发展、促进三产融合的一种可持续性模式。

传统乡村到田园综合体需要通过四个方面的转变：

（1）功能转变。从简单的农作物生产功能到集生产、加工、销售、展示为一体的复合功能。

（2）模式转变。从传统农业模式转变为"农业+"的模式。

（3）产业转变。从传统农业产业链转变为综合性产业链，产业链从生产端向体验端转移。

（4）价值转变。从早期的田园产效低转变为实现经济价值、生态价值和生活价值的统一。

田园综合体为推进农业供给侧改革搭建了新平台，为城乡一体化发展提供了新支点，为农村生产生活和生态环境融合发展构建了新模式，为传承乡村文明，推动乡村综合发展，实现乡村振兴提供了新动力。

（二）发展目标

1. 完善生产系统发展条件

田园综合体建设应按照适度超前、综合配套、集约利用的原则，集中连片开展高标准农田建设，加强田园综合体区域内"田园+农村"基础设施建设，整合资金完善供电、通信、污水和垃圾处理、游客集散、公共服务等配套设施条件。

2. 打造涉农产业体系发展平台

立足乡村资源禀赋、区位环境、历史文化、产业集聚等比较优势，围绕田园资源和农业特色，做大做强传统特色优势产业，推动土地规模化利用和三产融合发展，大力打造农业产业集群；稳步发展创意农业，利用"旅游+""生态+"等模式，开发农业多功能性，推进农业与旅游、教育、文化、康养等产业深度融合；强化品牌和原产地地理标志管理，推进农村电商、物流服务业发展，培育形成 1~2 个区域农业知名品牌，构建支撑田园综合体发展的产业体系。

3. 培育农业经营体系新动能

积极壮大新型农业经营主体实力，完善农业社会化服务体系，通过土地流转、股份合作、代耕代种、土地托管等方式促进农业适度规模经营，优化农业生产经营体系，增加农业效益。同时，强化服务和利益联结，逐步将小农户生产、生活引入现代农业发展轨道，带动区域内农民群众可支配收入持续稳定增长。

4. 构建乡村生态体系屏障

牢固树立绿水青山就是金山银山的理念，优化田园景观资源配置，深度挖掘农业生态价值，统筹农业景观功能和体验功能，突显宜居宜业新特色。积极发展循环农业，充分利用农业生态环保生产新技术，促进农业资源的节约化、农业生产残余废弃物的减量化和资源化再利用，实施农业节水工程，加强农业环境综合整治，促进农业可持续发展。

5. 补齐公共服务体系建设短板

完善区域内的生产服务体系，通过发展适应市场需求的产业和公共服务平台，聚集市场、资本、信息、人才等现代生产要素，推动城乡产业链双向延伸对接，推动农村新产业、新业态蓬勃发展。完善综合体社区公共服务设施和功能，为社区居民提供便捷高效服务。

6. 健全优化运营体系

妥善处理好政府、企业、农民三者之间的关系，遵循科学发展规律，对应市场需求确定合理的建设运营管理模式，形成健康发展的合力。政府重点负责政策引导和规划引领，营造有利于田园综合体发展的外部环境；企业、村集体组织、农民合作组织及其他市场主体要充分发挥在产业发展和实体运营中的作用；农民通过合作化、组织化等方式，实现在田园综合体发展中的收益分配、就近就业。

(三)田园综合体的特征

1. 以产业为基础

田园综合体以农业为基础性产业,企业承接农业,以农业产业园区发展的方法提升农业产业,尤其是现代农业,形成当地社会的基础性产业。

2. 以文化为灵魂

田园综合体要把当地世代形成的风土民情、乡规民约、民俗演艺等发掘出来,让人们可以体验农耕活动和乡村生活的苦乐与礼仪,还原村子原貌,开发一个"本来"的村子。

3. 以体验为活力

将农业生产、农耕文化和农家生活变成商品出售,让城市居民身临其境体验农业、农事,满足娱悦身心的需求,形成新业态。

4. 创新乡村消费

旅游业可选择作为驱动性的产业,带动乡村社会经济的发展,一定程度上弥合城乡之间的差距。而解决物质水平差距的办法是,创造城市人的乡村消费。

5. 城乡互动

解决文化差异问题的有效途径,是城乡互动。田园综合体正是一种实现城市与乡村互动的商业模式。关于城乡互动,最直接的方法,就是在空间上把城市人和乡村人"搅合"在一起,在行为上让他们互相交织,在文化思想上得以交融。

(四)田园综合体功能分区

一个完整的田园综合体,是农业生产空间、居民生活空间、游客娱乐空间、生态发展空间的有机组合,是一个多功能、高效率、复杂而统一的田园空间。田园综合体中既包含了在地居民的居住、劳作空间,又包含了游客们的娱乐、休憩空间,因此,园区内既要有相对完善的内外部交通条件,又要有充裕的开发空间和有吸引力的田园景观等。田园综合体的出发点是将城市元素与乡村结合，以多种功能结合的"开发"方式，促进农业发展加速变革，从而稳步推进乡村发展，实现乡村振兴。

1. 功能分区的依据

（1）生态的保护、修复与重塑

田园综合体项目必须要在保护自然、山、水、田园的基本构架及乡土风貌的基础上完成，最终的目的应该是保护和修复生态系统，重塑田园生态景观。

（2）创造具有地域特色的景观

每一个田园综合体项目都应该根据当地的文脉特色来打造具有地域特色的自然和文化景观，而不是进行千篇一律的复制。

（3）"和谐"型自然田园社区

科学地布局建筑道路和城镇设施，做到将田园与建筑、城镇设施融合，实现田园即社区，社区即田园。通过农业及自然景观专业设计，合理地布置景观节点，打造具有地域特色的、具有野趣的田园景观。

（4）"人本"型田园活动空间

除去生产、景观区域，任何一个完善的田园综合体中都应该具备提供人们生活、游憩的室外娱乐空间，让游人进一步感受到田园生活中的活力。

（5）乡土文化及时空双维度衍生

田园综合体不仅仅只是将农业生产区域变成景观，更是将乡土文化、游憩文化等融入景观打造之中。

2. 应有的功能区

（1）农业生产区

农业生产区应该具有规模效应，要求最大化地尊重场地肌理，并且可以满足农作物四季种植的要求。农业生产区可以让游人认识农业生产全过程，在参与农事活动中充分体验农业生产的乐趣。

（2）农业景观区

景观区域是一个项目必不可少的部分，而田园综合体中的核心景观片区要突出主题，大多依托于观赏型农田、瓜果园、花卉园等自然景观区，打造景观节点，让游客体验田园风情。

（3）现代农业产业园区

现代农业产业园以生产为主，可包含农业科普教育及现代农业观光的内容，可以打造农业科技园、创业园等。

（4）生活居住区

生活居住区是田园综合体迈向新型城镇化结构的重要支撑。居住区包括园区中劳作的农民的长期居住地，也可以打造专门的游客居住区。

（5）农业科普教育及农事体验区

田园综合体中也可以专门打造科普教育的区域，如现代农业博物馆、环境自然教育公园等，在便于人们进一步了解农业知识的同时，也是孩子们进行学习的重要场所。

（6）创意农业休闲区

创意农业休闲区应该满足游客的各种娱乐需求，便于游人能够深入体验创意农业的特色生活空间，享受休闲创意农业带来的生活乐趣。

（7）综合服务区

为综合体各项功能和组织运行提供服务和保障的功能区域。

（8）衍生产业区

田园综合体同样可以在关注农业、关注农民利益的基础上，发展衍生特色产业，延伸产业链，打造多元产业融合。

（五）规划设计要求

田园综合体的规划设计要注重对生态的保持与重塑；创造具有地域特色的景观；将田园与建筑、城镇设施融合，创建"和谐"型自然田园社区；注重农业及自然景观设计；建设"人本"型田园活动空间；将乡土文化、游憩文化等融入景观打造中，实现乡土文化及时空双维度衍生。

（六）发展策略

1. 基础＋资源点

乡村旅游资源决定了项目地乡村旅游产品开发的核心导向。土地资源决定了田园综合体的规模，影响着乡村旅游产品的配比结构。

以农业深层次开发（如循环农业、创意农业、生态农业）和农业规模化发展为主，辅以农产品加工销售、科研、教育、医疗、培训等其他产业，并形成产业间的联动。项目地在发展农业的同时，还可以发展以当地农作物为主的创意农业，并适时开展农业观光、体验、休闲、度假等乡村旅游项目。

建设发展田园综合体必须严格落实耕地保护制度，杜绝违法违规占用耕地、改变耕地用途，以及耕地"非农化""非粮化"的行为。

2. 主导/脉络+吸引点

乡村旅游、乡村休闲是田园综合体开发的重要内容，在其主导下，合理地开发与之相适应的不同类型、不同层次、不同规模的乡村旅游产品，使其成为整个田园综合体的重要吸引点，撬动乡村旅游市场。各个乡村旅游休闲项目之间通过有机组合而成若干条旅游线路，串联起田园综合体的各个圈层。

乡村旅游休闲项目可融合乡村观光、游乐、休闲、运动、体验、度假、会议、养老、居住等多种旅游功能，打造特有的"田园综合旅游休闲"，如开设休闲垂钓、农场动物园、采摘、农事体验等乡村旅游项目。在具体开发中，可根据各自地脉、文脉等具体情况，侧重打造其中某一项或几项功能，形成各具特色的乡村旅游休闲项目，从而带动整个区域的发展。

3. 配套+支撑点

结合乡村生态环境、生态景观等优势，分期、分步、合理地建设生态化乡村休闲度假酒店、乡村特色商业街、乡村MALL等商业业态，综合性地体现生活、休闲、购物、娱乐等多项功能，为整个区域提供较高品质的服务。

4. 核心+盈利点

田园综合体中的乡村度假要以生态化的乡村环境为导向来打造，主要指各类有居住功能的乡村休闲度假设施，如特色民宿、康养主题度假酒店等，发展中要融入低碳、环保、节能、科学、高效等现代化理念。

(七)模式选择

1. 优势特色农业产业园区模式

该模式是以本地优势特色产业为主导,以产业链条为核心,从农产品生产、加工、销售经营、开发等环节入手,打造优势特色产业园区,以此为基础,带动形成以特色农业为核心的农业产业加工型综合体。

2. 文化创意带动三产融合发展模式

该模式是以农村一、二、三产业融合发展为基础,依托当地乡村民俗和特色文化,推动农旅结合和生态休闲旅游,形成产业、生态、旅游融合互动的农、文、旅融合的综合体。

3. 都市近郊型现代农业观光园模式

该模式是利用城郊区位独特优势,以田园风光和生态环境为基础,为城乡居民打造一个贴近自然、品鉴天然、身心怡然的聚居地和休闲区,领略和感受农耕文明和田园风光,形成一个以休闲体验为主要特色的生活型综合体。

4. 农业创意和农事体验型模式

该模式依托当地农业生态资源。创新乡村建设理念,以特色创意为核心,传承乡土文化精华,打造青年返乡创业基地和生态旅游示范基地,开发精品民宿、创意工坊、民艺体验中心、艺术展览等特色文化产品,开发形成新产业新业态,构建以乡土文明和农事体验为核心的创意型综合体。

(八)注意事项

(1)田园综合体应当是一种有质量、有品位的有效供给,在精而不在多,只有精品才会吸引人。发展田园综合体要保护好土地资源,不宜遍地开花。

(2)发展建设田园综合体存在一个条件适应性的问题,不是什么地方都可以建设田园综合体。应选择"得天独厚"的地方建设田园综合体,最大限度发挥区域的比较优势,最大程度吸引消费者前来消费。田园综合体应该拥有乡村地最美的田园,是乡村的形象名片。

(3)田园综合体,生于田园、长于田园,展现的是田园之美。建设田园综合体要坚决防止大拆大建的所谓"宏大叙事",更不能借机搞变相的房地产开发,毁了田园的原汁原味之美。

(4)田园综合体建设必须坚持规划先导、规划引领、规划管控。把规划控制在一定的尺度范围内,对建什么、怎么建、建到什么程度等,都有一个合理的界定和限制,决不能放任自流。

(5)要彰显特色,避免过于同质化,要从自然和人文两个方面入手,进行个性化的展示,具体内容做到"人无我有、人有我优、人优我特、人特我创"。

(6)建设田园综合体要"以农民合作社为主要载体,让农民充分参与和受益"。田园综合体建设不能搞指令性计划和"拉郎配",把市场行为变为政府行为,任意大建大造。

(7)联动发展,杜绝短期行为。

第五章 乡村旅游规划

第一节 关于旅游规划

一、缘起与概念

从"规划"说起,规划,规者,有法度也;划者,戈也,分开之意。字面意义可解释为筹划和比较全面的长远的发展计划。进一步衍生说,规划是个人或组织综合多方面因素制定的符合个人或组织意愿的长远的、整体的、长期的发展计划,是对事物未来发展的一种构想并且制定相应的行动方案。规划具有综合性、系统性、时间性、强制性等特点。规划是实际行动的指导,因此目标必须具备确定性、专一性、合理性、有效性及可行性。

从社会经济发展的角度,规划分为产业规划和形态规划两大类别,产业规划是形态规划的前提和基础,形态规划会促进或影响产业规划。按内容性质分,规划分为总体规划和专业规划。按管辖范围分,有国家发展规划、地方发展规划,以及机关、企事业单位的部门发展规划等。

旅游规划是社会经济规划的一种,是旅游业发展的产物。最早起源于20世纪30年代中期的英国、法国和爱尔兰等国。最初旅游规划只是为一些旅游项目或设施做基础的市场评估和场地设计,如为饭店或旅馆选址等。在20世纪50年代,政府意识到旅游虽能带来可观的经济效益,又会带来不良影响,一些国家、地区的规划中已开始涉及旅游。其中,具有较完整的旅游规划形态的是1959年的《夏威夷州规划》(*State Plan of Hawaii*),可被看作是现代旅游规划的雏形,它是区域规划的重要组成部分。20世纪70年代以后,旅游规划被许多国家、国际组织所认同和重视。

中国旅游规划研究起步于地理学家对旅游资源的调查、分类与评价。20世纪90年代后,旅游规划转向市场条件下旅游目的地的开发和旅游产品的设计。经过多年旅游规划实践,对于旅游规划的概念基本达成共识,即旅游规划是对未来旅游发展状况的构思和安排,是融合多利益主体看法而组织制定的旅游全面长远的发展计划。旅游规划是对旅游目的地未来发展的一种设想，通过制定不同的计划，如旅游目的地未来市场定位、未来市场目标定位、旅游产品策划、旅游空间发展模式等的系列方案，从而实现旅游目的地未来发展的构想，以追求最佳社会效益、经济效益和环境效益，实现旅游的可持续、高质量发展。

二、旅游规划的划分

旅游规划属于区域社会经济发展规划中的一部分，其目的是科学分析与旅游目的地发展相关的各类系统，通过明确主题有效提升旅游目的地竞争力，对未来旅游发展进行合理安排。由于具体需求不同，可分为不同类型。

（1）根据规划范围和政府管理层次，分为全国性、区域性和地方性旅游发展规划。其中，地方性旅游发展规划又可分为省级、地市级、县级和村镇级旅游发展规划等。另外，在县级和村镇级层次中还会有旅游区规划、度假区规划、旅游地的土地利用规划和旅游景观工程设计等。

（2）按规划时期划分，可分为短期规划、中期规划和长期规划。

（3）按照规划层次可以分为旅游概念性策划、旅游总体规划、控制性详细规划、修建性详细规划等。

三、旅游区规划类型及内容要求

（一）旅游概念规划

旅游概念规划是旅游规划发展到一定的阶段，由城市与区域规划引入，借鉴概念规划的设计理念，并与旅游规划结合，同时赋予其特殊旅游规划色彩的新型旅游规划模式，是集宏观性、全局性、战略性、前瞻性、创新性、操作性为一体的规划，是从未来学和发展观的角度，在注重"规划"与"研究"并重的基础上，通过综合、全面分析规划区的背景与发展条件，最终对规划区的关键问题、特殊思想、特有理念、核心主题、阶段目标与主体战略等内容在宏观把握、中观引导、微观指导的三个层面上，对规划区未来旅游业发展在结构上、整体上的战略构思谋划。

概念性规划的主要内容包括发展背景认知与区域特征分析；特殊理念识别与特有思想梳理；关键概念提取与主题形象提升；规划目标界定与产品开发定位；发展战略选择与空间构架部署；概念分区支撑与意象设计解码；发展模式生成与旅游策略选择等。

（二）旅游总体规划

旅游总体规划又称旅游综合规划，是在旅游资源调查评价的基础上，根据国家方针政策和国民经济发展需要，综合分析旅游区资源特点和社会经济技术条件，提出旅游区发展战略；确定旅游区的性质；划定旅游区和风景区的范围及外围保护地带；划分景区和其他功能区；制定保护和开发利用风景名胜资源的措施；确定旅游区的接待容量和游览活动的组织管理措施；对风景区的总体布局、绿化、交通、水电、旅游服务设施进行统筹安排、全面规划；进行总体投资预算和效益分析；进行环境经济及社会影响评价分析。

旅游总体规划的任务是分析旅游区客源市场，确定旅游区的主题形象，划定旅游区的用地范围及空间布局，安排旅游区基础设施建设内容，提出开发措施。旅游总体规划也常包括某些专题规划（或称部门规划）的内容，如旅游资源调查、评价和开发，客源市场调查、分析和规划，旅游线路设计和规划，旅游商品设计规划，旅游环境保护，旅游管理和人才培训计划等。旅游总体规划是与旅游部门规划对应而言，它具有全局战略性，对景区内各景点及具体建筑项目不做详细规划。

旅游总体规划的内容主要包括对旅游区的客源市场的需求总量、地域结构、消费结构等进行全面分析与预测；界定旅游区范围，进行现状调查和分析，对旅游资源进行科学评价；确定旅游区的性质和主题形象；确定规划旅游区的功能分区和土地利用，提出规划期内的旅游容量；规划旅游区对外交通系统的布局和主要交通设施的规模、位置；规划旅游区内部的其他道路系统的走向、断面和交叉形式；规划旅游区的景观系统和绿地系统的总体布局；规划旅游区其他基础设施、服务设施和附属设施的总体布局；规划旅游区的防灾系统和安全系统的总体布局；研究并确定旅游区资源的保护范围和保护措施；规划旅游区的环境卫生系统布局，提出防止和治理污染的措施；提出旅游区近期建设规划，进行重点项目策划；提出旅游总体规划的实施步骤、措施和方法，以及规划、建设、运营中的管理意见；对旅游区开发建设进行总体投资分析等。

（三）旅游区控制性详细规划

旅游区在开发、建设之前，原则上应当编制旅游总体规划。小型旅游区可直接编制控制性详细规划。旅游区控制性详细规划是指以旅游总体规划为依据，详细规定旅游区内建设用地的各项控制指标和其他规划管理要求，为区内一切开发建设活动提供指导，使旅游设施、旅游项目落实到空间用地上的统筹活动，使得旅游总体规划得到深化和具体化，是近期规划的具体化，是对旅游区局部地段或某项工程进行规划设计的战术性布局规划，是旅游各项建设工程设计的重要依据。

控制性详细规划的主要内容包括详细划定所规划范围内各类不同性质用地的界线；对规划区范围内的旅游项目、旅游设施、房屋建筑、园林绿化、环境卫生和其他公共设施做出具体布置；规定各类用地内适建、不适建或者有条件地允许建设的建筑类型；划分地块，规定建筑高度、建筑密度、容积率、绿地率等控制指标，并根据各类用地的性质增加其他必要的控制指标；规定交通出入口方位、停车泊位、建筑后退红线、建筑间距等要求；对各地块建筑的体量、尺度、色彩、风格等的要求；确定各级道路的红线位置、控制点坐标和标高等内容。

（四）旅游区修建性详细规划

对于旅游区当前要建设的地段，应编制修建性详细规划。旅游区修建性详细规划的任务是在总体规划或控制性详细规划的基础上，进一步深化和细化，用以指导各项建筑和工程设施的设计和施工。

旅游区修建性详细规划的主要内容包括综合现状与建设条件分析；用地

布局；景观系统规划设计；道路交通系统规划设计；绿地系统规划设计；旅游服务设施及附属设施系统规划设计；工程管线系统规划设计；竖向规划设计；环境保护和环境卫生系统规划设计等。成果包括规划设计说明书、图件（包括综合现状图、修建性详细规划总图、道路及绿地系统规划设计图、工程管网综合规划设计图、竖向规划设计图、鸟瞰或透视等效果图等）。图纸比例一般为1∶500~1∶2000。

第二节　乡村旅游规划概述

一、概念、特征与属性

（一）概念

乡村旅游规划通常是指根据某一乡村区域的旅游发展规律和具体市场特点而制定目标，以及为实现这一目标而进行的各项旅游要素优化分析后的统筹部署和具体安排，是对未来乡村区域旅游发展的科学谋划。其实质是根据市场环境的变化情况和可持续高质量发展要求以及乡村振兴的目标与要求，对与乡村旅游发展有关的生产要素进行科学合理优化配置的方案。

乡村旅游是一种特殊的旅游形式，乡村旅游规划也是旅游规划中的一种特殊类型。实践中乡村旅游应该顺其自然、顺应潮流，做到既能持续地吸引游客、做大市场，又能使乡村地区在传承传统生活方式和文化的基础上进一步发展起来，带动产业融合，成为乡村振兴的重要抓手之一。乡村旅游让乡村越来越美，使其成为城乡居民向往的宜居之地；吸引百姓参与让居民富起来，通过城乡交流进一步消除城乡居民生活差距，让乡村更文明，百姓更幸福。

（二）特征

1. 地域性与综合性

乡村旅游规划是针对某一特定乡村区域制定的，要符合区域社会经济阶段及发展需要，要符合区域乡村旅游资源特质及利用要求，要符合区域社会文化特征。乡村旅游规划适用且仅适用于规划地，体现了规划地与其他区域规划的差异，具有鲜明的地域特征。

乡村旅游活动本身就是一项综合性的社会经济活动，涉及吃、住、行、游、购、娱等方面。乡村旅游发展到乡村各个方面，更涉及乡村居民的生产与生活，发展乡村旅游的目标之一就是促进乡村综合产业发展，保护乡村的绿水青山，增加农民的非农经济收入，因此规划发展乡村区域的乡村旅游，不能只孤立地研究规划旅游，要把旅游融合到区域社会经济发展中。

发展乡村旅游要学会借力发展，走融合发展之路。发展乡村旅游需要文旅融合、农旅融合、体旅融合、康旅融合；要积极有效借助公共服务设施、文化服务设施；需要借力乡村农业生产、公共文化建设等已有的基础设置。同时通过乡村旅游推动文化事业和农业产业发展。

乡村旅游发展规划的编制需要考虑的因素、因子很多，如地理、历史、文化、建筑、园林、农业、村落、文化、民俗、交通、经济、居民、投资等，而且要善于把各种因素综合起来，体现出极强的综合性。

2. 战略性与科学性

乡村旅游规划服务于乡村地区旅游发展，要为乡村发展提供路径、方案及措施，实践跨度大，涉及部门及产业多，服务对象明确。规划中要有充分的调研、研究、分析，要有科学依据，不能胡编乱造。

3. 目的性与主题性

乡村旅游规划立足于对规划地的科学分析和对未来乡村旅游发展的合理安排，规划目的十分明确，且乡村旅游规划的目标具有多重性，如时间目标、功能目标、协同目标、保护与生态目标、效益目标等。

乡村旅游规划的主要目标之一是提升乡村旅游地的竞争力，为此要围绕乡村旅游的系列主题展开，通过规划设计，让乡村最具特色的优势特征展现出来，形成一个鲜明的乡村旅游主题，对游客产生强烈的吸引力。

4. 技术性与协调性

乡村区域面积大，更涉及农业生产、村庄发展、土地利用、村民生产生活等，在编制乡村旅游规划时要涉及美学景观技术、地理信息系统、土地测绘、经济运行分析、环境调查等内容，乡村旅游规划编制中具有明显的技术性。

乡村旅游规划属于地方社会经济发展规划的组成部分，从纵向看，乡村旅游规划要服从上位规划，如地方社会经济发展规划、国土空间规划、城乡发展规划、村庄规划等；从横向看，乡村旅游规划与农业、土地、水利、交通、电力、社区发展等专项规划有着密切联系，并具有一定的互补性。因此，乡村旅游规划编制具有鲜明的协调性特征。

5. 对规划师综合素质要求高

承担乡村旅游规划编制的人员，要有扎实的专业基础和良好职业操守，要热爱乡村，要博学且能融会贯通，要有真知灼见和高超的分析、综合和提炼能力，还要有强烈的社会责任感和职业责任心。

承接乡村旅游规划的人员与其他规划人员相比还应具有激情，要善于发现，易于感动，能在感动中产生联想，在联想中提炼出精华，从精华中生发出创意爆点。

（三）属性

乡村旅游规划能有效整合乡村各类资源和力量，促进乡村地区旅游产业与乡村区域的其他产业较好地协调融合发展，可调动乡村的人力、物力和财力等各方面因素，实现多方共赢。可持续高质量发展的理念贯穿其中且可落地的乡村旅游规划，能在实践中发挥积极作用，通过产业发展，促进乡村经济发展和环境建设，让乡村越来越美，农民越来越富，促进社会和谐，提升乡村文明，实现乡村振兴。

（1）乡村旅游规划不仅是一个技术过程，也是一个决策过程。

（2）乡村旅游规划不仅是一种科学规划，更是一种落地性的规划。

（3）乡村旅游规划不仅是一种政府行为，也是一种社会行为，还是一种经济行为。不仅要求政府参与，而且规划工作还要有未来的经营管理人员参与，并与当地群众、投资方相结合。

（4）乡村旅游规划不是静态的和物质形态的蓝图式描述，而是一个过程，一个不断反馈、调整的动态过程。规划文本仅是这个过程的一个初始阶段，即目标的确定和指导性意见。面对未来的种种不确定性，乡村旅游规划必须采取弹性的思想和方法，应该秉持一种"全程规划"理念。

二、乡村旅游规划分类

参考《旅游规划通则》，乡村旅游规划基本可分为两类，即乡村旅游发展规划和乡村旅游开发建设规划。

（一）乡村旅游发展规划

乡村有区域性，乡村发展同样涉及不同的层级。乡村旅游是区域旅游发展的重要组成部分，因此可分为省、市、县、乡（镇）及村或部分跨行政区域的规划。主要内容是确定旅游业在该乡村区域内的产业地位、发展目标、发展阶段、总体形象、资源品位、市场定位、总体布局、主导产品、旅游基础和服务设施建设、发展旅游业的战略措施和保障体系。

从国际经验看，国家级旅游及乡村旅游规划的基本内容都是确定总体发展目标并制定发展战略和实施政策。在总体规划框架下可能会有一些专题规划。国家级规划的一个共同关注点是经济问题，其中一个常见的内容是划定开发区，目的是创造就业、改善地方经济状况、提高知名度、支持环境保护、资助和指导基础设施开发建设。国家级旅游及乡村旅游规划的另一个重点是市场营销，市场营销的目的之一是促进国际交往与加强国际友谊。

地区级，即省市级。其乡村旅游规划的内容更具体侧重于某些发展问题，对具体地提出某些具体要求，如乡村旅游对地方经济特别是乡村发展、在地就业的影响，交通系统、供水、供电等公用及基础设施的建设情况，乡村旅游与区域旅游发展的关联及空间布局，地方的宣传、市场营销，特别是乡村旅游产品及品牌建设等。省级规划针对具体地区，规划中会有一定程度的公众利益的介入，因此会寻求国家和地方利益的平衡，带动地方乡村整体发展。

地方级，包括市县、乡镇、村级。其旅游规划侧重旅游资源、基础设施、服务要素等的具体安排，会涉及具体开发项目的控制及游客管理，会针对乡村旅游发展中的一些矛盾及问题展开研究并提出解决方案。这一级规划被视为最能具体有效实施土地使用政策和相关开发与活动空间分区规定。这一层次的规划更可能有可执行的法律体系保障其实施。同时规划战略是否符合实施要求要根据地方情况来判定，因为各方面的影响在地方感觉最为突出，也只有在这里，公众才会对旅游开发做出反应，有些开发指标在这里才能量化出来。控制与管理是这一级规划中重要且独有的功能。

基于社区的乡村旅游发展规划，是一种旅游开发模式，由乡村社区拥有和管理，共担风险和共享收益。通过合作每个成员都参与其中，或者以项目为依托，社区参与，或全员、或全职、或兼职参与或受雇到项目中。还有的是基于乡村社区的旅游项目由社区或家庭或外部企业合资开发，这样可以借用外部的商业技能弥补当地在乡村旅游方面的不足。

（二）旅游地发展建设规划

乡村旅游建设规划包括乡村旅游区、旅游点和旅游设施的规划，参照旅游规划，可进一步划分为概念性规划、总体规划、控制性规划和修建性详规等。

有的地方依托乡村社区发展乡村旅游，会把村庄规划与旅游规划结合。值得注意的是，村庄规划，特别是村庄建筑设计替代不了旅游规划，无论是村庄改造还是新建，不能把村庄改造规划等同于乡村旅游建设规划。但是如果要依托村庄发展乡村旅游，需要在村庄规划中融入旅游要素，预留出旅游发展的空间。乡村旅游规划则要主动服务乡村建设，在规划中充分利用村庄资源，包括空间、设施设备以及公共服务体系，并叠加文化内容，让空间活起来、动起来，让村民参与进来，把乡村资源转变为乡村旅游发展的资本。

三、乡村旅游规划遵循的基本原则

乡村旅游规划所要考虑的内容包括乡村目标旅游市场需求、资源约束、社会宏观条件、经济条件等问题。乡村旅游规划需要把乡村的产业、土地利用、乡村景观等进行统一规划，把乡村旅游纳入区域发展大格局。在具体规划中，应注意导入产业资源，文旅 IP、运营管理机构，有效利用乡村资源，最大限度地市场化运作，最有效地保护生态环境，最大效率提高经济效益。由于乡村的特殊性，在编制乡村旅游规划时，需要遵循一些基本的原则。

（一）环境保护与和谐生态原则

环境保护、生态优先是全球社会经济发展的要求和趋势。乡村旅游规划是一种技术"产品"，对乡村旅游发展发挥着重要作用。因此无论何种类型的乡村旅游规划，都应具备生态化特征，在规划中强调对乡村原生环境和乡土文化的保护，承担并发挥保护生态及文化多样性的责任。

乡村旅游规划要把系统论和生态学、景观学及文化多样性等相关理论和原理运用到编制中，最大限度地对乡村旅游发展涉及的生态环境及文化多样性进行保护。

在乡村，自然与自然、自然与人之间存在并保留着和谐的生态关系，体现出自然与自然、自然与人的和谐美。乡村旅游规划应保护、保持这种和谐之美，要尽可能避免因发展乡村旅游对乡村环境及乡村文化，特别是文化多样性造成的不利影响。乡村旅游规划要尽量保留自然特色，若无绝对必要则不改变原貌或增加建筑物，避免大兴土木，不得改变土地用途。涉及景观设计时，要运用整体论的观点，尽可能保持乡村景观的原始性、完整性、统一性和和谐性。

（二）乡土特色与主客共享原则

乡村性是乡村旅游规划的基本要求，在乡村旅游规划中，要保持好乡村性，突出乡土特色，具体来说就是在规划设计中要体现野趣天成、返璞归真的灵性，无论是建筑提升美化、植物景观配置等，都要强调多样性和稳定性，注重当地农耕文化和民宿文化的展示,切忌照搬照套。

在保持乡村性和乡土特色的同时,要注意把游客休闲旅游等需求与居民生产、生活需求有效联动,形成良性互动。乡村旅游地的村庄是村民的生活聚居区,通过发展乡村旅游建设现存家园是民心工程,利用好美丽家园发挥更大效益,是居民的期望。游客到乡村旅游,体验乡村生态是他们的重要动机之一,生活体验没有村民的支持和参与就是无源之水、无本之木,游客的乡村旅游活动又不能完全照套村民生活,游客的旅游活动需要舒适,需要高于生活。要满足游客的需要,需要把乡村建设得更美、更舒适,这也是村民提高生活质量的要求。

(三)因地制宜、兼顾效益,可持续发展原则

乡村旅游规划要充分考虑原有的农业产业基础和区域经济发展水平,充分利用原有条件,因地制宜搞好基础设施建设。要结合所处地区的文化及人文景观,规划出符合地方旅游发展的乡村旅游业态,开发出具有地方特色的旅游产品,实现乡村旅游的社会、经济、生态效益,服务乡村发展,助力乡村振兴,实现乡村旅游可持续发展。

(四)突出重点、营造主题、培植精品,高质量发展原则

现代乡村旅游发展遵循"绿色、安全、生态"的发展道路,乡村旅游规划要综合分析研究乡村与市场,通过农、文、体、旅有机融合,突出本地特色,营造出乡村旅游的核心主题,围绕主题,规划培植具有生命力的乡村旅游精品项目、精品产品、精品活动,让游客满意、村民满意、投资方满意,不断创新走高质量发展之路。

四、规划内涵要求

(一)通过乡村旅游规划做大产业,围绕主题、突出重点,形成产业链

乡村旅游产业链主要有从事农业生产的第一产业、农产品加工的第二产

业和以休闲旅游度假等为主要形式的第三产业。以龙头企业为主体，通过纵向一体化来建设完整的产业链条，达到责任明确、利益清楚、交易成本降低的效果。所以以休闲旅游龙头企业组建形成产业链最为合适。

（二）规划中围绕主题做足文化

文化是乡村旅游项目必不可少的内涵，农耕文化和民俗文化作为人类文明和历史的载体，在休闲农业与乡村旅游中起到了很重要的作用。

（三）注入科技（数字科技、农业科技），培育精品

现代科学技术对人们生产、生活的影响越来越大，特别是以互联网为代表的数字科学技术在人们的生活中扮演着越来越重要的角色，人们的生活已离不开数字科技。乡村旅游发展依托的农业也越来越受到科技的影响，农业科技在乡村产业发展中同样发挥着越来越重要的作用。因此，乡村旅游规划要把数字科技、农业科技等先进科学技术引入并运用到现代乡村旅游发展中。在产业联动、业态创新、消费升级、产品更新及市场拓展中发挥科技的力量与作用，通过科技支撑，培育出既适应市场又能推动乡村发展的精品。

（四）强化创意创新，提升乡村的品质、效率及附加值

现代乡村旅游发展中盲目跟风、经营项目单一、同质化发展的路子已经行不通。乡村旅游要获得成功必须要有创新的思维和能力，乡村旅游规划也不例外。乡村旅游创意包括很多种，如主题创意、景观创意、节庆活动创意、体验活动创意、旅游商品创意、特色业态及产品创意等。在乡村旅游规划中，要融入创意元素，用多元手法，在规划和未来实践指导中实现通过乡村旅游提升乡村品质、效率及附加值的作用和功能。这样也才能让更多的部门、企业和更多的人参与到乡村旅游中。

（五）社区及村民参与

乡村旅游要营造一个社区，渲染一种与乡村居民心相印、手相牵的生活

氛围。乡村旅游实现可持续发展、成为乡村振兴重要抓手的关键在于当地居民是否能够真正认知乡村及自己的文化价值，能否成为当地绿水青山的保护者、乡土文化的传承者。要实现这个目标，需要社区参与，让所有村民参与到乡村旅游发展中。乡村旅游规划者需明确，社区全面参与是乡村旅游发展的内生动力，也是衡量乡村旅游发展水平的重要标志之一。在乡村旅游规划中让社区民居参与到乡村旅游发展的各个阶段、各个层面。从个体参与到群体参与、组织参与，逐步实现全体参与。

让村民从规划阶段就参与到乡村旅游发展中，清楚他们在乡村旅游发展中的权利与义务。在规划中反映村民的想法和对旅游的态度，在下一步规划实施中可有效减少村民的反感情绪，让村民能主动参与到乡村旅游发展中，达到通过乡村旅游带动乡村发展，助力乡村振兴的目标。

（六）突出"乡村性"，用好乡村遗产突出"乡愁"文化

乡村性产生于乡村的日常生产、生活等社会实践，是在生产、生活和生态环境等方面不同于城市的乡村性表征。乡村性的本质是乡村人所创造的乡村文化。这种文化它体现在有形和无形两个方面，有形的乡村文化表现为乡村的建筑、服饰、食品、田野、果园、环境等物质方面，无形的乡村文化表现为乡村的风俗、风情等精神方面。从需求角度看，乡村性是乡村旅游的核心吸引力，反映了城市居民回归自然、释放自我的心理需求以及对乡村宁静、休闲、淳朴生活的向往。因此乡村旅游规划必须要突出"乡村性"。

乡愁凝聚着对故土的眷恋，对故人的怀念，对往事的回眸，对人生的回味。乡愁是一种情愫，也可以说是岁月的痕迹。一个人离开一个地方，不管时间长短，往往对所处过的环境、接触过的人、经历过的事，都会不经意地回想或重现。乡愁是物质的，更是精神的，是精神文化层面的情感代码。乡村旅游规划编制中，要认真分析研究规划地的乡愁构成维度，即地理、历史（时间）、文化和心理，在乡村旅游地规划设计中实现传统中融入时尚、传承中体现时代、体验中实现消费。

(七)展示乡村生活

从生态文明的消费观来看,乡村生活是一种符合生态文明要求的另一种幸福生活模式。从生态文明建设看,乡村低成本、低消费、低能耗的幸福生活模式,恰恰是需要倡导的新生活方式。

(八)体现乡村旅游作为"经济产业"与"幸福产业"融合发展的要求

现代旅游被视为一种能提高生活质量和舒缓工作压力的休闲活动,体现了对精神和品位的追求。旅游和人民生活水平提高有着密切的关系,在中国,旅游、文化、体育、健康、养老被誉为"五大幸福产业"。"幸福产业"的定性,使得旅游业的属性由传统的经济产业拓展为关乎广大人民群众生活质量和幸福指数的民生产业、惠民产业。"幸福产业"不仅是"产业",更要"幸福"。因此乡村旅游规划与相关设计既要有经济效能,使乡村旅游成为乡村经济发展先导产业,有游客消费的项目、产品和商品,成为乡村居民增收的重要路径,更重要的是,要能满足城乡居民对美好生活的追求。乡村旅游规划要充分考虑游客从旅游向休闲、体验、度假、生活发展的趋势,要把乡村旅游业打造成为让人民满意的幸福产业。

第三节 乡村旅游规划思路及技术路线

一、乡村旅游规划思路

(一)明确区域乡村旅游定位与发展目标

1. 定位

乡村旅游开发要兼顾乡村区域以及周围地区的经济目标、社会目标、环境目标,不同的乡村区域要有所侧重,要依据不同的乡村旅游条件与基础,对乡村旅游发展进行不同的定位。

乡村旅游规划前期,要确定乡村旅游发展定位,明确规划的主题,确定差异化发展目标,利用旅游的引擎功能,在乡村形成发展引爆点。根据定位,确定开发规模、基础设施和旅游设施建设要求等。固化支撑发展定位及主题的项目体系,明确各主体形象、特色、功能、效应、效益以及运营主体的责任。

2. 目标

发展乡村旅游促进乡村产业振兴,最终目的是实现生活富裕,而两者的实现途径就是城乡融合,让城里人来乡村消费,这种消费包括生产丰度、生活广度、生命高度等不同层次,因此乡村旅游规划设计要立足于五大目标:产业兴旺、生态宜居、乡风文明、治理有效、生活富裕。在乡村旅游规划中注意乡村旅游与村庄建设、生态农业发展、农业科技运用、创新创业的结合。通过乡村旅游推进业态融合与产业集聚,吸引更多的人参与到乡村旅游发展中,形成经营主体多元化、旅游项目及产品品牌化、基础服务设施现代化、经营服务规范化、产业联动、住客满意等目标。

(二)统筹五个维度

乡村旅游规划需要基于深入的科学研究而进行。乡村旅游规划研究涉及地理、生态、经济、文化、管理、心理、社会等多个学科内容,在规划前期要进行相关知识的研究,把最新的研究成果运用到具体规划中。同时统筹好五个维度。

1. 生态维度

乡村旅游规划,特别是具体项目规划必须在生态文明建设要求下,结合当地自然和文化生态环境保护现实情况,整合规划区域内生态系统,把乡村旅游归属到生态产业体系中,成为乡村生态产业链中的核心环节。

2. 经济维度

发展乡村旅游的主要目的之一是促进乡村产业发展,形成乡村经济发展的引爆点和增长点,让村民增收,促进地方经济发展。因此在乡村旅游规划中要对乡村旅游投资效益做出合理设计及评估，规划村民参与的路径、方式及增收渠道，对具体项目提出合理的运营手段，为综合提升乡村区域经济发展水平奠定基础。

3. 文化维度

乡村文化涉及地理、历史、生产方式、生活方式及心理等因素，乡村旅游规划要在对规划区域及周边地区的文化进行深度梳理和研究的基础上，与现代游客旅游文化及行为趋向（如休闲娱乐文化、养生度假文化、体验学习行为等）进行对接，从中提炼构建乡村旅游发展的文化支持体系和适应发展构架，提出发展主题，策划出具体支撑项目及市场营销活动。

4. 社会维度

发展乡村旅游的目标不仅是为城市游客提供旅游休闲、度假康养目的地，更深层次的要求是促进乡村发展，助力乡村振兴。因此发展乡村旅游不仅要重视经济效益，更要重视社会效益，特别是重视乡村精神文明、民族团结等方面的促进效益。

5. 消费维度

发展乡村旅游要吸引游客到乡村消费，可以说没有城市游客消费，乡村旅游不可能持续发展，因此，乡村旅游规划需要围绕游客消费需求及消费方式等进行相关规划设计。

（三）协调参与主体

乡村旅游发生在乡村，乡村旅游的发展需要各方参与并形成合力才能发展起来。

乡村旅游发展需要当地政府的引导和支持，但仅靠政府是不够的。乡村旅游发展没有当地社区及村民的参与是不行的，由于各种客观原因，乡村旅游发展还需要资金，需要有能力有情怀的企业家参与到乡村旅游发展中，同时还需要运营管理的运营商参与，需要各类型的创业者的加入，最关键的是要有游客埋单，让游客高兴而来满意而归，因此，乡村旅游规划时需要认真分析研究乡村区域发展乡村旅游可能涉及的政府及相关部门、社区及村委会、相关合作社、投资企业或创客、第三方经营企业、村民以及乡村游客等各类主体的主要诉求，对各方的责权利进行协调整合。

（四）通过"六动"实现乡村"八好"

这里所谓的"六动"是指：政府策动、产业拉动、文化驱动、城乡互动、周边联动和全民行动，让乡村好看、好吃、好玩、好购、好住（度假、旅居）、好学（游学、研学、乐学）、好养（养生）、好创（创业、创新）。

（五）把握"五度"

（1）资源认知度。资源是乡村旅游规划开发的基础，对乡村资源必须有客观的认知（包括资源的代表性、丰富度、丰满度、影响力等）。

（2）定位精准度。乡村旅游要有一个文化性主题，这个主题的定位与乡村的核心吸引力是一致的，且是产品和业态的依托，对市场区域和人群才有吸引力和感召力。

（3）发展成熟度。即乡村的可进入性、市场培育的成熟度、管理服务水平等。

（4）政府掌控度。在凝聚共识基础上，政府主导，部门联动，市场运作，居民参与，有组织、有计划、有步骤地推动。

（5）规划科学度。规划是乡村旅游发展的统领和抓手，立足品质做规划，需要用活乡村的旧屋、河道、果林、菜园等素材，而不是城市化的照搬照抄。要按照村庄原有的脉络进行梳理，策划新产业，引进新思想，要创新产业规划设计，打造合理的乡村空间格局、产业结构、生产方式和生活方式，促进乡村人与自然和谐共生，让更多人爱上乡村。

二、乡村旅游规划技术路线与行动主体

（一）技术路线

乡村旅游规划的技术路线是指研究和进行该规划实践所遵循的规划程序、

规划任务、规划技术与方法、规划标准，以及确定具体内容体系的思路、原则和依据等。

乡村旅游规划的技术路线主要包括：

（1）乡村旅游资源普查与重点调查，社会经济发展演变与环境调查。

（2）乡村旅游信息系统与仿真系统的建立，包括乡村旅游分类及统计学特征分析、乡村旅游图谱编制、乡村旅游要素动态与景观系统分析等内容。

（3）市场需求结构与消费特征现状分析与预测。

（4）对资源调查结果进行分析与评价，如资源的旅游价值及功能评价，环境的原生性评价，可达性及行为相融度评价，包括景观质量、吸引力、认知度、协调度及视觉美学等在内的乡村旅游质量评价，包括生态、视觉及建筑环境在内的敏感度评价等。

（5）乡村旅游演变及流程图。

（6）乡村旅游保护区域划分，其中包括乡村旅游主导特征与主导行为冲突分析、旅游价值功能的适应性评价以及乡村旅游可持续高质量发展的主要因素分析等。

（7）乡村旅游保护与开发规划目标。

（8）确定乡村旅游规划原则和规划层次类型、明确规划依据，根据相关规划技术标准，结合规划区发展目标进行重点区域、重点项目以及运营创新体系规划，提供必要的图件等。

（9）乡村旅游规划总体方案编制，以及方案的分析、评估、优化等。

（二）行动主体

乡村旅游发展涉及面广，在编制规划过程中要多方听取、征求意见。乡村旅游规划参与人员包括政府部门人员（如职能部门管理者、农业技术官员等）、多学科专家学者（乡村旅游发展涉及的学科包括农学、建筑学、地理学、考古学、历史学、生态学、旅游学、营销学等学科，另外还需要财务核算人员、规划师、建筑师、园艺师、农技师、规划师等的参与）、社区人员（包括村委会组成人员、不同年龄段村民代表等）、行业协会、研究机构、相关企业（如有意愿的开发商、旅游供应商、旅行社等）等。每一类参与人员在规划行动中都有相对独立的工作任务，同时又相互协调，形成一个整体。

例如，作为乡村旅游管理主体的政府及相关职能部门是制定和实施乡村旅游保护和开发规划行动的核心。专家学者在规划中是提供专业知识和专业技术的群体，不仅要参与规划的各个环节，还应为乡村旅游规划建言献策。社区及村民的参与体现乡村旅游发展的民主化和社会化，能提升规划的执行力。

行业协会、研究机构等能发挥其优势，通过沟通及咨询参与乡村旅游规划中，扩大影响及对外交流，推动合作发展。

企业的参与对乡村旅游发展起着积极的作用，企业的生产及经营活动直接影响乡村旅游的各个方面。企业参与乡村旅游要与自身的生产、经营活动相结合，改变传统的发展理念，把提高生产能力、提高产值、扩大就业等目标与乡村旅游资源保护及乡村旅游发展目标统一起来。

第四节　乡村旅游规划的主要内容

一、乡村旅游空间布局

乡村旅游空间布局是对土地及其负载的旅游资源、旅游设施进行分区划片的空间呈现。乡村区域功能区是进行乡村旅游空间布局的基础。

（一）乡村区域功能区

1. 生产区域

通常情况下，生产区域是乡村中面积最大的区域，是乡村经济发展的保障，更是乡村旅游发展的主要依托空间之一，是农旅融合发展的重点区域。

2. 居住区域

乡村居民居住区是村民生活的区域，是现存生活及乡村文化承载及展示的区域。居住区由于地域的不同称谓有所差异，但内涵都是一样的，是乡境、乡情、乡味、乡愁最集中的区域，是乡村旅游发展，特别是生活体验等活动的重点区域。村落、村寨是发展乡村特色业态的重要区域之一，也是社区参与的重要承载地。

3. 公共交流区域

公共交流区域主要指乡村村民的公共活动空间，有的分布于村落中，有的分布在村落外围。常见的有活动广场、节庆庆典活动区、乡村戏台、乡村图书馆、乡村展览馆文化馆、乡村公共文化空间等，主要为人们休憩、集会、交流及文化活动的空间。

4. 交通区域

与交通相关的区域，包括道路及其周边景观区域、停车场等。

（二）乡村旅游空间布局及功能区划分

通过对乡村区域背景的研究及分析，确定旅游点的名称、发展主题、形象定位、旅游功能、突破方向、规划设计、项目选址，将旅游要素合理配置到不同活动区域及空间中。乡村旅游空间布局应遵循以下规律。

1. 空间营造：点、线、面结合

"点"空间：乡村旅游中的"点"空间主要包括典型景观、景点，具体的点状景观不仅有特色建筑物、山石，还包括各类农业景观，如果园、果树、栽培蔬菜景观等，以及村落中散布的水井，传统农具石碾、石磨、筒车、辘轳、耕具等。"点"空间规划需要突显乡村意境，单点、双点及多点组合布局，注重游客观景的角度和舒适感，延长其在点状空间的停留时间，发挥点的核心吸引力作用。

"线"空间：乡村旅游中的"线"空间指连接各个"点"的路径及空间。合理的乡村"线"空间将各个乡村景点有机联合起来，能增强"点"的吸引力，满足游客"逛"的需求。"线"空间与交通空间对接，从空间上促进了乡村旅游资源的合理利用。乡村旅游"线"空间规划时，应注意道路两旁的防护篱、植物，其高矮、姿态、色彩的变化展现出不同的视觉效果。在街道两侧过渡地带可种植蔬菜或者果树，春天开花，秋天结果，使村落的街道景观更加具有田园风光。

"面"空间："面"是一个整体，最典型的如农业种植景观，大片的油菜花、桃花林、水稻田等都是以"面"空间形式展现的。"面"空间中包含了单点和线，因此，乡村旅游规划，从景观角度要做到面面结合、点面结合。从旅游活动的角度要注意点、线、面的结合，协调果树、蔬菜、高粱、稻田、麦田等不同农作物的色彩变化和尺度搭配。以农田的整齐韵律、果树的春华秋实、苗圃的郁郁葱葱、花卉的绚丽多姿构建景观的氛围。

2. 合理有效的功能分区

不同乡村区域发展乡村旅游的条件、发展目标、主体存在差异，如观光农园乡村旅游地的功能分区相对简单，综合型乡村旅游目的地的功能分区就相对复杂。因此，乡村旅游规划需根据实际情况确定，无统一标准，各分区组合也是多变的，无统一格局。

乡村旅游规划需要根据乡村社会经济状况、生态环境格局，结合地形、土壤、植被等条件，分析游客活动需求等内容，按合理的生态系统格局在遵循相应原则的基础上进行乡村旅游功能区划分。

（1）功能区划分原则

第一，在保持乡村原有景观相对完整的基础上，通过空间规划，处理好乡村旅游地各功能区的分割、过渡及联络关系。

第二，分析土地利用性质，进行项目布局，做到既便于生产管理又可生成不同的景观。

第三，追求科学、生态、艺术的结合，形成优美的景观格局。

第四，控制各功能区规模，围绕核心功能、突出个性特点进行具体布局。

第五，注意各功能区的联动。

（2）乡村旅游的主要功能区

①生产区

生产区主要指农业生产区，也包括部分农产品及特色商品生产加工区，其中农业生产区是观光农业的主体。

农业生产区通常分为种植和养殖两大部分。种植包括了果园、茶园、菜园等，既是农业生产区，同时也可成为游客乡村旅游的场所，可进行采摘、品尝、加工体验及旅游购物等多种活动。养殖分为水产养殖和畜牧养殖，包括鱼塘、特色鱼类养殖基地、猪牛羊等牲畜养殖场等，与种植基地一样，除核心生产职能外，经过精心设计与组织，也可成为乡村旅游活动的场所。

农产品加工及乡村特色旅游商品生产加工区同样具有双重功能，合理布局也可作为旅游参观、购物及活动体验的区域。

②展示体验区

如果生产区能全面开放，则无须另外规划展示体验区。如果生产区只能局部或定期对游客开放，甚至需要封闭生产，那就需要在外围设立专门的展示体验区。

展示体验区可布置该地区具有代表性的作物、商品等，安排专人讲解、示范。游客可以体验生产过程，并获得相关知识。条件成熟的，还可把展示体验区与电商平台结合，扩大宣传及影响力。

③观景游览区

规划中充分利用自然风景和人文景观，结合园林造景，将景观优美的地段建成专门的观景游览区。规划中应尽可能利用自然环境规划线路，利用原有乡村小道增设观景地及园林小景、小品，便于游客观赏乡村景观。还可结合农业生产，布置百果园、百花园等园林景区，种植具有地方特色的果树品种，可选择有代表性的普通品种及部分珍稀品种，让游人既饱眼福又饱口福。同时充分利用具有历史价值和地方特色的人文景观，建设游览点。

④农业、农耕文化区

乡村旅游中通过对传统农业的展览及对现代农业的宣传，可提高游人的环保意识及对农业可持续发展思想的了解，产生良好的社会效益。因此，在乡村旅游规划中如果有条件，可考虑建设农业、农耕文化区。

可设立传统农业及农耕文化的展览馆，用图片资料及实物、模型等形式展示当地的传统农耕文化，如农业生产方式、传统作物及传统农具等。

现代农业科技展览馆，主要介绍现代农业生产情况，宣传高新技术，尤其要从环保的角度宣传生态农业模式，让人们树立起珍惜资源、保护环境的农业可持续发展思想。

示范体验区，由农业科技示范、生态农业示范、科普示范构成，向游客传授农业知识，使农民获取先进技术和优良品种。

⑤游乐区

可结合前面四个区域规划设立，也可独立设立。游乐区内可安排民间少儿游戏、民俗表演等活动项目。

农事体验区。选择特定区域，让游客体验除草、种菜、摘瓜等农事体验活动。

郊游及露营空间。选择自然环境优美、安全及生活保障设施相对齐全的地区，为游客提供游憩休闲区，如果有水面、山坡、草地等，可根据实际情况，在保护生态及政策法规允许的前提下，设置安全设施后，开展划船、游泳、登山、骑马、露营等活动。

游戏空间。选择合适场地，布置滚筒、滚木、攀爬架等，形成乡村气息浓厚的少儿嬉戏场所。

文化展示与体验空间。结合乡村文化广场，用表演和游人互动的形式开展传统的民俗表演及民间游乐项目。

休闲娱乐区。设立专门场地，放养鱼类、野生动物，供游客垂钓、喂养或认养动物等。

⑥服务区

结合乡村建设，特别是村落的改造，选择交通便利、基础条件较好或临近乡镇中心区、临近核心乡村景观区的地方设立服务区。

服务区要围绕游客乡村旅游消费需求，布局相应的服务业态及设施，如吃、住、娱等业态设施。同时以主客共享的理念，布局公共服务设施，如医疗点、农贸市场、休闲场所等。

⑦管理区

管理区是相关管理人员办公、生活的地方，可单独分区，也可与服务区结合在一起。

二、乡村旅游景观规划

（一）乡村景观的组成及分类

乡村景观介于城市景观和纯自然景观之间，具体景观有：村落，包括民房、房前屋后林等；农田，包括耕地等；道路，包括农用道路、田间小道等；河流水系，包括自然河流、池塘等；树林，包括山林、灌木林、杂木林等；其他还有祠堂、石佛、石碑、石墙、洗衣场所、水井、水车、小木屋、晾晒稻子的架台等景观。综合起来可直接利用的景观类型有：

1. 乡村聚落景观

乡村聚落景观是完全有别于城市的乡村景观。乡村聚落中建筑体量相对较小，建筑密度低，建筑形式多以当地特色建筑形式为主，且建筑材料多以当地的石材、木材为主，房屋稀疏。乡村建筑大多会设置房前屋后的庭院，乡村氛围浓郁。

2. 乡村文化景观

乡村文化景观，于村庄而言，是村庄表面现象的复合体，它反映了该村庄在该地区的地理特征，以及在村庄整个发展历程中所形成的特有的地域文化，是人类活动的历史记录以及文化传承的载体，同时也具有重要的历史文化价值。

3. 乡村山水景观

山水是乡村直观且重要的景观，既可以独立成景，更是其他类型景观的依托及背景景观。乡村的自然山石、溪流、湖泊，人工的水库、池塘等，是乡村区别于城市的重要景观，更为游客活动提供了丰富的场所。

4. 乡村植被、植物景观

乡村植物景观是一个由自然生态环境、农耕文明形态、人文生态环境共同作用的生态共合体，它包括农田里的庄稼、果园里的林木、溪流边的杂草等，乡村植物景观就是一个地方地域特色的标签。

（二）乡村景观规划设计

1. 规划设计原则

（1）生态性原则

在乡村景观设计中应该严格遵守景观的生态原则，充分尊重乡村原始的自然生态环境。

（2）经济性原则

构成乡村景观的主要内容是经济结构。乡村是重要的经济单元，受到农业技术、自然资源、耕作方式等的影响，农业的粗放性一直是困扰乡村经济发展的重要因素。建立高效的人工生态系统，是乡村景观规划的原则和出发点。

（3）地域性原则

每个地区都有其特有的乡村景观，这些景观反映了乡村特有的地域特点。从自然景观来讲，必须保持乡村自然景观的完整性和多样性，乡村景观规划设计要以创造恬静、适宜、自然的生产生活环境为目标，充分尊重不同乡村地域的景观特性，展现当地农村风貌。从人文景观来讲，乡村景观规划设计要深入挖掘农村的文化资源，如当地的风土人情、民俗文化、名人典故等，通过多种形式加以开发利用，提升农村人文品位，以实现景观资源的可持续发展。

（4）融入性原则

在进行乡村旅游规划布局时要吸纳当地村落布局方式，建筑的设计要体现当地的风格，同时还要尊重村庄中现有的池塘、山坡以及植被状况，因地制宜地设计一些人工景观，尽量保持原汁原味的乡村景观形态。

2. 主要内容

（1）引景空间及景观规划设计

引景空间是指游客从外部空间进入主景空间之前实现预体验的特定空间，是连接惯常生活空间与旅游空间的缓冲地带。引景空间的作用在于营造氛围，让游客收回思绪、消除杂念，进入观景游览或体验的主体氛围。

引景空间的规划设计应针对主景及主体产生"引人入胜"的效果，要能吸引眼球但又不能喧宾夺主。同时要避免与主体无关的商业化景观。

（2）绿化与节点景观

合理利用绿水青山、田园、庭院，结合美丽乡村、文明乡村建设，对景点进行合理绿化与植物添景。在乡村旅游的一些节点区域，增加绿植、园艺，或具有景观价值的服务设施、环境小品，甚至是具有景观特色的垃圾容器等，让乡村处处是景、移步换境，让游客流连忘返。

（3）建筑景观

基本要求是"安全、卫生、适用、美观"，新建筑设计必须要与周边环境协调、材料要环保、空间要实用，且带有一定的时尚气息。

3. 基本要求

按照乡村历史文化保护规划的要求，落实制定传统建筑、庭院及古树名木保护范围和管理措施。控制乡村建筑主体造型、体量和风格，确保景观整体和谐。根据建筑风格，合理利用建筑材料和建筑色彩，确保乡村整体景观的和谐。充分利用乡村地形地貌，灵活组织建筑，提倡根据当地民居院落和街巷组织形式进行空间组合，避免城市小区建筑布局模式。

乡村旅游景观规划设计要严格遵守国家地方土地利用的法律法规，特别是"三条红线"的要求，合理高效利用土地。借鉴景观生态学理论，以保护生态环境、完善景观结构、建设生态工程、创造和谐人工景观为目的对乡村利用的乡村景观进行规划设计。在规划中注意以下要点：

（1）延续场所文脉

在规划设计中，注重反映不同乡村景观所对应的场所历史、延续场所文脉，使之成为构建新景观、体现场所独特性的一种方式。

（2）保存农业体验

乡村景观是人们感受乡村气息的重要载体，也提供着农业体验的重要作用。乡村景观规划设计不仅要体现休闲、游憩的功能，还应兼具教育的功能，也即满足亲子活动、乡村研学、团建等需求。

（3）借景田园风光

乡村广阔田野上斑斓的色彩、美丽的农田、起伏的山冈、蜿蜒的溪流、葱郁的林木和隐约显现的村落，都是乡村旅游景观规划设计的依托及主要内容。

（4）"斑—廊—基"景观联动规划设计

"斑—廊—基"即"斑块—廊道—基质"模式，是划分空间格局的常用模式，它是描述景观的一种"空间语言"。斑块是场地规划中形式多样化的表现，它可以是植物群落，也可以是一片广场铺地或是若干个建筑。廊道是线性的不同于两侧基质的狭长景观单元，具有阻隔、通道两方面的作用，所有的景观都会被廊道分割，同时又被廊道联结到一起，对景观的生态有着强烈的影响。基质是景观或场区的最主要的利用系统，是规划的基础。

乡村旅游地的规划必须建立在对区域空间和时间背景的全面把握之上，注重核心保护区，保护好乡村生态特色。景观规划设计做到人工建筑的斑块与天然的斑块相协调，旅游基础设施，要充分实现生态化，并注意与当地的自然、文化景观的文化特征相协调一致，防止一切扭曲文化形象的景观污染事件发生。

对自然风景区进行斑块设计时，除了考虑其旅游美学功能外，对于负有保护物种功能的区域，应该注意保留一定面积的斑块。对于廊道，斑块内要以林间小路、河岸、滑雪道等为廊道进行设计，并注意合理组合，互相交叉形成网络，强化其输送功能之外的旅游功能，以便延长游客的观赏时间。

廊道设计要避开生态脆弱带，尽量选择生态恢复功能较强的区域，充分利用自然现存的通道，如河流等。连接各景区的廊道长短要适宜，廊道过长会淡化景观的精彩程度，过短则影响景观生态系统的正常运行。区间廊道的设计应尽量使道路所通过的客流量与区内环境相一致。景区内的道路应该以林间小道为主，尽量避免宽阔的水泥、柏油路随意穿过景区。道路施工应尽量利用接近自然的无污染材质如卵石、沙子、竹木，而排斥使用水泥、矿渣等对环境存在影响的材质。

基质是斑块和廊道所在的环境背景，是景观或场区的最主要的利用系统，是乡村旅游景观规划的基础。在规划中可利用遥感技术和地理信息技术对规划地进行景观空间格局分析，并构建异质性的旅游景观格局，进行景观功能分区和乡村旅游生态区分区,为下一步分地段的主题设计、旅游产品策划打下基础。

"斑块—廊道—基质"模式体现的是多样性、稳定性,以及主题与环境之间的相互作用。

(5)重视形态组织规划设计

景观的形态包括静态空间形态与动态空间形态。

静态空间形态是指在相对固定空间范围内,视点固定时观赏景物的审美感受。乡村旅游景观规划设计应以乡村的天空和大地作为背景,创造心旷神怡的旷达美;以茂密的树林和农田构成的空间展现荫浓景深之美;山水环抱,瀑布叠水围合的空间给人清凉之美;高山低谷环绕给人深奥幽静之美。

动态空间形态是指体验者在体验过程中,通过视点移动进行观景获得的景观空间形态。动态景观空间展示有起景、高潮、结束三个段落。按照乡村景观的空间序列展开,如按传统村落建筑、农田种植区、花卉苗木圃、蔬菜瓜果园等划分,形成完整的景观序列。

(6)细部景观规划设计

①标识设计

乡村旅游相关的标识包括村标和旅游标识。

村标一般位于村庄主入口,如果有需要也可以在村尾设置村标进行前后呼应。村标的形式主要有牌坊、精神堡垒、大型标示牌、立柱等。村标必须与当地的特色和文化相结合。注意村标的整体体量和建设材料的选择、色彩的搭配等。

乡村旅游标识是为游客旅游活动提供指南和信息的标识,标识的样式也是乡村旅游的一道景观,需要根据乡村当地的特色进行设计,要与环境相结合,既不能遮挡景物又要方便游客看到,能成为视觉亮点,标识内容可参照相关国家标准。

②建筑外立面改造

乡村建筑外立面改造是在建筑原有结构的前提之下,增添极具地域特色和乡村文化的装饰元素,从材料和元素着手,本着尊重当地文化的原则进行建筑外立面的"轻改造"。

③文化节点打造

文化节点打造是指村民活动广场、戏台、宣传栏、小讲坛等一系列公共场所的景观打造，除了要突显当地特色以外，还兼备宣传教育、普及当地文化和倡导文化传承的功能。合理地布置休憩设施、宣传栏、健身器械、文化雕塑小品等，景观要素要符合当地文化，以突显地域特色为主。

④植物配置设计

美丽乡村的植物设计与城市中的植物配置有很大的区别，它并没有专业的人员进行长期维护。选择不用长期打理、能自由生长的乡土树种，打造乡村原有的乡野植物景观。草花类选择多年生草本，尽量不要选择一两年生的时令花。

⑤配套设施及雕塑小品设计

配套设施包括休息廊、休息坐凳、灯具等。雕塑小品可以是水井、农耕用具、石碾、石磨、筒车、辘轳、耕具等，也可以是彰显当地文化特色的雕塑。小品景观布局需合理，风格与当地特色相统一，体量要适中，材料选择要体现乡土文化和生态文化。

三、乡村旅游目标市场规划

（一）目标市场的选择

乡村旅游目标市场选择就是在市场调研和市场细分的基础上，确定现实及潜在的市场范围及市场规模，选择其中的一个或几个细分市场作为目标市场，并进一步分析确定乡村旅游区分级。

目标市场的选择要综合考察以下各项因素：

（1）客源地与本乡村社区的距离、交通条件和交通费用，即可进入性。

（2）客源地的社会经济水平、居民收入状况、恩格尔系数、居民的消费习惯、旅游意识、旅游方式和时尚。

（3）客源地居民与本乡村社区的联系，历史的、现实的，政治、经济、军事和文化的，民族渊源，以及其他特殊联系。

（4）乡村社区旅游资源对客源地居民的吸引力大小。

（5）乡村旅游目的地的产品是否能超越相同竞争者所提供的旅游产品。

（二）保证游客群体的合理组合

发展乡村旅游需要选择多种的游客细分市场，因为单一细分市场容易导致乡村旅游地无法应对快速的市场变化。在乡村旅游规划中需要开发乡村旅游游客集合和组合，并预测外部环境的变化为乡村旅游地未来发展进行规划。

对于乡村旅游目的地，目标市场选择的数量也是很重要的，选择太少会容易受某一特定市场突然低迷的影响。如果选择太多，又会导致为了满足不同市场需要分散精力而无法实现目标。

规划需要对各个目标市场的兼容性进行判断与分析，同时检验乡村旅游游客组合的整体结构，对细分市场进行消费预测研究，进而确定在未来乡村旅游发展中对各个目标市场及旅游消费者即游客应该采用的发展或管理策略，如哪些是该重点发展的，哪些是要维持的，哪些是会退出的等。

四、乡村旅游设施规划

乡村旅游设施不同于旅游景区设施，乡村旅游地很多设施，特别是公共服务设施是主客共用的，如道路交通、公共卫生等，乡村设施使用的边界是模糊的。完善乡村旅游设施是乡村旅游顺利开展的重要保障，在乡村旅游规划中要进行全面深入的研究，避免因设施问题给村民生活带来不便，同时又影响游客游览体验。

（一）规划原则

1. 基础与服务协调配套的原则

乡村旅游设施包括乡村旅游基础设施和乡村旅游服务设施。

乡村旅游基础设施包括交通设施、给排水设施、电力通信系统、供暖与空调系统以及卫生设施；乡村旅游服务设施包含乡村旅游住宿设施、商业与餐饮设施、游憩与娱乐设施以及旅游辅助设施。乡村旅游开发规划要对其进行全面而深入的研究和思考。如在交通上，应当对乡村旅游地及周边的道路、出入口、停车场、游览步道等进行合理布局，使游客进得来、留得住、出得去。在旅游住宿方面，应当结合当地实际，尽量建设各种等级和形式的住宿设施，满足不同人群的住宿要求。为了适应网络时代，方便通信和联系，乡村还应当积极促进互联网的建设，建设自己的旅游门户网站等。此外，旅游服务设施之间、旅游服务设施与旅游基础设施之间应当统筹考虑、协调安排和统一规划。

2. 分散与集中结合

乡村旅游设施的空间布局主要有两种形式，一种是分散布置，另一种是集中布置。小型的接待设施如农家旅馆等，适宜结合农家住户的布置分散到村落中，而商业娱乐设施如特色乡村美食为主导的商业街等宜适当集中，形成游憩的氛围。分散与集中有机结合，可以较好地解决游客的吃住问题。当然，分散和集中并不是固定而一成不变的，更不是绝对的，它们之间应当是相互补充和配合的关系，集中含有分散，分散内有集中，两者有机结合方为成功之道。

3. 单轨与双轨功能复合

所谓单轨，就是指乡村的旅游设施只为游客或只为村民服务。而双轨就是指乡村的旅游设施既为游客服务又为村民服务。以乡村道路和其他基础设施为例，为了提高其使用效率，通常在规划时，既要考虑村民的出入交通问题，又要考虑游客的进出和集散问题。但是，也有特例，并非所有的设施都同时向村民或游客开放。当然，规划更多考虑的应该是如何使更多的设施可以让居民与游客共用，其使用方式上可以是：部分使用、错时使用、错空使用以及同时同地使用等。一些如文化娱乐设施、休闲设施、餐饮设施等就可以比较多地共同使用。这样形成的基础和服务设施双轨制，既有利于当地居民的生产生活，又有利于游客的旅游活动。因此，为了营造新时期舒适宜人、富有特色的村庄旅游环境与和谐的人居环境，应尽量对设施功能进行综合考虑，这也符合乡村旅游促进乡村发展助力乡村振兴的目标，并实现主客共享的需求。

4. 乡土与文脉融合

乡村旅游服务设施是乡村旅游的重要吸引物，因此乡村旅游服务设施的设计应该反映乡土文化，与当地的文脉相融合。如乡村旅游住宿设施是在乡村建设的适合城里人居住而又不失乡土特色的住宿设施。因此，最好保持原汁原味的乡土建筑特色，与所在地的人文、地理、气候、民俗等相适合。乡土建筑的设计要回归自然，文化内涵丰富，要讲究淳朴简洁、清新淡雅、赏心悦目、就地取材，其颜色的选择和建筑风格模式应与周围环境相协调、融洽，相映成趣。

5. 技术与生态保护理念相互支撑

旅游设施规划需要在技术上引入生态保护理念，使二者相互融合，相互支撑，以达到保护环境、节约资源、保持生态平衡、促进人与自然和谐发展的目标。在乡村旅游设施规划中，生态与技术的相互支撑，主要表现为建筑功能生态化、能源生态化、物质循环利用与再生等方面。

（二）公共设施规划

乡村旅游基础设施是指为游客提供公共服务的物质工程设施，是用于保证乡村旅游活动正常进行的公共服务系统，具体包括乡村房屋、交通道路、供水供电、电信网络等。乡村旅游基础设施是乡村旅游发展的基本保障，也是提升乡村居民生活水平的必要条件。

1. 乡村房屋规划

乡村旅游规划应体现当地特色，体现村落的乡土性、地域性、文化性。对乡村中的闲置房屋、闲置空房可进行功能拓展规划，但需要明确房屋所有权的归属。乡村闲置房屋的旅游功能拓展主要是通过房屋改造，植入业态，如住宿、餐饮、休闲（茶吧、酒吧、水吧、花艺空间等）、文化体验及文化展示等。

2. 道路系统规划

乡村旅游发展与交通的可达性关系密切。交通在一定程度上决定着乡村旅游地的流量、市场。乡村旅游规划需要对交通从总体和局部两个方面进行规划，总体上分清主次，形成一定的路网，进行整体质量提升；局部细节注重景观美化、增加文化属性，同时丰富配套设施，方便游客集散。

道路交通系统规划要对区外公共交通的变化进行认真分析，重点在于完善乡村旅游地干线与门户廊道的联动，缩短乡村旅游地与游客惯常居住地的空间距离。

对入村道路按旅游景观的需要进行绿化、美化，融入乡村特色，增加相关便捷服务设施，如停车场、路灯、指示牌、厕所、信息咨询点等。具体道路建设标准按照国家标准执行。

3. 给排水系统与乡村环卫系统规划

乡村旅游地的给排水系统是指截取天然的地表水和地下水，经过一定处理，使其符合国家相关用水标准，特别是饮用水标准，用经济合理的输送方式，输送到用水区，满足居民生活及游客正常旅游活动开展的用水需要。

给水规划包括预测用水量、选择水源及水源地、水源地保护、确定取水方式、设计净水方案、优化输水管道布局、设置加压站等；排水规划包括预测排水量、确定污染水型及污染源、确定排水方式及排水管道走向、规划排污工程（包括污水处理设施、雨水处理设施等）。

乡村的环卫系统与排水系统密切关联，发展乡村旅游需要结合排污工程进行环卫系统的规划。乡村旅游规划中的环卫系统包括旅游厕所（规划有布局、等级、数量、卫生等要求）、环保垃圾桶（规划有外观、材质、风格、数量、大小、布局、便于实施及分类等要求）、垃圾站（及时处理、无害化处理、有机垃圾的再利用等）、污水排放与处理等。

4. 供电系统

根据区域电网升级改造，针对乡村旅游地内部的聚集点、产业布局、业态类型等的特点进行规划。

（三）旅游服务设施规划

乡村旅游服务设施规划可借鉴国家相关规划，主要涉及旅游信息咨询服务设施、旅游交通便捷服务设施、旅游便民惠民服务设施和旅游安全保障服务设施等。

1. 乡村旅游信息咨询服务

旅游信息咨询服务系统包括网络信息服务平台、咨询服务点、旅游标识系统及自助导游服务设施等。在规划中要考虑与通信设施的对接，网络信息服务平台根据发展需要注意与微博、微信、抖音等自媒体平台的对接，提供游客关心的乡村旅游地及服务信息，包括吃、住、行、游、购、娱，以及气象、安全提示等。如果有垄断性资源，还应考虑多语种宣传。

旅游标识系统建设应与乡村景观规划对接，形式上要美观，具有景观效应体现乡土特色，内容上不仅要有国家标准要求的公共信息外，还应有乡村旅游中特有的信息提示。

自助导览服务规划可以从宣传手册、自助导游软件等出发，必要的还应配备人工导游服务，要有相关导览资料。

2. 乡村旅游交通服务设施

乡村旅游交通服务设施规划主要涉及旅游交通集散服务设施、交通服务节点、交通工具及软件配套等内容。

交通集散服务设施通常结合乡村旅游游客服务中心及综合服务中心规划建设。交通节点包括汽车及自驾服务体系、自行车租赁点、河流或湖泊码头等。乡村旅游规划中的交通工具主要指乡村内部交通工具、旅游环保交通工具，如电瓶车、自行车、环保大巴等；特色交通工具，如马、牛、骆驼等畜力交通工具以及人力车、轿子、滑竿等人力工具；具有地方特色的交通工具，如羊皮筏子、乌篷船、雪橇等；现代特种旅游交通工具，如索道、缆车、热气球等。这些交通工具，既能提供交通便利，同时自身也是旅游项目的组成内容，是游客体验活动的载体。

交通软件配套主要指提供相关服务的便捷化的软件等。

3. 乡村旅游安全服务及设施规划

"没有安全就没有旅游业"，乡村旅游发展要重视安全，在乡村旅游规划中要对乡村旅游地的安全问题高度重视，把相关安全内容纳入规划中。

具体内容有：乡村旅游安全设施规划，包括危险地带安全防护设施和游览娱乐服务设施安全保障；旅游救援系统，包括求救系统、救援搜索、施救体系及善后处理系统等；旅游安全预警系统，建立及完善乡村旅游地范围内的安全须知、安全提示，必要的安全广播、预警平台等；旅游医疗救助体系，如主客共享的乡村医院、医务室、医疗救护站，以及河、湖等特殊旅游区域的救援设施等。

4. 乡村旅游便民惠民设施规划

（1）乡村旅游特色街区，如购物街区、夜间旅游街区、特色乡村餐饮街区等。

（2）住宿设施，包括不同类型、档次、特色及服务的住宿设施设备。

（3）公共休闲娱乐设施。

（4）餐饮服务设施。

（5）乡村旅游购物服务设施。

（6）公共厕所、旅游厕所及其他环卫设施。

（7）特殊人群旅游服务设施。

五、乡村旅游生态保护规划

乡村区域及环境特殊，在乡村旅游发展中要对乡村旅游发展的环境及可能的生态影响进行分析研究，制定出具体的乡村旅游地环境生态保护规划，具体内容包括乡村的环境容量测算、低碳旅游方式、生态环境保护措施等。

六、规划中的项目策划

乡村旅游项目是乡村旅游规划中的重要内容。乡村旅游项目策划应以乡村资源为基本元素，保持乡土特色，注重社区与居民参与及对乡村发展的带动，体现人与自然和谐相处，强调生态、经济、社会协调发展，突出特色、培育亮点、培育品牌及可持续高质量发展。

（一）主题策划

乡村旅游的主题是指乡村旅游目的地所反映的主要题材和特点，是乡村旅游资源、市场定位和核心项目所反映出来的核心旅游产品内容及形象。主题形象是乡村旅游的灵魂，因此主题策划是乡村旅游目的地开发的第一步，也是乡村旅游项目规划中的重要环节及内容。

乡村旅游项目主题策划兼顾多个旅游元素，首先要对项目地的资源作客观的考量及评价；其次要分析各级目标市场的消费需求及趋势；最后还需要对大区域内的竞争对手进行分析研究，并进行竞争优势分析。

（二）项目策划程序

项目主题明确后，第一步是实地调研与资料收集整理、分析研究，通过"资源+市场+消费"分析，及对政府、企业、居民、消费者的诉求分析，为项目定位及设计提供基础资料和依据。第二步是项目定位，具体包括功能定位、形象定位、市场定位和发展目标定位，包括选择IP，打造品牌体系，营销基础分析，乡村故事的"讲述"方式与呈现过程等内容。第三步是具体项目创意设计。设计过程中要实现让游客想来、让游客留下来、让游客再来的目标。

七、乡村旅游形象策划

乡村旅游形象是乡村旅游地域客源地产生吸引力的关键，是乡村旅游地的核心竞争力之一。因此乡村旅游规划需要对乡村旅游地有个整体形象策划。

乡村旅游地形象定位是乡村旅游形象策划的核心，定位的目的是要让乡村旅游目的地被游客接受并深入游客心中，形成鲜明而强烈的感知形象。

乡村旅游形象定位需要对乡村旅游地形象的现状展开调查和研究，然后分析旅游地的条件、资源特色，最后确定形象定位。

旅游目的地在游客心中的形象，是游客对旅游地信息认知的结果，而旅游地信息有时是游客主动搜集的，有时是游客无意获知的。不论何种情况，游客获取旅游地的信息可以通过网络、广播电视、报纸杂志、亲友推荐、旅行社广告等。

乡村旅游规划中的乡村旅游地形象策划内容包括视觉景观形象、视觉符号和形象及宣传口号等。

八、乡村旅游产品规划

乡村旅游产品规划是指根据不同乡村旅游资源特色及赋存状况，规划"生产"出不同类型及满足不同游客需求的乡村旅游"消费品"。

乡村旅游产品规划，要避免形式单一和产品雷同，避免缺乏有效服务，避免与市场无对接。规划乡村旅游产品要突出主题、强调差异化、体现体验性、展现创意与时尚，尽可能规划出系列产品，突出产品的文化气息，满足游客的个性化需求，鼓励游客与当地居民接触，引导游客走进乡村、融入乡村文化。乡村旅游产品规划还要与品牌建设结合，通过文化挖掘、创意与旅游商品联动。

九、乡村旅游保障体系规划

乡村旅游发展需要有保障体系的支持，保障体系规划要强调开发管理规范化、整体发展科学化、供给品质化、主客共享社会化、实现效益最大化。发展乡村旅游还要发挥政府的主导与引导作用，多部门联动、明确职责与任务，从不同层面及角度，如在政策、资金、项目及人才等方面支持乡村旅游发展。鼓励社区参与，鼓励村民参与学习培训，让村民主动参与到乡村旅游中。鼓励包括本地村民返乡创业，参与乡村旅游发展，创造条件欢迎有到乡村创业意愿的创业者到乡村旅游地创业。

第六章 乡村旅游主要业态及服务

第一节 旅游业态与乡村旅游业态概述

一、关于旅游业态：概念、分类、特点

（一）概念的出现

1. 从旅游供给说起

游客的旅游消费活动指的是从离开惯常居住地到旅游目的地再返回惯常居住地全过程的所有活动。无论人们出于什么目的出游，其活动都涉及吃、住、行、游、购、娱这六方面的服务需求及消费。因此人们把这六方面的服务及消费俗称旅游活动"六要素"，从为游客提供服务的角度，旅游目的地需要为游客提供这六方面的消费及服务。但由于消费行为及消费能力等方面的差异，导致人们对每个方面的具体内容及服务要求也存在较大差异。为吸引游客、留住游客，旅游目的地需要围绕这六方面为游客提供相关产品及服务，并形成最基本的旅游产业供给要素。

从经济属性的角度，旅游业发展到现在已形成自身产业链，但由于旅游是一个综合性极强的活动，旅游产业的发展一直处在不断融合发展的进程中，围绕游客需求及旅游消费的提升，旅游产业要素已扩展为吃、住、行、游、购、娱、体（体验）、会（会议）、养（养生）、媒（媒体广告）、组（组织）、配（配套），这些要素相互交织，不断提升，形成了旅游产业。旅游产业更多地表现为一种"以旅游业本身所包含的行业为基础，关联第一产业、第二产业及第三产业中的卫生体育、文化艺术、金融、公共服务等相关行业的泛旅游产业结构"。具有跨行业的综合复杂性以及多环节配合的服务消费特性，需要服务链各个环节的提升与质量保障。关于产业的主要组合内容如下：

（1）游憩行业，包括景区景点、主题公园、休闲体育运动场所、产业集聚区、康疗养生区、旅游村寨、农场乐园等。

（2）接待行业，包括旅行社、酒店、餐饮美食、会议会展等内容。

（3）旅游交通行业，主要包括为游客提供从惯常居住地到旅游目的地的旅游交通服务业，如旅游车队、旅游专线、旅游专列等，以及旅游目的地专门的旅游交通服务，如缆车、索道、旅游小火车以及其他专门在旅游目的地为游客服务的旅游交通方式。

（4）景观、休闲、娱乐业等，包括集购物、观赏、休闲和娱乐等于一体的购物休闲步行街、特色商铺、创意市集等。

（5）旅游建筑行业，涉及园林绿化、生态恢复、设施建造、艺术装饰等。

（6）旅游制造业，涉及车船等交通工具生产、游乐设施生产、土特产品加工、旅游工艺品加工、旅游衍生品加工、信息终端及虚拟旅游开发等。

（7）营销行业，包括旅游商务行业（电子商务等）、旅游媒介广告行业、展览节庆承办行业等。

（8）旅游金融业，如旅行支票、旅行信用卡、旅游投融资、旅游保险、旅游衍生金融产品等。

（9）旅游智业，主要指规划、策划、管理、投融资、景观建筑设计等咨询行业以及相关教育培训行业。

旅游产业构成是复杂的，但从旅游目的地发展及为游客提供服务的角度看，旅游产业的主要内容仍属三产范畴，即围绕游客需求及消费提供服务的产业组合，而游客最基本的六要素需求即构成了旅游产业的六大基础业态。

2. 旅游业态概念的出现与使用

旅游业态是零售业态概念在旅游业中的运用和发展，既有继承，又有创新，反映了中国旅游研究和旅游产业发展实际工作的与时俱进。

业态（type of operation）一词源于流通领域的零售业，目前被学者广泛认可的"业态"概念源自日本，并最先应用于零售业。在流通领域中，零售业态的划分标准主要有以下四种：一是消费者的消费意愿；二是营业形态；三是目标市场、发展规模以及区位要素；四是经营模式。

1998年，国内贸易局颁布了《零售业态分类规范意见（试行）》，表明该词得到中国官方正式认可。在国外，旅游业界较少提及和使用旅游业态概念。

在中国，随着旅游产业的迅速发展，传统已有概念难以描述旅游业发展的实际情况，一部分旅游界人士将"业态"一词创造性地引入旅游业。由于旅游业的综合性特征，故旅游业态概念内涵和外延超越了传统业态。从学术研究的角度看，旅游业态是零售业态概念在旅游业中的运用和发展，既有继承，又有创新，反映了中国旅游研究和旅游产业发展实际工作的与时俱进。概念刚出现时，根据旅游市场的发展趋势，以及旅游者的多元化消费需求，人们把提供特色的旅游产品和服务的各种营业形态的总和称为旅游业态。经过一段时间运用后，从旅游经济发展的角度把经营者提供的旅游产品和针对该旅游产品所采取的经营形态的叠加和耦合称为旅游业态。

随着旅游发展对区域社会经济影响的加大，人们开始从区域旅游发展的角度，也就是宏观的角度来定义旅游业态，即把提供相同旅游产品且经营形态相同的一类旅游企业集合称为旅游业态。与旅游产品概念相比，旅游业态概念增加了企业经营内在过程；与经营形态概念相比，旅游业态概念强调了旅游产品外部结果；与其他产业层级概念相比，旅游业态概念体现了旅游业的动态演替。因此，旅游业态概念具有一定的不可替代性。旅游业态的概念没有比较权威和统一的界定。但在旅游业现实发展过程中不断有旅游新业态的涌现却是不争的事实。

在旅游实践中，人们对旅游业态的使用有狭义和广义之分，狭义的旅游业态专指旅游企业或企业集团的经营形态；广义的旅游业态除包括旅游企业或企业集团的经营形态外，还包括旅游业的结构类型和组织形态在产业层面上表现的众多业种和诸多业状。如旅游业包括了住宿接待业、交通客运业、游览观光业、旅游接待业等各个不同的业种，而住宿接待业作为其中的一个业种，又包含了社会旅馆、招待所、商务型酒店、会议酒店、精品度假酒店、经济型连锁酒店等不同的业态，这是更加宽泛意义上的旅游业态。从区域旅游发展角度，人们更多使用宏观概念。

旅游业态是一个复合性、动态性和特色性的概念，是对旅游行（企）业的组织形式、经营方式、经营特色和经济效率等的一种综合描述，包含业种、业状和业势三大内容。其中业种是指行业种类，即强调"提供什么"。从旅游者服务需求的角度，旅游业态的业种至少包括六大类，即满足旅游者在旅行、旅游活动中的基本需求的业种，也即人们常说的吃、住、行、游、购、娱。业态规模比较小的时候，一定数量具有相同经营形态、提供相同产品的旅游企业集合构成一种小的旅游业态。提供相同产品，但有不同特点的多种旅游小业态，构成一种旅游大业态。因此在实践中人们对旅游业态概念的使用呈现出较为宽泛的现象。

（二）旅游业态要素构成与分类

1. 要素构成

从产业发展的角度，作为产业业态，旅游业态包括业种、业状、业势。而作为一种特殊的商业形态，旅游业态的构成要素同样主要包括经营模式、盈利模式、管理模式。

（1）经营模式。经营模式是企业如何将自己所有的人力、物力、财力等资源进行有效利用并使企业价值不断增长以达到盈利的方式。

（2）盈利模式。盈利模式是企业如何向旅游者提供价值及如何将提供的价值转化为利润并持续盈利的方式。

（3）管理模式。管理模式是指特定环境下组织内资源配置的某种标准形式以及旅游企业的组织架构方式。

经营模式、盈利模式、管理模式是旅游业态的三个基本构成要素。三者共同决定了旅游业态及承载业态企业的运营能力和发展方向。

2. 分类

旅游业态本身是一个集合的概念，很难用统一的标准将其严格分类。但从业态的功能和效用上来说不同的业态却有着较大的相似性。从行业效能的角度，可以把旅游业态划分为综合聚能型业态，如旅游推广中心、旅行社等；专业型业态，如旅游汽车租赁、导游服务公司等；整合型业态，如旅游集散中心等；在线型旅游业态，如携程、去哪儿网等。但从区域旅游开发与发展，特别是从游客消费需求的角度，旅游的业态门类主要围绕旅游活动六要素形成最基本的旅游业态类型。

（1）餐饮美食业态

吃是人的第一需求，更是旅游者外出旅游过程中的第一需求。这里把满足旅游消费者品尝美食佳肴、吃特色小吃、喝特色饮料，为游客提供餐饮服务的企业集合统称为餐饮美食业态。

（2）住宿业态

旅游活动是在旅游者离开惯常居住地后才发生的，旅游者离开居住地超过一定时间就会产生住宿需求，因此也就产生了为旅游者提供住宿及相关服务的企业，由于旅游者消费需求等方面的差异，具体提供住宿服务的企业，其业种、业状有所不同，表现形式不同，如酒店、民宿、客栈等，但其提供的服务都需要依托住宿场所及相关设施，因此都可归为住宿业态大类。

（3）旅游交通业态

旅游要产生位移，需要依托道路交通，为旅游者提供交通服务的企业同样存在不同的业种、业状及经营业势的差异，但都是为游客位移提供服务，都可归入大交通业态。

（4）观光游览业态

旅游活动的主要目的是观光游览，需要有相应旅游景区和主题公园、以及为游客提供旅游综合服务的旅行社等，这些企业及相关机构可归为观光游览大业态类型。

（5）旅游商品业态

旅游者在旅游过程中都希望能购买相关商品，旅游目的地也把为游客提供优质商品作为旅游带动地方发展的一个重要路径，进而组织生产受游客喜爱的优质特色商品。与旅游商品相关的产、供、销组合成了旅游商品大业态。

（6）休闲娱乐业态

随着旅游发展成熟度不断提高，娱乐在旅游者出游需求中所占比例越来越高，于是，对于旅游目的地来说，为了满足旅游者旅游过程中的娱乐需求，也出现了旅游演艺、文化体验等为游客提供娱乐活动和产品的旅游娱乐业态。

（7）其他业态

随着社会经济的发展，人们外出旅游的需求不断升级，旅游业态也在发展变化中，特别是随着产业融合的发展，各类新型旅游业态不断涌现，如健身、康养、养老等。也有的在原有传统业态中衍生出次级新业态，典型的如在原住宿业态中出现度假型、康养型及养老型住宿业态等。

（三）旅游业态的特点

1. 集合性与综合性

旅游业态受旅游活动、旅游业及消费等因素的影响，因为旅游消费活动涉及面广，导致旅游企业数量大，旅游产品种类多，各个旅游企业的经营形态也有很大的差别。各种企业经营形态和大量的旅游产品种类交织在一起，形成了各种不同的组合形式。

除了旅游六大要素方面的衍生业态、产业内各行业之间交叉渗透形成的业态，还存在与其他产业融合而产生的新业态。相比之下旅游业态所包含的内容更加复杂，表现形式也更加多样。

2. 区域性与独特性

由于资源、文化及环境等的差异，不同地方旅游发展的主体有一定区别，因此各地的旅游业态组合及偏重也有所不同。

由于旅游服务本身具有不可感知性、不可分离性、不可储存性、不可控制性、不可转移性等特点，导致旅游业态拥有区别于零售业态的独特特征。即更注重本行业的特点，形成与众不同的特色。同时，新型业态与原有业态的竞争也促使了旅游业态独特性的塑造。

3. 时代性与动态性

经济发展与旅游需求之间存在着密切关系，人均 GDP 可表示经济发展水平，同时也能较好地反映不同阶段旅游需求与供给的能力。经济发展水平不同，人们对乡村旅游的需求也存在差异，因此乡村旅游业态发展存在着阶段性特征。旅游业是随着社会、经济及科技等总体环境的发展而应变的"适应性"产业。旅游者的旅游活动也会有"时尚"与"潮流"，旅游目的地的旅游业态也会随之出现时代性。

随着国内国民可支配收入的提高、旅游者消费习性的改变，旅游目的地会根据需求的不同而促进不同旅游业态的出现和发展。为适应这些变化，旅游业态会不断发展与创新。随着市场条件和外部环境的变化，各个旅游企业不断适应和创新，个别经营行为和产品开发创新可以成长和发展为一种旅游小业态，进一步可能演替成旅游大业态，甚至也有可能上升为一个行业或部门。

旅游业是一个不断发展变化的产业，旅游业的要素构成、产业范围、组织形态和运行模式等方方面面都在不断变化。伴随着旅游需求的发展与变化，旅游业态也在不断地发展与创新。可以说，旅游业态的发展过程是一个不断积累、探索、创新的过程。

4. 丰富性与多样性

提供相同产品，但有不同特点的多种旅游小业态，构成一种旅游大业态，体现了业态内部的丰富性。一种旅游大业态适应同一种市场需求，其中的旅游小业态适应同一市场中不同的细分市场，而形成自身的不同特点。例如，住宿业中的经济型酒店就是企业—小业态—大业态结构。通常经济型酒店业态是指提供更为便利、更为快捷、更为低廉的服务住宿产品的细分业态，但各种经济型酒店的细分市场是不同的，根据国际标准，经济型酒店又分汽车旅馆、经济型商务酒店、延时居住型经济型酒店、经济型观光酒店与青年旅舍五种，五种小业态一起构成经济型酒店这一大业态。

5. 多元性与规模化

随着旅游消费者在需求内容上由过去单一需求向多样化需求转变，在需求方式上由静态观光向参与体验转变，消费需求热点也由较稳定的状态向即时性时常变化转变发展。在满足消费者需求过程中，旅游业态开始向体验化、多元化、个性化发展。其产品价值链、产业组织方式、生产销售方式，在技术变革和市场需求的引导下，获得改造整合与创新，并催生了新产业形态。新业态往往能将不同产业整合到一起，突破原有产业链的"桎梏"，并形成一定规模。

每一种旅游业态都有其特定经营形式和消费对象，都有自己的存在空间，所以并不是所有的业态类型都能在竞争中取得胜利，得到长远发展。而在所有影响旅游业态创新的因素中，旅游消费者行为因素对其起着最为重要的作用。因此，在实际发展中旅游业态自身的发展也呈现出组织形态的规模化、经营方式的专业化、资源整合的集约化、技术手段的信息化和空间形态的集聚化等特点。

（四）创新与发展

旅游业态的发展通常经历横向拓展、纵向深化以及自我更新的过程。

旅游业态先是在旅游各行业内部进行衍生发展和初步整合，然后逐步扩展到旅游行业之间交叉渗透，继而与现代服务业（如金融、科技、信息、网络、文化创意）等行业开始多维关联与融合发展。

旅游新业态的产生是多种因素共同作用的结果，既有内生性因素也有外生性诱发原因。其中市场规模和容量是业态产生的前提条件，旅游需求的发展成熟程度是旅游业态发展创新的根源，专业化分工、现代科学技术的发展、政策法规和行业协会是旅游业态发展的推动力。

旅游者活动的关联性为业态创新发展提供了客观必然性。旅游业态创新的程度也反映了旅游活动关联性的紧密程度。旅游业态是由不同的主体来完成的，旅游运行主体的多元化为旅游业业态创新提供了可能性。而新业态的出现并不是要取代原有业态，而是对原有业态的补充、更新、拓展和对整个旅游产业的提升。

旅游新业态发展要围绕资源和产品、业务和市场，资本和技术，实现产业联动，做到市场利益、村民利益、社会利益和国家利益的统筹兼顾。

二、乡村旅游业态：内涵、特征、类型与创新发展

现代乡村旅游已由单一要素发展向多要素融合发展的模式转变，形成了以乡村观光、乡村休闲、康养与度假等为主要内容的乡村旅游发展模式，涌现出农家乐、乡村民宿、乡村露营地、传统村镇、田园综合体和旅游小镇等具有乡村特色的旅游发展形态，拓展了传统旅游业态，形成乡村餐饮美食、乡村住宿、乡村娱乐，以及在农、文、旅融合基础上的农耕体验、非遗传承、

乡村康养等特色乡村旅游特色业态群。

（一）乡村旅游业态的内涵

1. 发生于乡村，体现乡村性

乡村旅游业态是指企业为适应乡村旅游市场需求变化进行要素组合而形成的乡村旅游经营形态。由于游客的乡村旅游需求与传统旅游需求相比较，在基本需求上是一致的，但在内容体现及内涵上又需要突出乡村性，所以可以说乡村旅游业态是旅游业态在乡村的延伸与创新，是在传统旅游业态的基础上叠加了乡村特色和乡村休闲、游憩及体验。

2. 因乡村旅游市场需求变化而变化

随着经济发展水平和人民收入水平逐渐提高，人们的乡村旅游消费需求日益发生变化。不同层次、不同种类的旅游消费需求使乡村旅游发展要素不断得到充分的挖掘和利用，同时旅游消费需求增长也为乡村带来了新的发展要素，乡村固有的发展要素与乡村外来发展要素之间的有机组合，形成了不同层次、不同种类的乡村旅游业态。

3. 类型多层级，经营主体多元化

地方政府、投资企业、村民委员会、村集体及合作社、村民个体以及希望回乡创业的创客等都是乡村旅游发展的参与者，同时也都可以成为乡村业态的经营者。由于乡村游客的乡村旅游需求鲜明，旅游消费差异较大，导致乡村旅游业态出现多样化和多层级化。以乡村住宿为例，有的游客追求高档、有的喜欢奢华、有的希望文化突出、有的希望住青年旅舍、有的喜欢住在农家、有的喜欢住帐篷……同样的住宿需要不同的亚类，有不同的消费层级，也就出现不同的经营主体，经营模式、盈利模式、管理模式也呈现多样化。

4. 产业联动，效能融合

农、文、旅融合，一、二、三产联动是乡村旅游发展的理念与路径，因此，乡村旅游业态也同样体现产业联动，乡村旅游业态能充分发挥乡村资源及相关产业的效能，产生"1+1＞2"的效果。

（二）乡村旅游业态特征

乡村旅游业态不仅具有一般旅游业态的特征，因其处于乡村地区，主要以城市居民为主要客源市场，具有较强的资源导向和市场导向特征，因此乡村旅游业态还具有自身鲜明的特征。

1. 要素性

乡村资源是乡村旅游业态形成与发展的基础。乡村旅游初级业态的发展主要依托于乡村独特的自然要素与人文要素、物质要素与非物质要素，而乡村旅游业态的精品化、高级化发展需要乡村外部的产业发展要素如资本、人才、信息、技术、管理等的加入，因此乡村旅游业态具有较强的要素性特征。

2. 市场性

乡村旅游以城市居民为主要目标市场。乡村旅游市场需求决定着乡村旅游发展要素的供给以及要素之间的组合方式、组合主体，影响着乡村旅游业态的类型及其发展演化。因此，乡村旅游业态主要是以满足城市居民旅游市场需求而形成的经营形态，具有较强的市场性特征。

3. 演进性

乡村旅游业态随市场需求和要素供给的变动而变动。乡村旅游市场需求是一个不断变化、逐渐升级的过程。随着需求提升，乡村旅游发展要素逐渐由单一要素向多元要素融合发展，要素的构成及组合方式也逐渐多样化、复杂化。乡村旅游发展要素构成及其组合方式的变化，推动着乡村旅游业态的转型升级。

因此，乡村旅游业态不断地从初级业态向高级业态过渡，从简单业态向复杂业态发展，处于动态演化之中。而且，乡村旅游初级、中级、高级业态往往同时存在于一定的地域。

4. 复合性

乡村旅游业态的复合性主要表现在乡村旅游发展要素的复合和乡村旅游需求的复合。乡村旅游业态是乡村本土的资源、生态、土地、文化等发展要素与乡村外来的资本、人才、信息、技术、管理等发展要素的复合，是乡村旅游发展要素之间有机组合的结果。

人们对乡村旅游的需求是多样的、复合的,是包含了乡村观光、乡村休闲、乡村度假等多种旅游需求在内的复合性需求,因此乡村旅游业态具有复合性的特征。

(三)乡村旅游业态演化机理

乡村旅游业态演化是多方面因素共同作用的结果,主要包括乡村旅游市场需求的推动、乡村旅游发展要素的组合、旅游企业的经营管理以及政府相关政策的支持引导等因素,这些因素分别构成乡村旅游业态形成与演化的基础性力量、决定性力量、主体性力量和主导性力量,多方力量共同作用产生乡村旅游业态演化机理。

1. 发展要素:基础性力量

乡村固有的生态、文化、土地、劳动力等发展要素以及乡村外来的资本、人才、信息、技术、管理等发展要素是乡村旅游业态发展的基础,企业通过对乡村旅游发展要素的利用以及要素之间的组合,构成了乡村旅游业态演化的基础性力量。在乡村旅游发展的初级阶段,乡村旅游发展要素种类以及要素的组合方式较为单一,多为遗产性的乡土文化要素和自然生态要素,对其进行简单组合利用即可发展传统村镇观光旅游和农家乐休闲旅游,形成初级的乡村旅游业态。

随着乡村旅游的不断发展,外界的资本、人才、信息、技术、管理、品牌、政策等发展要素逐步注入乡村,乡村发展要素不断增加,新的乡村旅游业态不断衍生。从初期的传统村镇、农家乐,到乡村民宿、乡村精品酒店,再到露营地、风景道、田园综合体等,乡村旅游要素的数量和种类不断增多,要素之间的组合方式更加复杂多样,要素的组合主体也不断发生变化。乡村旅游业态的空间形态也从农家乐、民宿、精品酒店等"点状"空间形态,发展到风景道等"线状"空间形态,最后形成田园综合体等"面状"形态的空间集聚区,实现了乡村旅游业态的种类、层次和空间形态的转型与升级。

乡村旅游发展要素的组合是乡村旅游业态创新的重要方式,是实现乡村旅游业态转型升级的重要途径。乡村旅游发展要素的有机组合，一方面可以推动乡村旅游业态的转型升级，实现乡村旅游业态由初级业态向高级业态的转化，如传统的农家乐旅游在加入资本、管理、技术、设计等要素之后，可使发展要素得到重新组合，使发展要素结构发生变化，逐步向乡村民宿转化，实现业态的高级化发展。另一方面，乡村旅游发展要素的有机组合可以实现乡村旅游业态在空间上的集聚，形成田园综合体和旅游小镇等乡村旅游业态集聚区，推动乡村旅游业态空间转型。田园综合体是乡村旅游业态在空间上的集聚，同时也作为一种新的乡村旅游业态类型而存在，是乡村旅游业态发展到高级阶段的产物。需要指出的是，乡村旅游业态在转型升级过程中，发展要素不断增多，要素之间的组合方式逐渐多样化、复杂化，使得乡村旅游发展要素呈现出网络化特征，进一步推动乡村旅游产业链不断延长，并逐渐呈网络化发展趋势。

2. 市场需求：决定性力量

乡村旅游业态演化离不开乡村旅游市场需求的推动，市场需求的提升使得越来越多的发展要素参与乡村旅游发展中。要素的增多以及要素之间组合方式的创新推动乡村旅游业态转型升级，并衍生出新的乡村旅游业态。因此市场需求成为乡村旅游业态演化的决定性力量。随着我国社会经济持续增长，人们生活水平不断提高，人们闲暇时间增多，乡村旅游需求越加旺盛，人们对于精神文化的需求也在不断增加。从早期的传统村镇观光到乡村休闲度假的兴起，促使乡村住宿业态发生了巨大的变化，乡村民宿、乡村精品酒店等次级新业态开始兴起。现在的乡村旅游需求已经进入到观光、休闲、度假、购物、娱乐等多种需求组合的状态，田园综合体、休闲乡村、旅游特色村寨等成为乡村旅游业态空间集聚区。

由于我国地域辽阔，各地乡村旅游发展水平存在较大差异，同一地区、同一时期存在多种乡村旅游业态，并且乡村游业态的初级形态仍将长期存在。

3. 旅游企业：主体性力量

企业是乡村旅游产业的经营主体，也是乡村旅游业态转型升级的创新主体，企业的类型和规模在较大程度上影响着乡村旅游发展要素的利用和组合，影响乡村旅游业态演化。乡村旅游发展初级阶段的传统村镇观光旅游的管理和经营主体多为乡村居民或村民委员会,缺少资本、技术、管理等要素的参与,农家乐旅游业经营主体也多为农户,同样缺乏乡村外部发展要素的参与,对于乡村旅游业态转型升级的作用有限。随着乡村旅游需求的不断增长,乡村旅游市场逐渐显现巨大发展潜力,大量的资本、人才、管理、信息、技术等乡村外部发展要素开始注入乡村,一些连锁企业、大型企业甚至跨国企业也逐渐参与乡村旅游发展,为乡村旅游业态的转型升级带来新的机遇。企业特别是有实力的企业作为乡村旅游发展的经营主体,是乡村旅游业态转型升级的主体性力量,企业的经营理念、经营模式和经营能力很大程度上影响着乡村旅游业态的发展路径。

4. 政府政策:主导性力量

乡村旅游业态演化离不开政府的支持引导,政府在乡村旅游业态的演化过程中不断提供政策引领和制度供给,推动乡村旅游业态丰富和完善。从1982年以来,历年的"中央一号文件"着重关注"三农"问题,重视乡村建设与发展,为乡村旅游业态的发展提供了良好的制度和政策环境,为乡村旅游业态的发展增添了重要的政策要素,推动了乡村旅游业态演化。党的十九大报告指出:我国经济已由高速增长阶段转向高质量发展阶段。提出乡村振兴战略,顺应时代发展趋势,国家高度重视乡村的发展,密集出台了一系列保障乡村发展和推进乡村振兴的配套政策及实施方案,为乡村旅游业态的转型升级提供了充足的制度供给,有效推动了乡村旅游的高质量发展。2021年4月,《中华人民共和国乡村振兴促进法》正式出台,以立法的形式为全面实施乡村振兴战略提供了法律保障,可有效助推乡村旅游业态的发展。

假日制度改革为乡村旅游业态演化提供了契机,有力推动了乡村旅游的发展和乡村旅游业态的演化。

(四)乡村旅游业态类型

1. 基础业态

乡村旅游虽然发生在乡村,但游客的基本消费需求与通常的旅游消费需求要素基本是一致的，无论是以农家乐、采摘为主的萌芽阶段，还是休闲阶段、乡村度假阶段，甚至是为未来综合性的乡村生活阶段，只要是旅游活动，游客就离不开吃、住、行、游、购、娱等基础消费需求。因此，乡村旅游的基础业态与游客基础需求一致，从大业态类型来说即以六大业态为基础，以农家乐为代表的乡村餐饮业态，以乡村民宿为代表的乡村住宿业态，以风景道、田园风光及传统村落为代表的观光游览业态，以采摘及农事体验等为代表的乡村娱乐休闲业态，以非遗作坊为代表的体验购物业态等。

2. 乡村旅游业态创新

在新时代的背景下，乡村固有的生态、文化、土地、劳动力等发展要素与乡村外来的资本、人才、信息、技术、管理等发展要素相互融合，乡村旅游各产业及业态也不断融合发展。在不同发展阶段，各业态的具体表现有所不同，且随着发展的需要，在各方力量的影响下不断创新、演进。产业融合为传统业态升级及新业态发展奠定了基础，游客需求变化促进了传统业态的融合，如农、文、体、旅融合后出现"苗木＋休闲娱乐""林业＋游乐""林业＋体育""养殖＋娱乐＋美食体验""果业＋创意体验设计""农田＋创意景观种植""田园养生＋度假＋特色体育""花卉＋婚庆""民俗技艺＋情景化体验""水产养殖＋多元化娱乐体验""新农村建设＋街道庭院生态""廊道设计＋五谷杂粮创意化体验""农业种植（养殖）＋研学或自然教育"等创新性尝试，也出现了较为典型的新业态。下面列举的就是国内外乡村旅游的一些根据需求升级或创新的典型乡村旅游业态。

（1）国家农业公园

国家农业公园是农旅融合的高端形态，是中国乡村休闲和农业观光的升级版。它可以是一个县、市或者多个园区相结合的区域，也可以是单独的一个大型园区，它具备农业资源代表性突出的特点，通常包括传统农耕文化展示区、现代农业生产区、民风民俗体验区三大基本组成区域。它是集农业生产、农业旅游、农产品消费为一体的现代新型农业旅游区。

（2）休闲农场

休闲农场是指依托生态田园般的自然乡村环境，有一定的边界范围，以当地特色大农业资源为基础，向城市居民提供安全健康的农产品和满足都市人群消费体验品质乡村生活需求，集生态农业、乡村旅游、养生度假、休闲体验、科普教育等功能为一体，实现经济价值、社会价值和生态价值的现代农业创新经营体制和新型农业旅游产业综合体。

（3）乡村营地

乡村营地当前正与国际积极接轨，迎接需求旺盛的自驾游游客群。乡野营地旅游是国际上非常流行的一种旅行休闲方式。

（4）乡村庄园/乡村酒店

乡村度假、康养越来越成为城市居民周末度假和短时度假的首选。乡村庄园和乡村酒店在国外兴起较早。英国典型的乡村庄园，以田园诗般的城堡和村落著称。法国的香草庄园主要分布在地中海沿岸，因芳香浪漫而闻名世界。

（5）乡村博物馆/艺术村

乡村博物馆在保护和活化乡村文化方面发挥着很大作用。乡村博物馆可选乡村历史文化、乡土风情文化、传统建筑文化、姓氏文化、名人文化、饮食文化、茶酒文化、婚庆寿庆文化、耕读文化、节庆文化、民俗文化、宗教文化、作坊文化、中医文化等内容。多选择古民居、古村落、古街巷，进行保留、保护和维修利用，建成综合性、活态化的乡村博物馆。

艺术村为艺术家创作研究提供时间、空间支持，让艺术家进入一个充满鼓励和友谊的环境。

（6）市民农园

市民农园又称社区支持农园，是指由农民提供耕地，农民帮助种植管理，由城市市民出资认购并参与耕作，其收获的产品为市民所有，其间体验享受农业劳动过程乐趣的一种生产经营形式和乡村旅游形式。因为租地等手续麻烦，市民农园多为合作社或企业运作，以保证质量，为城市居民成为"周末农夫"提供场所。

（7）高科技农园/教育农园

高科技农园是指立足农业优势产业，探索现代农业发展新路径，突出科技引领和示范带动，引进科技化和智能化项目，发展高科技农业的农业园区。

教育农园指经营者利用农业与农村资源，作为校外大自然教室，提供人们接近自然生态，参与农耕过程，体验农村生活，让人们实质地接触与了解农业生产、农村文化与生活，并经供求双方的互动互补，带动产业与教育发展的农业经营形态。

（8）乡村民宿

乡村民宿原指利用自用的住宅空闲房间，结合当地自然生态和人文环境，为游客提供住宿之处。民宿以特色和服务闻名，在设计上强调舒适、精致、创意、文化艺术，风格多样。民宿的类型，主要有农园民宿、传统建筑民宿、景观民宿、海景民宿、艺术文化民宿、运动民宿、乡村别墅、木屋别墅。

（9）文化创意农园

文化创意农园是以农业为基础、以创意为中心，融合了文化教育、科技与创意产业的时尚农业园区。

三、乡村旅游业态创新路径

（一）市场创新

市场包括要素市场和产品市场。市场创新是乡村旅游业态创新的前提和基础，产品创新是乡村旅游业态的核心内容。

现代旅游已成为人们生活的一部分，人们的旅游需求快速增长，特别是对乡村旅游、休闲、游憩、度假、康体、健身、体验等的需求增长更为明显，这使得乡村旅游发展中对人才、科技、知识、资本等要素市场的需求也明显增长，巨大的乡村旅游需求潜力将为乡村旅游要素市场创新打下良好的基础。一些新的生产要素逐渐被纳入乡村旅游资源范围当中。在产品市场创新方面，新型和专项乡村旅游产品层出不穷，有力地推动了旅游产品市场的创新。如乡村演艺、农耕体验、红色旅游、特色乡村沉浸式体验等。旅游产品创新不仅影响旅游市场创新，更是乡村旅游业态创新的核心环节。一个新型旅游产品的出现会引致旅游新业态的产生和发展，某种意义上高质量旅游供给还会引发更深层次的市场需求。

（二）技术创新及由此产生的经营方式创新

技术创新是一个全过程的概念，既包括新技术的发明创造，也包括对新技术的应用和实施。其中信息技术对乡村旅游业发展的影响较大，是乡村旅游业态创新的关键环节之一。

信息技术，特别是网络技术及网络经济的发展，对乡村旅游发展带来了深刻的影响。信息技术在资源整合、设施建设、项目开发、市场开拓、企业管理、推广营销、咨询服务、电子交易等领域的广泛应用，引发了乡村旅游发展战略、理念和产业格局的变革，带来了乡村旅游项目、活动体验、经营管理及市场等方面的创新。信息本身不但成为乡村旅游发展的新要素、新资源，更催生了乡村旅游新业态的出现。如新型乡村旅游中间商、运营商和数字虚拟乡村旅游等的出现，微度假的发展，在线预订的剧增，移动电子商务的盛行等。

现代先进科学技术的应用给企业的生产经营带来了全新的变化。由于信息技术的发展旅游企业的虚拟化经营成为可能，一些大型知名旅游企业或品牌旅游服务供应商会以特许经营、合同管理、战略联盟等经营方式出现在乡村旅游地。随着乡村市场规模的不断扩大、行业分工的逐步细化，致使经营方式的专业化程度越来越高，一些旅游专业服务公司的第三方旅游商务、会展、研学、自然教育等专业服务出现在了乡村旅游地。生产经营方式的创新成为乡村旅游业态创新的重要途径之一。

（三）组织管理创新

组织创新包括组织机构形式的创新、组织过程的创新和组织体系的创新，这些创新对乡村旅游地旅游企业来说往往昭示着新业态的产生。如连锁民宿这一新业态的迅速发展就与经营的连锁化和网络化这种企业组织形式密不可分。在管理方面，创新往往意味着创造一种新的更为有效的资源整合范式，这包括了管理理念、管理组织、管理职能、管理目标、管理手段和模式等诸多方面的新变化。乡村旅游要获得新发展需要在管理等方面创新，管理创新的关键在于是否能够运用自身的管理能力协调、整合与利用外部资源。从宏观上来讲，现代乡村旅游的管理模式正在从传统的行政管理向现代公共管理与服务转变，这为乡村旅游地各层级及企业管理创新提供了良好的条件。

（四）流通渠道创新

业态的概念是从零售业态发端的，是流通领域中常用的一个概念。现代流通理论中广义流通的概念即指所有商品和服务的流转活动，这和乡村旅游业的发展有很大的相似之处。

由于乡村旅游产品和服务同样具有生产和消费同时性和即时性的特点，导致流通环节被大大缩减。因此，乡村旅游业态产生的领域由流通领域转移到生产供给领域即生产和供应这一环节中来，而并非像零售业主要是流通领域，这为旅游新业态的出现提供了广阔的空间。如在线服务代理商、网络系统提供商、乡村旅游信息提供商等会在乡村旅游发展中出现。可以说，供应流通渠道创新在乡村旅游业态创新中起到了纽带作用。

（五）制度创新

制度创新是乡村旅游地业态创新的不可或缺的重要保障。制度是乡村旅游地顺利运转的产权规范，是调节人与人、人与物关系以及现代企业在生产经营过程中的行为关系的重要规范与准则。制度创新虽然不能够直接产生新业态，却是推动和保障业态创新的重要条件，是业态创新的助推器和稳定器。

乡村旅游地制度创新包括产权制度创新、管理体制创新和运行体制创新。建立"产权清晰、责权明确、管理科学"的制度和"归属清晰、权责明确、流转顺畅、保护严格"的现代产权制度是乡村旅游业态创新的一个重要体现。乡村旅游地发展中，通过放开市场准入，实行所有权与经营权的分离，建立多元化的投融资机制，进一步明确涉旅企业的市场主体地位，并建立起充满生机和活力的经营机制，为乡村旅游经营者之间进行业态竞争创造条件。

第二节 乡村旅游基础业态

一、乡村餐饮美食业

饮食是维持人类生存发展的最基本物质基础,是人类一切活动的源泉和基础。吃是人最基本的要求,是第一需求。《汉书·郦食其传》:"王者以民为天,而民以食为天。"人类对于美好事物的追求是没有止境的,对于食物的追求同样如此,孔子早在两千多年前就说过"食不厌精,脍不厌细"。人类对于美食的追求可谓与生俱来,贯穿始终,亘古不变。随着社会经济的发展,人们越来越重视"吃",饮食发展到今天,可涵盖饭食类、菜肴类、饮品类、水果类、小吃类等多种形式,人们通过饮食获得所需要的各种营养素和能量,维持自身健康。随着社会经济的发展,人们对吃的追求也在不断升级中,从吃饱到吃好,再到吃营养、吃特色,进一步升级到吃与"艺术""文化""环境""氛围"的有机结合。

"一方水土养育一方人",饮食与地方水土有关,也即与地理环境、风物特产、人文历史等有关。不同的地方由于地理区位(经纬度、与大海的距离以及海拔等)的差异,具有了独特的地理环境,具有地域性的气候与物产,加之社会经济发展、文化习俗等的差异,就会形成适应环境及文化习俗的饮食习惯,形成具有明显地域特色的美食和饮食文化,有些美食已经成为某个地方的代名词。

百姓会把旅游中的某些活动称为"逛吃"活动。"逛"即游山玩水,逛累了就需要补充能量,就要"吃",吃饱了接着逛。两个字加在一起又是一个动词"逛吃",逛着吃、为了逛而吃,吃着逛、为了吃而逛,这就是旅游。

游客到乡村,吃成了主要动机,人们为吃乡村特色美食而来,吃饱了顺便观乡村风景,体验乡村环境、体验传统文化和风情,"吃"甚至是部分游客到乡村旅游的主要动机之一。如果说常规的旅游休闲是"逛吃、逛吃",那么乡村旅游就应该是"吃逛、吃逛"。

（一）乡村旅游与餐饮美食

1. 餐饮美食是乡村旅游的重要吸引要素

乡村美食是乡村旅游的主要吸引物和游客来乡村旅游的重要动机之一，发展乡村餐饮美食，可丰富乡村旅游地品牌内涵，提高乡村旅游地的吸引力。

如果说品尝美食对景区观光游的游客是派生需求的话，餐饮美食对乡村旅游者来说则是根本性需求。一方水土养育一方人，一方人承载着一方文化。人们到乡村旅游，都要在乡村体验"生活"，生活离不开"吃"。因此乡村餐饮美食成为乡村旅游地的重要吸引物。

乡村旅游地有无特色美食是人们选择乡村旅游目的地的重要因素，是乡村旅游地的重要名片及乡村旅游品牌的重要组成部分。

2. 餐饮美食是乡村旅游产品的核心要素，是游客乡村旅游消费的重要内容

乡村旅游产品内容及形式繁多，品尝乡村特色美食是所有乡村旅游产品中不可或缺的核心内容，是其他类型旅游产品的重要依托。更有甚者，"乡村美食体验"还可成为具有独立内涵的特色乡村旅游产品。游客参与"乡村美食旅游"，不仅可以品尝美食，还能体验食材采摘、烹饪体验的乐趣，还可以购买相关食材、半成品及产品。

"食在民间"，品尝乡村美食是游客乡村旅游的重要消费内容，乡村旅游中美食消费一度占游客总消费的四成以上，如果是不过夜的短途乡村旅游，餐饮美食消费的占比更高，因此也是乡村旅游地重要的收入来源。"农家乐"就是向游客提供餐饮服务的乡村旅游形式。随着乡村旅游发展，乡村旅游的内容不断拓展丰富，但餐饮美食仍是乡村旅游消费的重要内容，是乡村旅游实现经济效益的重要环节。

餐饮业属于原料依赖型与劳动密集型叠加的服务业，乡村餐饮业发展，可带动更多人参与，为村民提供就业机会，是乡村居民参与旅游发展获得非农收入的重要环节。

游客对乡村餐饮美食的需求重点在特色和体验，乡村旅游中的餐饮及美食基于当地物产及传统烹饪方式，"家常菜""家宴菜"是游客的最爱，因此当地村民参与者众多，当地居民可利用自己的庭院开设地方特色餐馆，食材主要来自自家菜园子。游客不仅可以品尝地道的乡土菜，还能体验采摘加工的乐趣。这也是传统"农家乐"及升级版乡村特色餐厅的构成模式。

发展乡村旅游餐饮美食可以促进种植业、养殖业、加工业等的发展，带来经济效益的叠加。

3. 餐饮美食业是提升创新业态，吸引投资及创业者的重要领域

随着乡村旅游向纵深发展，乡村餐饮美食也越来越向多样化、多类型方向发展，各种资源向乡村聚集，而对投资人及创业者来说，因乡村餐饮美食的特性，发展乡村餐饮美食业态不失为一个好的选择。

（二）乡村旅游地餐饮美食业态的概念与分类

乡村旅游地餐饮美食业态是为游客提供餐饮美食服务的各类企业及机构。从参与经营者的角度，可以划分为农家乐、小吃档、主题餐馆、连锁餐厅以及特色餐饮服务机构等。由于参与者及参与方式的多样化，使得乡村旅游地餐饮美食业态在形式、层级、经营方式、服务等方面都体现出地方性、多样性和多层级的特征。

（三）乡村餐饮美食业的基本要求

1. 满足游客对乡村美食体验的基本要求：安全、干净、卫生

"没有安全就没有旅游业"，这个概念在乡村旅游中同样适用。在乡村餐饮美食开发及发展中，食品安全是第一位的。发展乡村餐饮美食，一定要树立安全观，从原材料选择、储存、加工制作等各个环节严格把关。加强管理及从业人员培训，防止"病从口入"。依托生态农业，注重食材安全，发展有机农业，不用或少用农药，严格按照有机标准执行。施用农家肥，保证食材品质。

乡村餐饮美食机构，要按照卫生部门推行的卫生量化分级管理要求，结合服务设施的规模配备相关硬件设施。如在餐馆、餐厅应分间或分区设置加工区、切配区、烹饪加工区和就餐区，各区内需要配备必要的设施。如加工区、切配区需要有冰箱、冰柜、消毒柜、收纳柜等；烹饪加工区需要有达标的排烟设备；就餐区配备消毒柜，有条件的建议使用防滑材料，做好防滑提示等，在就餐区为了提升用餐的文化氛围，可以对墙面等进行适当的装饰。

2. 乡村性与时尚性结合

人们到乡村旅游最为看重的是"乡村性"，乡村性在餐饮美食上的体现最典型的就是无公害有机食材与具有地方特色的烹饪工艺。因此发展乡村旅游，要把环境保护、生态保护与乡村美食食材的种植、保育联动起来。让人们能亲身体验食材的生长环境，亲眼见到食材的生长过程，亲手采摘生态有机食材。

在烹饪工艺方面，保持传统工艺与引入先进工艺相结合，提供场所让游客体验传统烹饪工艺。同时结合当代年轻人的需要，适当引入和提升工艺，如中餐西做、西餐中做，突出个性。

3. 要有"拿手菜"

农、野、鲜、乡土味是乡村餐饮美食的基调。但游客的美食需要是在不断提升的，因此乡村旅游的餐饮美食要不断开发新菜，一定要有拿手好菜。

新菜开发要注意游客饮食习惯和消化能力，在保持特色的同时适当调整。英国有句谚语"你的佳肴，他人的毒药"。各地都有风味小吃，特别是特产瓜果、生猛海鲜等，这些当地人吃得津津有味的东西，游客并不一定能接受。

拿手菜应该做到如下五点：

（1）食材要"精"

这里所说的"精"是指绿色、生态、有机，无论是主料、配料还是辅料都应精细，主食材应产自本地，兼具营养与健康。

（2）加工要"细"

这里所说的"细"主要指烹饪过程。乡村旅游的美食烹制过程是一个工艺过程，即应该是可观、能学的。在日常的炸、炒、熘、爆、炖、烹、煸、煮、焖、烤、烧、烩、煎、涮、蒸、煲、煨、卤、腌、拌、炝中，突出当地风格。

（3）味道要"好"

一个"好"字内容极为丰富。俗话说："民以食为天，食以味为先"，"味道"具有明显的地理表征，对一个人的影响很大。由于各地物产、气候、习俗和传统不同，不同地方的口味有很大的差异，又形成了各自的特色。人对"味道"的记忆超过形与色。

（4）形态要"美"

这里的形态包括食材的加工形状、成品菜肴的形态，以及盛放菜肴的器皿形状、质地与色彩。不要认为乡土菜可以不讲究，乡村美食同样要讲究形、色、器，要给人美感。

（5）菜名要"响"

无论是菜肴还是小吃，都需要有个响亮的名字。名字要有特色，要有说头，最好能隐含故事有传说，要能体现出乡俗与风情。

乡村旅游经营者可以利用本地特产和自家条件，不断添加一些新口味来丰富主打菜。只要多留意、多动脑，创新的原料就在身边。寻常原料经过一双巧手的加工，就能成为"独此一家"的乡村旅舍主打菜。在客人津津有味地吃着创新菜的时候，再给他们介绍一点野菜的小知识，如马齿苋有去油腻、助消化的功能，适合城里工作忙、应酬频繁的朋友；车前草可以清热活血、祛风散寒，适合体质虚弱、工作劳累的朋友。此时，客人不仅会欣然消费，而且会对经营者体贴入微的服务感叹不已，进而带来更多的客源。

所谓好菜，并非一定是难以求得，也未必需要什么独门秘籍。只要吃着口味新鲜、客人喜爱就是好菜。经营从业者还可以请"外援"，种植特色食材，提高烹饪技术。在烹调方法上多做试验，就会创造出一道道在繁华都市里吃不到的鲜香诱人的佳肴。

4. 用餐体验环境的营造

从乡村旅游供给的角度，要在保证安全卫生的前提下让游客吃饱、吃好，旅游活动才能开展得顺利愉快。现代乡村游客对餐饮美食的要求越来越高，不仅想吃饱、吃好，更希望能吃到特色风味，吃出健康、吃出品位、吃出文化，希望有令人赏心悦目、体现文化内涵的用餐环境。因此，乡村餐饮机构要在环境、氛围营造上下功夫。

优雅和谐、陶情冶性的环境是中国人饮食审美的重要指标之一。品尝美食还应有相应的氛围，餐饮环境对人们的味觉同样会产生影响。乡村餐饮美食品鉴环境营造包括用餐地点的选择、用餐环境的装饰及服务等。

（1）环境选择

地点选择或大环境营造可以有三种情况，一是体现乡村自然环境，即在保证不对环境造成影响的前提下，把品尝美食的地方放在大自然或乡村大环境中，如果园餐厅、稻田餐厅、溪流餐厅等，在幽美的山水间品尝美食，或于田园风光中饮宴在中国自古有之；二是乡村生活环境，将农家小院改造成餐厅或者改造原来的一些农事环境，如把猪圈、牛栏等改造成为特色餐厅、茶馆、咖啡厅等；三是根据发展需要创意设计餐厅，或是引入特色品牌根据品牌需要营造餐饮环境。

（2）装饰

餐厅的装饰及布置包括菜单设计、餐桌质地样式选择、餐具使用以及装饰品等，具体要根据地点、美食菜肴的主体及特色，以及主要针对的顾客群来决定。

（3）服务与人文交流

餐饮服务做到标准化与个性化的结合，在卫生、礼貌等方面需要执行国家相关标准，而具体人员服务则需要根据餐厅的服务对象、环境来决定。

品尝美食的过程也是体验当地自然物产和民俗文化的过程，一个地方的美食，特别是特色小吃体现着地方文化特色。品尝美食时应能有更好的机会与当地居民进行交流，方便游客深入了解乡村旅游地人们的生活，增进了解。

5. 品质保障与品牌打造

乡村旅游的餐饮美食一定要保障品质，无论淡旺季都要保证餐饮美食质量的一贯性。

乡村旅游中的餐饮美食质量不仅包括菜肴，也包括服务。餐饮美食质量保障要从田间地头抓起，把种植业、养殖业、食材储存加工及餐馆经营联动起来。保障质量的前提是从业人员要有专业能力，讲传承、讲规则。

乡村旅游餐饮美食发展涉及两大品牌建设，一是餐饮品牌，二是美食品牌，二者既有区别又有关联。其中美食品牌更具有地域性，是餐饮品牌的基础。

餐饮美食品牌构建不仅体现在美食质量及特色上，更重要的还有餐饮美食提供者的服务及相关营销过程。品牌打造的目的是提升餐饮美食在乡村旅游地吸引力系统中的地位，让每家农家乐、所有乡村餐饮机构，甚至每一种小吃、每一道美食都成为乡村旅游地重要的吸引物。

6. 不断创新与服务延伸

（1）餐饮美食业态发展体现了农文产业融合，把农业生产场景与餐饮美食结合，增加游客的体验过程，挖掘特色文化，讲述美食的故事。

（2）延长餐饮美食业态的产业链，进行美食深加工，引进技术，把特色小吃、特色菜肴做成"预制菜"，使其成为乡村旅游"伴手礼"，成为乡村旅游"后备厢工程"的重要内容之一。

（3）与其他业态结合，打造特色乡村美食旅游线路，形成特色乡村美食旅游产品。

7. 加强引导与管理，鼓励村民以不同形式参与，共享乡村餐饮美食成果及效益

餐饮美食是乡村旅游发展中经济收益较快且效益明显的行业，加之入门门槛相对较低，在发展中要积极引导，鼓励在乡村成立餐饮美食上、中、下游相关联合体，或餐饮合作社，加强管理，引导自律，保障质量，形成品牌。

8. 应对市场需求，解决四个核心问题

（1）谁来吃

乡村旅游的客源中周边城市居民占比较大，在乡村发展餐饮美食时需要明确的是，不是所有城市居民都喜欢"农家菜"，特别是现代参与乡村旅游的游客中，年轻人越来越多，他们对乡村美食的喜好与其父母辈的人已经有了差异，因此乡村旅游地做餐饮美食，不是凭从业者个人的喜好，而是要分析消费者的构成及喜好。同时还要了解乡村旅游资源的吸引力辐射范围，适度考虑远距离游客的餐饮美食消费需求。

（2）吃什么

乡土、卫生、绿色、生态、有机、鲜活等是城市居民选择乡村餐饮美食的基本要求，因此，乡村餐饮美食企业的经营要从原料、加工到上桌各个环节满足游客的需要。

以"土"为卖点，这是乡村美食的优势。来自城市的游客需要的就是"乡土味"，但乡土味并不排斥时尚。在乡土味中突出当地饮食特色，按照当地传统饮食习惯来设计菜单食谱，做到定位大众化，讲究好吃不贵。菜品开发要立足于本地，采用本地的特色原材料、调味品、烹调技法。菜肴使用土原料、土烹制、土成品、土吃法。例如，在山区，可以尽量开发蘑菇、木耳等山上的特产，在平原、平坝地区，就要在田间作物上多费一些心思。总之，菜肴应尽量在野菜、土菜及城里没有或城里人不知道怎么吃的菜上下功夫。除了饭菜要走"乡土路线"，在吃饭的环境和餐具上也要花心思，把乡土味与时尚结合，既有传统氛围，又有现代时尚感。

干净卫生是餐饮行业最基本的标准和条件。乡村旅舍的餐饮也不例外，如果就餐环境不整洁，餐具没有经过有效洗涤和消毒，即使做出的饭菜再美味、再有特色也会让顾客望而却步。只有饭菜卫生，就餐环境整洁，客人们才能吃得放心、舒心，从业者也才会安心。

（3）咋定价

乡村餐饮美食怎样定价是个复杂的问题。定高了，游客不买账，定低了，经营者又不能赚到应有的利润，以致失去继续经营的动力。由于不同地区之间的经济发展和消费水平存在很大的差异，所以很难制定一个通用的公式或方法。不过在具体操作时，如果能对以下几个问题进行充分考虑和综合平衡，就会得出一个比较合理的定价方案。一是要了解邻近地区餐饮美食的价位幅度，以此作为参照来制定价位。二是看周围的竞争或供需情况。

（4）啥品牌

乡村旅游地餐饮美食业态是一个业态组合，由诸多乡村餐饮企业、机构及家庭组成，每个参与企业及经营者，无论是农家乐、小吃档、家庭餐馆、主题餐厅或是连锁餐厅企业，在乡村旅游地都应明确自家的经营服务主体和主题，有自己的"拿手菜"和营销方式、渠道等，通过诚信服务、品质保障，形成主客交融品味特征，最终打造出自己的品牌。各个企业及经营者的品牌，最终组合成乡村旅游地餐饮美食业态的品牌。

二、乡村住宿业

随着乡村旅游的深度发展，尤其是家庭客群的增加，游客对乡村旅游的需求不再仅是半日游或一日游，而是向乡村休闲和乡村微度假发展，住宿成为乡村旅游度假中的一个重要环节，为乡村旅游的住宿业发展提供了广阔的空间。

乡村住宿作为乡村旅游的重要载体，对整个乡村旅游产生着巨大的影响。休闲度假的需求催生了乡村住宿业态多样化的发展。现代乡村旅游住宿的规模、品质成为衡量乡村旅游发展状况的重要标志。

（一）乡村住宿的概念与分类

乡村住宿中客房就是游客临时的家，乡村旅游经营者为游客提供住宿接待服务，要让游客感觉舒适、安静、方便和卫生，有宾至如归的感觉。在乡村旅游住宿开发中，要彰显客房的特色，给人以良好的第一印象。所以从外观到内部装修都要尽量突显出当地的特色和自己的风格。

发展乡村旅游的欧洲国家，有三成左右游客的季节休假都是在乡村旅游地点的房屋里度过的。随着归家和乡愁思潮的不断加深，乡村旅舍越来越受青睐，它除了能解决最基本的住宿外，还隐含着体验当地乡村生活的想象意义，游客们渴望感受、体验、交流和回归。如今，乡村旅舍已经成为承载张弛有度、放松身心、自由洒脱、绿色健康的生活方式的载体。乡村旅舍无须高档、豪华装修，自然、简洁即可。

1. 乡村住宿业的缘起

20世纪60年代初，在英国西南部与中部地区，农民为了增加收入，开始尝试将自住房提供给旅行者住宿,这就是乡村住宿业的雏形,采用B&B（Bed and Breakfast,也就是提供床铺和早餐的家庭旅馆服务方式）的经营方式。B&B属于家庭式的招待,提供的服务和设施有限,但是它低廉的价格对于广大的普通老百姓来说还是很有吸引力的。有时热心的主人会带游客去享受采收农产品、喂食牛羊的乐趣,探索乡村的奥秘,加大了其吸引力。此后,世界各地乡村旅游发展中都出现了类似的服务业态,且形成了不同的经营方式和特色。乡村住宿业态的起源与乡村旅游、乡村休闲有密切关系。可以说,乡村住宿业一开始就是服务于乡村旅游的,现已成为乡村旅游中的重要业态。

早期的乡村住宿是指利用村（居）民合法的空闲住宅房间,结合当地人文与自然景观、生态环境资源及农林渔牧生产活动,以家庭副业方式经营,为旅客提供乡野生活住宿场所的住宿方式。

2. 乡村住宿业态的主要类型

根据实际需要,人们会把乡村旅游住宿进行分类。乡村住宿的类型划分没有统一的依据或标准,尤其是现在新业态层出不穷,更难以清楚划分。

综合人们对乡村住宿类型的称谓,可以从不同的维度对乡村旅游住宿类型进行划分。

（1）根据乡村旅游住宿的档次划分

乡村旅游住宿可分为农家乐、客栈、家庭旅馆、乡村精品酒店、乡村度假酒店、乡村旅游民宿等。

①农家乐

农家乐是中国农民的创造,兴起于20世纪80年代,发展于20世纪90年代,规范于21世纪初的农家乐从广义上讲是随着中国农村生产方式改革和城市假日经济兴起而出现的一种新型乡村旅游形式。从狭义上讲则是指20世纪80年代中后期兴起的城郊农民利用自家院落所依傍的田园风光、花卉苗圃、果园菜地,以简单的设施和低廉价格吸引城里人前来消费的新兴旅游形式。从投资主体看,农家乐以拥有集体土地使用或所有权的农户为主,在不变更土地权属与使用方式的前提下,以自住房屋为基础进行一定投资,为游客提供吃、住、娱等服务。从经营主体看,农家乐一般由投资的农民亲自经营，家庭经营色彩浓厚，雇用的服务员也多为亲戚或邻近村民。从经营性质看，农家乐经营一般带有副业的性质，农民除经营农家乐外，还以土地经营作为其生活的基本保证，因而不存在"失地"问题。从经营周期看，农家乐经营淡、旺季明显，甚至完全是一种季节性经营。

②客栈

中国是世界上最早出现客栈的国家，后来客栈逐渐被其他称谓取代。客栈一词再次进入人们视野是在20世纪90年代以后，随着全国各地古城、古镇旅游热潮兴起，许多古城镇景区在旅游高峰期出现了接待设施严重不足的情况，然而大量投资兴建旅游接待设施会造成淡季的闲置，同时酒店造价与营运成本较高，大规模建设不符合古城镇旅游开发的基本原则，而造价相对低廉，与古城镇景观风貌协调的院落式住宅恰到好处地缓解了这一压力，解决了高峰期古城镇旅游住宿难的问题，因而在丽江、大理、长三角地区等的古城镇中出现了一种有别于酒店的住宿业态，因其仿古性，人们习惯地称之为客栈。从经营主体看，以私人经营（包括物业主家庭自住或租赁经营），外来者租赁经营为主要方式。从体量看，通常规模不大。从风格看，装修讲求风格与特色塑造，充分体现经营者的个性喜好与品位，强调与当地文化的契合。从服务项目看，经营项目及服务富有当地特色，个性化色彩浓郁，价格区间在当地住宿行业中属于中下水平。

③家庭旅馆

家庭旅馆实际是从经营方式上所作的一种定义，也是最古老的一种住宿类型。通常意义上，家庭旅馆是指以家庭为经营主体的旅馆，是利用自己的住宅改造为旅馆，成本低，价格低，规模小。从属性来看，家庭旅馆是一种在传统商业生态环境下，以不变应万变的住宿设施，而民宿则是人们获取品质生活内涵的创新性住宿业态。

④乡村酒店

乡村酒店是指地处乡村，以住宿、餐饮服务为主，与乡村风情、民俗文化和自然环境融为一体，并能体验乡村生活的经营场所。由于乡村酒店拥有清静闲适的乡村特质和田间野趣，强调与生态农业、特色种植业、特色养殖业等现代农业生产的交叉融合,乡村酒店成为乡村旅游活动中重要的旅游目的地。

⑤乡村度假酒店

乡村度假酒店是随着乡村度假需求而出现的。此类酒店具有满足游客度假需求的设施、设备,对环境要求高,对服务要求高,具有"野奢"特征。

⑥民宿

关于民宿的概念目前还没有统一的界定,早期人们认为利用自用住宅空闲房间,以家庭副业方式经营,为旅客提供乡野生活住宿的场所为民宿。随着乡村休闲的兴起,民宿的概念有了变化,人们把依托所在地自然、人文、社会等旅游资源,通过自营、合作、租赁等方式经营,以浓郁的文化关照情结和人文情怀为基调,为游客提供特色消费环境和生活体验的小型住宿设施都称为民宿。

(2)按照乡村旅游住宿经营主体的不同划分

乡村旅游住宿可分为农民主导型、政府主导型、企业主导型、混合型等。

(3)按照乡村旅游住宿的功能特色划分

乡村旅游住宿包括度假型民宿、汽车露营基地、家庭旅馆、特色驿站等。

(4)按消费水平及价格划分

乡村旅游住宿可分为高消费型(典型的如一些野奢型乡村精品酒店)、中等消费型及大众经济型。

(5)按照所依托资源的不同划分

可把乡村旅游住宿分为自然资源依托型、乡土文化依托型、农业产业依托型等。

(二)乡村住宿设施要求

乡村旅舍的基本设施虽然不能用星级宾馆的标准来要求,但游客所需的基本设施必不可少,房间规格、房间内部陈设、床铺、公共活动场所以及周边设施等都需精心安排。越标准、越精致、越有品牌,就越有吸引力、越有回头客。

1. 房间规格

乡村住宿的房间通常以家庭式、套房甚至通铺或"集体宿舍"为主。房间面积大小、数量多少等迄今尚无统一规定。例如，多少平方米才符合最低标准？乡村旅舍有多少房间才算合理？乡村旅舍选用水泥结构还是砖木结构？并无统一的规定和要求。但乡村住宿开发时应寻求相较于他人经营的唯一性和差异化，切忌同质化。

一般来说，乡村住宿应体现出农家屋宽敞的特点，应有独立的洗手间和布草柜。具体房间的大小、卫生间的占比等可根据实际情况设计布局，但必须满足游客住宿的基本需要，要让游客住得舒心。

如果要申报国家旅游民宿等级的乡村住宿，则需要遵守《旅游民宿基本要求与评价》（LB/T 065—2019）及"第1号修改单"的标准。

2. 内部设施

乡村住宿的内部装潢以简约、朴素为主，无须富丽堂皇。乡村住宿空间需配有旅客需要的基本设备设施，让游客感到舒适方便即可，如床具、椅子、茶几、衣柜等。此外，照明设备、紧急逃生设备也是必须配备的重要设施设备。

3. 客房运转

客房设施设备只有在正常运转的状态下，才能为客人提供必需的服务。乡村住宿的设备设施可以简单一些，但其使用时都应该是正常的。如空调、坐便器、冷热水的开关、照明设备开关以及电视等都必须运转正常，不能影响游客的使用。

4. 客房卫生

乡村旅游住宿中客房的陈设可以简朴，但卫生间以及卧具不能不洁净。也就是说乡村旅舍的装修布置档次可以低，但其卫生条件不能降低。因为客房是否清洁卫生，是客人选择住宿的首要条件。

乡村旅舍的客房只有符合以上四个方面的基本要求，才可以说具备了与客人进行商品交换的最基本条件，客人也才会得到最低限度的满足。

（三）游客对乡村旅游住宿的需求

乡村旅游住宿不仅影响游客的滞留时间，也从直观上彰显了部分乡村旅游的风格和特色。美丽乡村中洁净的空气、宜人的天气、清洁的水汽和深厚的地气促使游客更愿意选择乡村住宿来度假。游客的基本需求主要集中在环境空间、服务设施、当地特色美食、人文交流等方面。具体分析如下：

1. 亲近自然

乡村住宿要体现出自然的感觉，要和当地特色相结合，与周围的环境融为一体，做到简单而不简陋。让游客入住后，能感觉到自然的、乡土的气息和乡民的热情。例如，游客可以体会日出而作、日落而息的生活起居；晨曦，花香鸟语，鸡鸣狗吠；夜晚，河风徐徐，月色溶溶；可以与草囤、柴垛、石磨、篱笆、炊烟、独轮车、稻草人等相伴。游客们在欣赏自然美景的同时，住农家、睡土炕、吃野菜、品粗粮，远离都市钢筋混凝土"鸽笼"的禁锢，体验农家小院的幽静和自然，满足他们体验返璞归真、领略田园风光的心理需求。

在住宿设备方面也可根据具体情况体现当地特色，如在北方可提供农家特色的土炕替代标准床，游客可以在炕上盘腿而坐，吃农家菜、谈古道今、品头论足。在屋顶屋墙可用老玉米和干辣椒进行装饰。

2. 整洁卫生

尽管乡村旅游消费者在乡村度假时希望住得自在、自然，但度假不仅对环境有要求，对住宿本身的卫生条件、整洁度和舒适度要求更高。因为乡村度假的游客多是家庭出游或好友结伴出游，还需要一定的聚居空间，故此乡村住宿应具备一定的接待量。从游客需求的角度，乡村住宿至少要达到以下条件。

（1）住宿环境。住宿建筑修缮完好，庭院整洁干净，无污水、杂物，无乱建、乱堆、乱放现象，绿化完好，植物与景观搭配得当；家禽、家畜无疫情，并有圈养设施；有专门放置垃圾的设施并保持封闭。院内路径要能保证客人及员工行走的安全。

（2）客房。应有两间以上客房，客房通风良好，空气清新，无异味，配有床、桌椅、床头柜等家具，照明充足。有的还需要配置电视机或电脑、空调、取暖设备等，不能出现蟑螂、老鼠，要有防蚊、防苍蝇等的措施。

（3）其他设施及卫生要求。应设有足够数量的卫生间、浴室，并保持干净，热水定时供应，为满足现代游客对网络的需要，应提供 Wi-Fi。卧室、卫生间、浴室每日清理一次，床上用品应保证一客一换，保持整洁舒适。

3. 安全

经营者要有安全意识，要尽可能排除威胁游客安全的各种事故隐患。特别是在防火、防盗等问题上，绝不能有半点马虎大意，要让客人住得安全、住得放心。具体包括管理好客房钥匙，安排专人进行巡视，在公共场所如走廊拐角等地安装安全摄像头等。

对住客有必要的安全提示，如在客房显著位置放置安全告示或须知，提供出现紧急情况时所用的联络电话号码。客房内的各种电器设备都应保证安全，卫生间的地面及浴缸都应有防止滑倒的措施。客房内的茶具及卫生间内提供的漱口杯等都应及时清洁、消毒。平时还应定期检查家具，尤其是床与椅子的牢固程度，以免客人遭到伤害。

定期检查防火、灭火设备及用具，培训员工掌握使用及操作的方法和技能。有条件的乡村住宿还可以在客房内安装烟感报警器。

乡村住宿还应备有急救箱、药箱并配备急救时所必需的医药用品与器材，并定期对服务人员进行急救知识及技术的专业训练。

针对乡村住宿所在地区的地理、气候特点，经营管理者应制订预防及应付可能发生的自然灾害的安全计划和紧急疏散计划，同时准备各种应付自然灾害的设备器材，并定期检查，保证其处于完好的使用状态。

4. 从"宿身""宿心"上升到"宿神"

"宿"是全方位的，不仅仅是过夜睡觉，乡村住宿要根据客人的生理特点和生理习惯安排不同的住宿环境，如身高、饮食习惯，是否要配备医药箱、便利袋、针线盒等，都要事先了解，尽早安排。

乡村住宿应该要让游客住得安心、放心、舒心、清心。由于乡村特殊环境，游客还要求住宿设施及环境能让游客安神，成为人性追求的绝佳世界。

（四）乡村旅游发展对乡村住宿业的要求

乡村旅游最大的吸引力在于乡土特色和乡村味道。基于乡村度假需求的住宿不仅是影响游客滞留时间的重要因素，也是决定"农"味和"家"感的重要因素。

乡村住宿功能应与自身的类型、定位相结合。要发挥本土优势，结合当地资源，大到建筑风格，小到一套卧具的配置，都要仔细考究，与乡村环境及乡土风情相协调、相一致，把乡村住宿资源化，把特色住宿，如特色民宿建设经营成为乡村旅游地的重要吸引物，吸引更多游客参与及重游。乡村住宿注重发展定点式的深度旅游，强调以好山好水好空气的住宿品质招徕游客，进而延长游客的停留时间。

1. 资源化，发挥在乡村旅游中的吸引物功能

乡村住宿应结合所处的地理环境，因地制宜，就地取材，或利用一座古民居，或盖一座砖瓦房，或搭建一顶帐篷，或造一座小木屋，突显农舍的居民化。另外，室内装修要突出农家特色、乡土文化及自然美景。睡在农家的木床上，盖上农家干净的扎花棉被，感受乡间夜晚的蛙鸣或静谧，体验与城市不一样的乡村野趣。这些个性十足、乡土气息浓郁的住宿设施，对游客有着强烈的吸引力。

2. 景观化，发挥在乡村旅游中的景观功能

乡村住宿要讲究建设特色，通常以当地传统建筑为主，通过对老屋的改造利用或是通过设计翻建突出建筑的美学特色，把乡村住宿建筑物建成特色景观。再结合所在地的自然条件与农耕文化特点，与果、茶、药、花、菜园等相结合，设置木篱笆等，让住宿建筑物成为乡村的一道风景线，甚至是乡村旅游的重要打卡点。

院落中可圈养鸡、鸭、鹅、牛、羊、兔、狗，小池塘里养鱼，或者可以引入鹿、羊驼等受孩子们喜爱的小动物，体现乡村生活的自然变化，使之成为一个"天然大课堂"，别致独特，让游客耳目一新。

3. 乡土化，发挥在乡村旅游中的展示功能

在乡村住宿中，与当地民俗文化紧密结合，突出乡村情趣，令城市人体味不一样的感觉。可以把建筑空间作为一个文化的展示空间，如农舍的门上贴以对联、门画、门笺；堂屋贴以农民字画、年画，陈设香案；窗户、顶棚、箱柜贴以剪纸；窗帘、枕头、枕巾、床单、桌布等采用地方刺绣、挑花绣、扎染等工艺，并使用印花布、土花布等；屋内房间可适度陈设土陶茶壶、桐油灯、铜镜、服饰等。

房前屋后挂几捆稻谷、花生及几个斗笠，贴几副春联、特色剪纸，客房内摆放亲切温馨，房间装修简朴大方都会让游客游兴勃发、兴趣盎然。

4. 亲情化，发挥在乡村旅游中的体验与交流功能

乡村旅舍的内部装潢以简约、朴素为主，无须富丽堂皇，有游客需要的基本设施设备，让游客感到舒适即可。一般来说，客房之间不直接连通，应具备有效的防噪声及隔音措施，房间应有良好的自然采光和通风设备。

客人追求的是一份恬静和舒适，住宿环境要宁静清幽不嘈杂，空气清新景观好，让客人透过窗户就能观赏到优美的田园风光，收获一份愉悦放松的心情。同时游客居住期间需要与人发生交流，包括游客家庭内部的交流、游客之间的交流、游客与主人及相关服务人员的交流，通过交流凝聚家庭、结交朋友、了解乡土风情，因此乡村旅游的住宿需要留有公共交流空间，有开放的也有相对私密的。

住宿机构主人或经营者，也包括服务人员应善于与游客沟通，且应对本地与旅游相关的知识，特别是本地风土风俗有一定了解。

亲情化，更多的还体现在软性服务上。乡村住宿的管理者及服务人员在乡村度假游客服务中要做到真诚主动、礼貌热情、耐心周到、尊重隐私、准确高效，最关键的，也是乡村住宿，特别是民宿区别于城市酒店的是亲情化的服务，要了解游客的兴趣爱好和生活习惯，做好延伸服务，学会与住客拉家常，与游客成为朋友。

乡村住宿规模未必大，但一定要精，并以小、特、民、俗、情取胜。要让住店客人有家的感受，而非家庭宾馆，更不是一般的酒店。乡村住宿硬件

可以标准化，软件却要个性化，需要有小情调的呵护。

5. 舒适化，发挥在乡村旅游中的度假休闲功能

乡间的夜晚静谧而富有诗意，许多城里人来乡下住宿就是为了体验乡村夜晚的魅力。发展乡村住宿设施时，需要考虑它的外部环境，尽量选择安静且环境幽美的地方，使居所被绿色环抱。这样，游客躺在镶嵌于山水林木之间的旅馆内，听着窗外虫儿的低吟浅唱，嗅着窗外浓郁的花果醇香，睡着后连梦都是甜的。早上醒来，阳光洒满了整个床铺，鸟儿在窗外叽叽喳喳地嬉戏打闹，这样超凡而脱俗的意境，定能让城里人如痴如醉、流连忘返。

6. 创意化，发挥在乡村旅游发展中的文化功能

乡村住宿类型多样，不同类型的住宿有不同的文化背景和定位，在保证基本功能的同时，通过创意可以发展多样化的乡村住宿。最直接、最有效的便是根据乡村旅游发展的整体定位，打造与住宿品牌相称的特色住宿服务。具体要根据其业主及主要居住群体的文化内涵与格调设计不同的个性化方案。常见的有自然景观文化型、农田景观文化型、餐饮养生文化型、民俗风情文化型。

艺术是提升乡村旅舍水准境界的必经之路。艺术作为一种文化现象，为满足主观与情感的需求，也是日常生活娱乐的特殊方式。乡村住宿差异化是提高竞争力吸引游客的重要路径。

文化创意，可依托艺术的不同表现形式来塑造。具体建议如下：

（1）音乐创意。根据不同类型、不同文化内涵的乡村住宿，在客房入口处与走道间播放与该乡村旅舍特色相符的音乐，让耳朵也进入大自然的怀抱，从而使整个心神都走进旅舍。但需注意背景音乐不要常年只播放同一首曲子，应有更多的选择，让客人的情绪随音乐而放松。

（2）建筑创意。乡村住宿建筑，应根据不同类型设计成不同风格，而不是单调的结构。如树屋、水上小屋、帐篷及具有地方特色和民族特色的建筑物等。

（3）绘画创意。结合乡村旅舍的特色，在住宿内、外立面上进行绘画创作，也可作为小品，摆设添置于客房内外的走道两边，以激发游客对乡村民宿、客栈等的情感与归属感。如在住宿的外墙上涂画与乡村旅舍风格相一致的民间涂鸦，可以是农家鸡鸭等形象，也可以是农家过节欢聚愉快氛围的写照。

（4）融合创意。借助其他文化表现形态，把特色文化引入乡村住宿，包括民宿、客栈、小酒店、庄园等之中，做成主题乡村住宿，形成乡村创新住宿业态群。如图书馆或书店+住宿、小型展览厅+住宿、插花艺术+住宿、茶文化+住宿、汉服展示体验+住宿、陶艺展示与体验+住宿……

7. 现代化，发挥在乡村旅游发展中的科技展示功能

乡村住宿，特别是特色乡村旅游民宿是乡村旅游的重要组成部分，在发展中还需依靠现代科技的力量，实现住宿功能的创意开发，可以吸引更多的年轻游客。在乡村住宿中可运用的技术包括现代网络科技、现代农业科技等。

8. 引领化，发挥在乡村旅游发展中的带动示范功能

乡村住宿业，作为一种经济及商业业态，要产生经济效益，更需要情怀。乡村住宿要盈利，这是保障乡村住宿业可持续发展的基础，但赚钱不是唯一目的。游客到乡村旅游、休闲、度假，更多的还有对乡村环境、文化的向往及乡愁的回味与体验，因此乡村住宿业的经营者、管理者或者说"主人"要有情怀，要能作为在地居民的代表与住宿者交流沟通。同时要与当地居民形成良好的邻里关系，尽可能吸引当地村民参与，为其提供就业机会，并为乡村其他产业发展提供交流平台、培养人才。住宿业的经营管理者要在当地起到引领作用和示范效应，通过依托乡村优质环境、产业、市场和交通区位优势，走集群发展之路，依托乡村旅游产业共同致富。

（五）乡村旅游住宿业的经营管理要求

1. 以品德之心、品位之味、品质之标，做品牌文章

经营中要坚守品德，乡村旅游住宿的经营者最好是业主，且要有情怀，能用心、用情、用智，管理经营要体现亲情化，要让乡村住宿有家的感觉。

管理中硬件可以标准化，软件却要个性化，通过文化主题及特色服务体现品位和品质，树立品牌意识，打造品牌效应。

2. 解决好"三个问题"

（1）让游客想来：环境设计上营造出三境，即眼见画境、置于生境、休闲意境，一定要有自身的核心卖点，还要做好创意营销。

（2）让游客住下来：要整治好居住的周边环境，使之干净、卫生并具有浓郁的乡村氛围；居住的建筑物外观要通过突出乡土性和民族性来满足客人的审美需求；居住的内部空间在保持乡村性的同时，一定要做到卫生、整洁、安全、方便。还要让游客在民宿吃得放心、玩得开心。保证服务质量，在服务上体现五度，即优美度、安静度、洁净度、休闲度和舒适度。

（3）让游客再来：用"特色"留住游客的心；用"服务"赢得游客的满意；用"真情"留住游客的魂；用"故事"撩动游客的记忆。

三、乡村旅游交通业

对普通的游客来讲，不论乡村旅游地的景观如何优美、资源如何丰富，若无法顺利进入旅游地开展游憩活动，以获得体验，那么该旅游地将毫无意义。

（一）乡村旅游交通的概念及分类

1. 概念及内涵

便利的交通是乡村旅游成功经营的重要因素，也是乡村旅游设施的重要一环。乡村旅游中的行程要求做到"旅速游慢、旅短游长、旅中有游、游旅结合"。随着乡村旅游发展，特别是伴随着科技进步，乡村旅游中的交通不仅是服务的手段，更成为乡村旅游的产品和乡村旅游吸引物。

乡村旅游交通具体是指以乡村为旅游目的地，游客通过某种交通工具或旅行方式，实现空间位移的过程。乡村旅游交通服务是指在乡村旅游地为游客完成游览、体验服务时利用各类道路网络、交通工具及配套设施提供的服务。

2. 乡村旅游交通的类型

（1）按照乡村旅游交通的构成要素划分，可以分为乡村旅游交通线路、交通工具和交通驿站。

乡村旅游交通线路，具体又分为人工修筑线路和自然形成的线路。人工修筑线路包括乡村旅游公路、乡村旅游铁路专线、索道、缆车等。自然形成的线路主要指乡间小路、可行船的河道、湖泊上的游览线路、低空飞行线路等。

乡村旅游交通工具，包括现代旅游交通工具，如游览车、观光大巴、观光火车、观光电瓶车、环保汽车、自行车、水上游艇等；传统乡村旅游交通工具，如人力车、马车、羊皮筏、竹筏、溜索、轿子、牛车等；特种乡村旅游交通工具，如画舫、热气球、滑翔伞、观光缆车等。

乡村旅游交通驿站主要指乡村旅游交通的运送节点，如停车场、自行车租赁点、码头等交通工具乘坐点、换乘点，以及乡村旅游客服务中心等。

（2）根据空间尺度和旅行过程划分，分为外部交通，即大尺度的旅游交通，指游客从惯常居住地到旅游目的地的交通；区间交通，即中小尺度的交通，指从旅游中心城市到乡村旅游地的交通；内部交通，是乡村旅游目的地内部的交通。

乡村旅游地内部的交通包括以绿道为代表的串联型交通和体验性、观光性交通。通过内部交通，可以串联盘活乡村旅游资源，增强乡村旅游的休闲、体验功能，还可延长乡村旅游配套服务的服务链条，带动乡村旅游目的地的整体发展。

（二）乡村旅游常用的交通工具

乡村旅游交通工具的选择与当地的地形地貌、游览主题、旅游产品设计，以及游客安全、环境保护等因素有关。这里主要介绍常用的几种类型。

1. 常规性现代乡村旅游交通工具

（1）汽车

汽车是最常见的游赏交通工具。如根据舒适程度，可划分为普通客车、中级客车和高级客车。根据运营方式，可划分为客运班车、出租车、包车等。近年来，根据低碳减排、节能及环境保护等要求，一些新型能源汽车已开始被广泛应用于乡村旅游地。还有乡村旅游地的专用汽车，如流动旅店汽车、宿营车等，这些汽车除了运输功能外，还有食宿、休闲娱乐等功能。

（2）船舶

船舶是在乡村旅游地相关水域，如湖泊、水库、景观河道、海滨等区域常采用的水上交通运输和观光工具，主要有轮船、游艇、脚踏船等。船舶最显著的特点是速度相对较慢，环境好，便于游客欣赏风景，同时可以提供一些相关服务。

（3）自行车

自行车是乡村旅游地交通工具中游客自主选择意愿较强的一种。不仅可以作为交通工具，还能锻炼身体、意志，更大的优点是节能、无污染。在地势起伏较小的乡村旅游地，自行车已成为乡村旅游经营方提供给游客的重要代步工具，是拓展旅游项目的重要设备。乡村旅游中使用自行车要注意两个问题，一是自行车的质量与性能，需要具有良好的骑行舒适性和承重性；二是娱乐性、趣味性，如双人、多人自行车等。

2. 特殊的现代型交通工具

特殊的现代型交通工具包括热气球、水底观光船、直升机、飞艇等。这些交通工具投入成本高，需要有专门的公司经营，而且对场地、技术、人员的要求极高，消费也较高，因此尽管有特色，实际中，此类交通工具主要还是只在一些著名景区使用，在乡村旅游地很少使用。如果作为特殊旅游项目，属于特种旅游活动，则与乡村旅游的关系不大。

3. 传统乡村特色旅游交通工具

传统特色旅游交通工具具有更强的趣味性、娱乐性和参与性。可供利用的传统特色旅游交通工具比较多，目前在乡村旅游地用得较多的传统交通工具如下：

（1）滑竿

滑竿是一种由人力抬行的交通工具，多见于山地型乡村景区。它通常是用两根结实的长竹竿绑扎成担架状，中间架以竹（藤）质躺椅或是绳索结成的坐兜，前方垂有踏脚板。游客在椅中或兜中可半坐半卧，而两轿夫则一前一后肩抬而行。滑竿上坡时，乘坐者由于后仰角度加大，显得十分稳当；滑竿下坡时，乘坐者仍呈正常坐姿，不会因倾斜而产生恐惧感。因此，滑竿具有较强的安全性。另外，由于竹竿具有弹性，滑竿在平路行进时，会出现上下颤动的现象，发出"吱呀"的声音，在某种程度上给游客一定的新奇感。在旧时长江流域及以南地区（特别是西南山地），滑竿十分流行。现在，滑竿已成为当地开展乡村民俗旅游的重要工具。

（2）皮筏

皮筏是一种简易的渡河、运载工具，流行于青海、甘肃、宁夏的黄河沿岸，它体现了当地民间交通的特色，为外来游客所喜爱。皮筏构造简单，拆装方便。其上部为框架，由结实的圆木或木棍以绳子捆扎而成，呈方形；其下部为充气皮囊（亦称皮袋），由柔韧、轻便、大小适中的皮革经防腐处理后缝制而成。皮筏是漂流专项旅游活动经常用到的特殊交通工具，其质量要符合《特种设备安全监察条例》等相关法规标准的要求。

（3）雪橇

雪橇是寒冷冬天冰雪较多的乡村地区较为常见的交通工具，它的主要构造是在两条前端翘起的木质滑板上装上木架，用以载货或供人乘坐。可以由狗、马等牲畜拉动。雪橇主要适用于寒、温带地区冬季的乡村旅游。

（4）牛车、马车等

牛车、马车等是现代交通工具未出现前乡村常用的交通工具。牛车、马车速度慢，而且可以在乡间小路及田埂上行驶，在乡村旅游中主要是用于乡间田野观光。牛车、马车不仅是交通工具，乘坐过程本身也是一种体验和娱乐。

（三）乡村旅游道路及相关配套设施

1. 乡村旅游目的地道路的总体要求

（1）功能性。功能性是乡村旅游交通线路的基本要求，要求便利通达各景点和服务点，以保证旅游者可充分游览。

（2）安全性。乡村旅游地的道路不仅游客可以使用，更多的是当地居民在使用。要兼顾多种用途，保护好道路，保证车辆、行人通行的安全和畅通。

（3）舒适性。在空间位移的过程中，保证游客乘坐的舒适性。

（4）景观性。道路设计建设要强化自然和文化特点。注意道路绿化的整体性和连续性，做到道路的景观设计与沿线自然条件和建筑物协调，力求做到交通道路也是风景廊道。

（5）可持续性。应重视道路建设和使用过程中的生态要求和观光要求，实现游客与居民共享，同时还要综合考虑未来乡村发展的趋势和要求。

2. 旅游道路要求

（1）机动车游览道路

机动车游览道路是乡村旅游的动脉，其功能除了乡村旅游地交通集散外，还承担了部分游览观赏功能。机动车游览道路平面线形应直捷、连续、顺适，与地形、地物相适应，与周围环境相协调。机动车游览道路必须平整，符合行车安全要求。除满足汽车行驶的基本要求外，还应满足驾驶者和旅游者在视觉和心理上的要求，做到线形连接、视觉良好、景观协调、安全舒适。

（2）自行车游路

自行车有着费用低、无污染、占用面积小以及节省能源等优点。在乡村旅游中，特别是在以度假为主要产品的乡村旅游地，常以自行车取代机动车，为旅游者提供一种游赏观光与休闲健身相结合的旅游交通形式。

自行车游览道路应根据景观资源、自然地形、气候条件等来设置。结合地方特色，强调安全性、生态性、休闲性和健康性。自行车道建设要尊重环境，避免破坏生态，避免穿越地质不稳定、重要动植物栖息地等环境敏感区，应尽量配合地形，沿等高线规划配置，以减少对地形地貌的破坏，并设置在安全性高、景观资源丰富的地区。尽可能形成环路，避免原路返回的单调感，同时要具备完善的引导设施、服务设施，有相关的管理系统。

（3）游步道

游步道在乡村旅游地是不可或缺的。一条好的游步道首先要考虑安全因素，即要有足够的宽度、适当的斜度和具有耐久性与防滑性的表面装饰材料。此外，还需有良好的景观、供行人休息的座椅，游步道周边的植物、铺面、水池、喷泉等景致也需精心考虑，以增强旅游地各要素间动线的美感。

从旅游心理学的角度来看，游步道线路要有入景、展开、高潮、结尾部分。入景要新奇，引人入胜；展开指在景观类型、游览方式和活动上不断变换，起伏跌宕，使游客流连忘返；高潮是在游览中使游客感受最集中、最突出、最有特色的景观；结尾应使游客感到回味无穷。乡村游步道宜曲不宜直，宜狭不宜宽。根据景观的自然特点，保持自然风貌，使游客在线路上能感受乡村的山、涧、林、水，能体验空间的变换，能体会逛乡村的乐趣。步道尽量为环线，使游客保持新奇感，而且每个可观光的点要有进口和出口，利于游客疏散。线路上应设置休息平台，供游客中途休息。步道经过多水区域时，可加入桥和浮桥等元素，但要注意安全提示及相关设施的设置。

3. 辅助设施——停车场

因为乡村旅游者中自驾比例较高，因此，停车场在乡村旅游地是必不可少的。

停车场最好邻近乡村旅游活动地点，突出绿化与乡村性，要与乡村旅游地风格协调。停车场的设置应与交通路线配合，考虑车辆进出的安全性，避免影响主要交通路线的流畅，要和周边农业景观融合与协调。由于乡村旅游地游客在一年甚至一周内都有明显的游客集中时段，因此停车场可设置缓冲地带，同时加强管理，设置必要的服务设施及引导标识，尽量减少旺季游客大量涌入对环境的破坏，在淡季避免大量空置，可结合农业生产等进行合理利用。

四、乡村观光旅游业

（一）乡村景观营造

乡村旅游发生在乡村，尽管是一种综合性旅游活动方式，但核心还是旅游。乡村旅游地需要通过资源开发利用、创新发展为游客提供以游览观光为主，同时满足游客休闲、度假等需求的服务。要吸引游客首先还是要有值得看、值得观光的内容。

1. 乡村自然景观

对于很多游客来说，旅游的概念可以直接理解为"游山玩水"，人们到乡村也希望游山玩水。因此发展乡村旅游，要充分利用好乡村的绿水青山，让游客来到乡村有看头。

前面已经提到过，具有垄断性的大山大水景观资源多被开发建设成为高级别的旅游景区。乡村的山水是一种能让人亲近的山水，具有天人合一的韵味，对游客同样具有吸引力。乡村旅游地的发展需要在保护的前提下，利用好乡村的各类自然旅游资源，形成能吸引游客前往观光游览的乡村游览区。如半开放的小型郊野公园、湖滨公园等。在开发利用中主要进行一些游览道路的疏通、休闲设施的增添等，这样的场所让游客在乡村旅游中有个活动的地方，能让人们亲近自然。

2. 传统村落景观营造：让游客愿意来，停下来、消费起来

游客到乡村旅游，不仅要看自然山水，还要逛村落、看房子、体验特色民俗。因此，发展乡村旅游要有能使人驻足观光的自然景观，还要有能引发游客乡愁、引发人们探求历史文化的承载物，即人文景观及区域。

村落是乡村居民的集聚区，是乡民世代生活的地方，传统村落以各种方式向游客讲述着乡村的故事。传统村落本身就可以理解为不是景区的景区。具体营造要求如下：

（1）要有核心卖点。每一个传统村落都有自身的特点，发展乡村旅游需要深入挖掘村落历史、文化、任务、事件等，找出村落区别于其他村落的内容，打造成为核心卖点，成为村落的核心吸引物。

（2）通过游览线路编排，让老建筑、老物件"说话"，制造出兴奋点，让游客感觉不虚此行，愿意再来。

（3）要有服务点，即利用好乡村基础服务设施及乡村公共文化设施，以主客共享的理念，建设游客服务中心及服务点。

（4）要有完善的标识系统及解说体系。

（5）要有消费点。可在村落的公共广场等地设置农产品及特色工艺品小集市，或鼓励临街村民利用自家住房进行特色经营，如开小卖部、茶馆、咖啡屋等。

（6）营造好乡村氛围，在保护的前提下对村落进行美化，如花草装饰、墙面绘画、老物件展示等，激发游客拍照的兴趣。利用公共空间，做乡村非遗展示及体验区，吸引游客参与。利用"废弃"建筑，如把旧猪圈改造为酒吧，把牛圈改为咖啡吧，把旧仓库改造为创客空间。

3. 田园、果园、农业科技园利用

农田变景田、田园变公园、果园变乐园、农业科技园变研学课堂……利用好各类田园、果园，形成农业生态景观吸引游客参观。典型的如油菜花田观光、梯田观光、稻田艺术观光等。

4. 其他特色景观及主体乡村景区

在乡村旅游发展中，可以利用农场、农业庄园等农业生产企业及空间，打造农业主体公园，或乡村特色IP体验公园等。

（二）乡村旅游游览服务设施

1. 观景服务设施

乡村景观休闲设施是供游客在乡村观光游览、休息的建筑物及坐具等。目的是让游客更好地观赏乡村风景，有更充沛的精力逛乡村，在乡村停留更长的时间。

建设观景亭、廊，增加休息座椅等观景辅助设施，且要与游览线路及景观有机结合，体量不易大，造型可根据景观特点灵活选择。充分考虑乡村游览过程中体力消耗情况，适度增添休息设施，如休息座椅等，不仅能让游客除困解乏，其本身还能成乡村田园景观的组成部分。

2. 其他必备服务设施

（1）垃圾桶

垃圾桶是储存垃圾的器具，也是一种文化载体，一种文化和景观的转播方式。乡村旅游地垃圾桶在乡村旅游中不仅是处理垃圾的物件，更是保障景观的重要环节之一。

垃圾桶有固定式、活动式、依托式等不同类型。乡村旅游地垃圾桶是乡村的一道风景，在乡村旅游地建设中同样需要高度重视。其放置地点、数量、形状、色彩等都要与乡村景观配套。

（2）旅游厕所

乡村旅游地的厕所要求可借鉴《旅游厕所质量要求与评定》（GB/T 18973—2022），通过游客量测算、游客消费行为分析等，确定等级要求。合理布局，突出卫生、实用，可以适度景观化，还需考虑主客共享。

（3）照明设施

随着乡村旅游活动深入，游客需求向休闲度假发展，游客的夜间活动逐渐增多，因此在乡村旅游地需要重视夜间游客消费的服务问题，照明设施就是重要的夜间旅游活动服务设施。

乡村旅游地照明设施除了照明功能外，还要美观。配置中考虑一物多用，通过在造型、材质上突显乡村特色，形成景观带及景观小品，满足游客乡村夜游的照明及观景需求。

（4）游戏健身设施

区别于景区观光旅游，乡村旅游游客多以放松的心态在乡村"游逛"，在此过程中如果能有一些具有地方特色的休闲娱乐设施供其游戏，会增添他们"游逛"的兴趣，延长"游逛"的时间。

乡村的游戏健身设施需要体现乡土性，让游客实现"乡村"体验，重点在娱乐性。同时要具有一定的景观装饰效果，在乡村环境中起到"添景"的作用。在乡间可"添加"的游戏健身设施，常见的有各种类型的秋千、跷跷板、小梅花桩、跳房子、独木桥、滑坡、泥鳅塘等。

（三）服务标识系统、咨询及导游服务

1. 标识系统

乡村旅游地涉及范围广，有村落、田野、农庄等，各种乡村服务业态分布也相对分散，且游客多为家庭组合的自主旅游，在旅游活动中需要有导览及"导游"，此项服务主要由各类标识组成的标识系统承担。这个系统包括了引导介绍性标识和解说性标识系统。

乡村旅游地引导性标识系统主要由目的地介绍标识牌、主要景观及景物介绍标识牌、乡村人文景观及文化遗产介绍标识牌、农业景观介绍标识牌、

导向标识牌、服务实施（游客中心、餐饮机构及餐厅、停车场、厕所、饮水点等）引导标识牌及环境管理提示牌等组成。

系统有效的乡村旅游标识能让游客获得有效信息、提高旅游效率，是游客对乡村旅游目的地服务评价的重要因子之一。游客对标识及标识牌的要求是，容易发现但又不影响观景和拍照，辨识度高，重点信息明确且有效，设计美观，有地方特色且最好能与周边环境融为一体，体现人文关怀。

2. 咨询及导游讲解

乡村旅游地的导览标识系统，主要为解决游客的共性问题，如果游客有一些个性化问题需要，还需要有相关针对性的服务，这就是乡村旅游地的咨询及导游讲解服务。

乡村旅游地可在主要入口、停车场等地设置专门的咨询服务台，提供信息联网咨询或人员咨询服务。人们到乡村旅游更希望能与人接触、交朋友，因此乡村旅游的参与者、服务者，甚至全体村民都应该熟悉当地旅游的情况，都可以成为义务咨询服务人员。

在一些重点观赏及休闲体验地，如村落中的古建筑、名人故居、重要遗产地、非遗体验中心、村史展览地、特色种植区、农业科技展示地等区域，还应配备专业讲解人员，帮助游客深入了解乡村文化，指导游客参与各种乡村生活体验。

（四）乡村旅游中介机构

1. 中介机构

乡村旅游中介机构主要指乡村旅游发展中在旅游产品组合、市场拓展、组织客源等方面提供服务的企业或机构，他们同样是乡村旅游观光服务业态的组成部分。典型的如旅行社、网络预订平台等。

2. 业态拓展

随着乡村旅游内涵的拓展，越来越多的新兴旅游需求如研学、游学、婚礼庆典、会议等转向了乡村，与之相适应的服务业态，如研学基地、婚庆公司、会展及各类培训研究机构等也将在乡村出现。

五、旅游商品及购物服务业

旅游六要素中，吃、住、行、游是构成旅游目的地收入的基础，而购物与娱乐开支在一定程度上说是没有上限的。旅游发达国家和地区在旅游发展中都十分重视旅游购物及相关服务，以期最大程度增加旅游目的地的旅游收入。因此，无论是从游客角度还是从乡村旅游发展角度，购物都是乡村旅游中的一个重要环节。对于乡村旅游地，通过向游客提供当地的土特产品、农副产品、民间手工艺品及非遗制品等，可获取收益，带动乡村相关产业发展，为乡村带来收入，提供就业岗位与创业机会，为当地村民带来非农经济收入，在促进农业生产和乡村文化传承方面发挥作用。

游客在乡村旅游地购物，购买新鲜生态的农产品、各种具有当地特色的手工制品及创意产品，是满足其乡村消费需求与动机的一种重要方式。

质优且富有乡村地方特色的旅游商品，在一定程度上还起到对乡村及乡村旅游的宣传推广作用，游客购买乡村旅游商品、纪念品后，乡村旅游商品本身起到了二次推广的作用。

（一）乡村旅游商品的概念、分类及特征

1. 概念

旅游商品，是旅游目的地向旅游者提供的富有地域特色，对旅游者产生强烈吸引力，具有纪念性、艺术性、实用性的物质商品。与旅游产品一样，同为旅游业的重要组成部分，是延伸旅游产业链、扩大旅游消费、推动旅游业提质增效的有效途径。

乡村旅游商品是指伴随着乡村旅游而产生的，供消费者购买的，具有乡村特色的商品。

2. 分类

游客到乡村旅游其所购买的商品品种较多，归纳起来主要可分为以下类型：

（1）特色农产品

所有农业生产的产品，如粮食、果蔬、花卉等都在游客购买的范畴之内，

而且在游客购买的物品中占了较大份额,是"后备厢工程"中的重要组成部分。

(2) 地方特产

地理标志产品、非物质文化遗产、地方风味小吃、道地药材等都属于土特产。乡村土特产具有很强的地域性,以地道正宗、绿色生态为主要特点,虽然通常没有独立企业品牌,但一般也会有一些较有影响力的地域品牌,如云南普洱、西湖龙井、文山三七等。

(3) 民间工艺品

民间工艺品,与土特产类似,具有较强的地域文化属性,不同地域文化下工艺品不尽相同,更有一村一品之说。特色民间工艺品的原材料可分为金、木、土、石、布等,通常包括雕刻、剪纸、版画、陶瓷、饰品、竹编、草编、布匹、皮影、泥娃娃等。民间工艺品的形式有精雕细琢的,也有粗犷质朴的,均反映了当地的工艺水平和文化习俗。

(4) 具有乡村特色的生产生活类商品

近年来随着人们乡土情怀的兴起和乡村创客的涌现,部分乡村的生产生活用品变得时尚起来,如绘有乡村民族文化图案的衣服、箱包等成为时尚界的宠儿,乡村优质的木材家具、质朴的陶瓷、竹编的灯饰也被市场青睐。

(5) 乡村文化创意产品

乡村旅游商品首先是一种商品,具有使用价值,但跟一般商品不同的是,旅游商品需要注重资源的文化性,并跟乡村旅游产品一样,也应该立足于市场、结合资源、融入文化,然后才能完成创意设计、创新提升,而非凭空臆想,更非"拿来主义",天南海北一路货,成为"代工厂"。

发展乡村文创类旅游商品的具体做法是走进乡村博物馆,多查阅各类书籍,深入乡村、走街串巷,拜谒乡村历史遗迹,求教非遗传承人、当地艺人、老专家,确定一个IP。在此过程中要做到坚持文化为魂,挖掘文化内涵、提升商品价值,还要坚持市场导向,培育市场主体,不断丰富产品种类。

3. 特征

(1) 地域性

乡村旅游商品是典型的地域性商品,如农产品的生长直接受到地理区位、气候、环境及地域文化的影响。"橘生淮南则为橘，生于淮北则为枳"就是典型的写照，乡村旅游商品的地域性正是吸引游客购买的重要因素之一。

（2）乡土性与创新性

质朴接地气、原汁原味，是乡村旅游商品的内在生命力，是乡村旅游商品区别于城市商品最显著的特色。乡土性是乡村给游客的一种关于传统农耕文化的记忆、乡味和乡愁。

旅游商品的创新性是乡村旅游商品开发中需要加强的一个重要方面。目前我国各地旅游商品存在着严重的趋同现象，乡村旅游地也不能幸免。即便是具有地方特色的商品也存在着模仿性，这使得大部分旅游商品给人的感觉是似曾相识，也就不能很好地体现出地方特色，当然也激不起旅游者的购买欲望。因此，乡村旅游地为游客提供购物服务及旅游商品时，如何创造性地设计出别具一格的乡村旅游商品，就成为旅游商品开发成败的关键所在。

（3）文化性与时代性

乡村旅游商品多少都带有当地的文化特征，有些商品文化感知度较强，如当地的民间工艺品，有些文化感知度较弱，如当地土特产。

在我国广大的乡村地区存在着众多的由传统工艺和加工技术制作而成的产品，许多传统产品已经成为旅游商品，有的还成为地方名产、百年老字号产品等，且已成为当地旅游商品开发的重点内容。但其中一些产品与现代旅游市场需求产生偏差，从商品经济发展角度来看，产品特性亟待改进。这就要求我们在旅游商品设计开发中既要传承传统又要顺应时代变革，从旅游者的消费习惯、价值取向，从商品生产工艺、设计技术、内容主题、使用材料等角度进行商品的创新发展，赋予商品以新的时代性内涵。如一些传统工艺品主题的转变、艺术设计的创新、工艺技术的改进与批量生产工艺的开发等，传统食品还要从符合健康卫生的角度进行改造、拓展功能等。

（4）艺术性与体验性

乡村旅游商品同样具有艺术特性，这种艺术性的高度取决于民间艺人的水平。通过文化创意产品具有的独特文化符号与标记使商品可鉴赏、可纪念、可增值，而不止于实用。

旅游商品十分注重游客的参与体验性。比如，让游客去果园采摘水果，DIY 手工艺品等。这也是乡村旅游商品吸引游客消费的重要原因之一。

（5）实用性与便携性

与普通的商品一样，乡村旅游商品也要有实用性，这样能增加游客的购买欲望。

乡村旅游商品的销售对象是乡村游客，那些不是就地消耗的商品就应该具有可携带性。体积、重量、包装安全性（防破损、防变质）、保质期等都会影响乡村旅游商品的便携性。

（二）乡村旅游商品的开发

1."原汁原味"与创意提升"双管齐下"

纯正朴实的乡土风情、独特的民间艺术，是乡村旅游商品的生命力所在，是乡村旅游商品发展的根本。乡村旅游商品的制作工艺和风格要尽可能保持"原汁原味"的乡村性，并将其传统工艺进行保护并传承下去，树立乡村旅游商品也是一种旅游资源的观念。

乡村旅游业要持续发展，需要不断开发新商品，来满足游客日益多元化的需求。"原汁原味"是乡村旅游商品的优势所在，但如果一成不变，人们会逐渐降低对它的购买欲望，需求量将日趋萎缩，最终会面临市场的淘汰。因此，面对市场竞争，对乡村旅游商品的开发，必须未雨绸缪。如果说"原汁原味"是第一代乡村旅游商品的特点，那么"融入新内涵、推出新商品"，则是第二代乡村旅游商品开发的重点。需要考虑对第一代旅游商品进行完善、更新，加强其艺术性、创新性和纪念性，从而推出与时俱进的新商品。

对于旅游商品的创意提升，只须规定"不准做什么"，无须规定"必须做什么"，否则，过于标准化和规范会束缚创意和创造。

2. 个性化和差异化开发

个性差异是一个商品存在的基本要求。具体到乡村旅游商品，首先要具备旅游商品的"三性（纪念性、艺术性、实用性）"和"三风（中国风、民族风、地方风）"，同时要着重突出"乡村"这个个性化主题，挖掘各地乡村特色，展现乡村旅游商品的独特魅力和价值，从而打造出品牌效应。

在这里要特别强调的是，同为乡村旅游商品，各地间要进行差异化开发。要根据各地的具体情况、现有资源，进行乡村旅游商品的定位，不可盲目模仿他地的乡村旅游商品特色、经营模式，要因地制宜。如年画、布老虎、刺绣、蜡染、剪纸、风筝等，它们既可以放在商店里作为一般商品销售，又可以将其深加工和再开发，做成乡村特色浓郁、散发着乡土气息的乡村旅游商品。

3. 参与体验性

（1）游客参与乡村旅游商品的生产、制作过程

可以让游客现场参观制作过程，了解大体流程手法，充分调动游客的好奇心，使其对乡村旅游商品产生兴趣。然后为游客提供"实践"机会，让游客亲自参与制作，将自己在乡村旅游的感受，即兴融入创作作品中，用亲身经历诠释自己理解的乡村旅游。

游客通过参与特色商品制作，可加深对乡村文化的了解，有可能成为回头客，并成为乡村旅游及乡村旅游商品的"义务宣传员"。

（2）创办乡村旅游网上论坛，拓展参与人数

可设立乡村旅游商品网站，定期举办乡村商品创意创新论坛，对现有乡村旅游商品提出建议、期望及合作意向等，这样有助于准确把握游客的需求，对第一代旅游商品进行完善、更新，加强其艺术性、创新性和纪念性，设计推出与时俱进的新商品。

4. 提升乡村旅游商品的文化底蕴

旅游商品是经济与文化的载体，而文化是旅游商品的灵魂。消费者希望对自己购买的乡村旅游商品有更多的了解。比如，旅游商品的制作工艺及产生渊源，制作技术的演变过程，所反映的文化内涵，商品的寓意等。

根据上述需求，可以在每件商品的包装里附上一份关于上述内容的介绍，增加乡村旅游商品的文化底蕴，提升商品的档次，提高经济效益。对于比较贵重的乡村旅游商品，还要附上质量认证书。一方面是为了让消费者放心购买；另一方面也是为了防止不法商贩以劣质品欺骗消费者，扰乱乡村旅游商品的市场秩序。

5. 乡村农产品文化创意升级

乡村农产品贯穿于乡村旅游的各个环节，餐饮、购物甚至装饰都离不开乡村农副产品。乡村农产品承载着乡村旅游的记忆及乡村品牌形象。乡村农产品文化创意的基础是农业和农产品，核心是创意附加，即在种植、加工、包装及营销四个环节将农产品创意相结合，以突出产品的美学价值，提高农产品的竞争性，产生更高的附加值，增加农民收入。

6. 打造乡村旅游商品品牌

品牌代表着买方对卖方商品的质量、服务、诚信、文化等方面的信任。乡村旅游商品要想做强品牌，要成立专门组织，融入现代化的管理理念，将产品做大做强，并加以宣传（如建立乡村旅游商品网站、举办大型宣传活动等）。具体可从以下几方面做起：

（1）注册商标、制定防伪标识

首先向社会征集乡村旅游商品的商标，以引起社会人士的关注。然后采取民意投票、专家把关的形式进行选举，进一步扩大宣传。最后选定商标，进行注册，并开始培育消费者对该品牌的认可度、信任度。

（2）商品包装

乡村旅游商品应考虑便于携带，这就要在包装上精心设计。不同类别的乡村旅游商品应有不同的包装，其中包括包装的图案、形状、文字说明信息等。而且，包装要与商品风格相统一，要体现出商品的特色和价值。

（3）售后服务

美国学者西奥多·莱维特指出："新的竞争不是发生在各个公司的工厂生产什么产品，而是发生在其产品能提供多少附加利益（包装、服务、广告、顾客咨询、融资、送货、仓储及其他价值）。"所以，乡村旅游地应规范业内管理制度，成立乡村旅游商品质量监督部门，专门监督乡村旅游商品的质量，受理有关消费者购买乡村旅游商品的投诉，捍卫消费者权利，严厉惩处生产劣质乡村旅游商品的企业、个人，打造乡村旅游商品长久健康的购物环境。良好的售后服务是吸引游客再次购买的基础，也是培育口碑宣传的最佳方式。

(4)多种渠道营销

开设乡村旅游商品专营店、参与展销会、进行网上销售等。乡村旅游商品不应仅局限在乡村出售,还应走进城市,甚至走出国门。通过乡村旅游商品,让更多的群体了解中国特有的乡村文化。

六、乡村旅游娱乐服务业

乡村旅游娱乐是乡村旅游中的重要环节,乡村旅游目的地旅游经济收入的增加主要依靠游客消费,而延长游客停留时间则有助于增加游客在乡村旅游目的地的消费额。乡村旅游目的地通过为游客提供有意思、有价值的娱乐项目来吸引游客,延长游客在旅游目的地的停留时间,增加旅游目的地的旅游收入,帮助旅游者实现自我完善和健康可持续发展的追求。

乡村旅游娱乐与其他乡村旅游形式与活动相比,具有更强的体验性。乡村的生产方式、生产工具、劳动过程等都体现着人与自然、人与社会发展的紧密关系,这些内容都可以成为乡村娱乐体验的主要内容。与城市娱乐不同,乡村旅游娱乐最大的特征在于其乡村性和乡土性。乡村旅游娱乐是了解乡村生产、生活及习俗等的重要窗口,乡村旅游因乡村娱乐体验更显丰富多彩。

(一)乡村旅游娱乐的含义与分类

1. 概念与内涵

娱乐,在中国古代书籍曾有过记述,最早见于《史记·廉颇蔺相如列传》"请奉盆缶秦王,以相娱乐",三国时期诗人阮籍《咏怀》中有"娱乐未终极",其内容都有"娱怀取乐"的含义。普通百姓把旅游总结为"玩",而"玩"的主要含义就是游戏、玩耍体验,因而旅游也可以理解为娱乐过程。

随着旅游的发展,人们对旅游中娱乐的需求不断提升,要求有更多的娱乐内容融入旅游产品中。现代旅游,特别是乡村旅游中"娱乐"已成为广大游客喜爱及追求的内容之一。乡村娱乐成为乡村旅游的重要组成部分,乡村娱乐也许不是乡村旅游的核心吸引物,却是乡村旅游吸引体系中的重要组成部分。乡村旅游地有针对性地在乡村旅游产品中适时穿插、提供一些娱乐活动，可满足游客乡村旅游的参与、体验需求，不同类型及应时、应景而变的娱乐活动，特别是一些主题鲜明的乡村旅游活动项目，可实现主客互动、人景互动，寓教于乐，有助于提升乡村旅游地的吸引力，甚至成为重要的吸引要素。

从国内外乡村旅游发展历程及内容看，成功的乡村旅游地，无一不提供并成功策划了有多样性并体现参与性、独特性、传承性、地方性与时尚性的主题系列娱乐活动，注重在乡村娱乐活动中充分融入乡村环境、农耕场景、乡村居民生产和生活方式，并能结合消费需求进行时尚提升，把乡村旅游的娱乐活动经营得有声有色。经验告诉人们，重视策划和开发乡村娱乐活动，不仅是乡村旅游进一步发展的要求，也是乡村旅游保持魅力和吸引力的条件，更是巩固乡村旅游竞争优势、提升竞争优势、实现可持续高质量发展的重要内容。

2.分类

乡村旅游发生地的环境、资源、风情等有所差异，各地乡村旅游娱乐类型也不尽相同，分类标准也就不同。

（1）根据娱乐活动组织的时空性，大致可以把乡村旅游娱乐分为室内型、户外型、长期型、短期型等。

（2）按照游客参与程度，可以把乡村旅游娱乐分为主动参与型和被动参与型。

（3）根据游客收获感悟的差异，可以把乡村旅游娱乐活动分为纯娱乐型、学习型、精神型和体能型等。

（4）按照依托资源的核心内容，可以把乡村旅游活动分为生产依托型、生活依托型和环境依托型。这三类娱乐活动的核心竞争力、主体客群及组织形式都有所不同，在乡村旅游娱乐活动及项目策划时多用此分类方法。

①生产依托型，主要存在近郊乡村旅游地，对周末家庭游、亲子游的城市居民有较大的吸引力。活动及项目主要依托乡村当地的农业生产场景，多与农副产品生产结合，游客通过参与农事活动，如采摘瓜果、耕地犁田、灌溉、饲养等活动，体验乡村生活的质朴与耕种收获的喜悦。

②生活依托型，多在地方特色鲜明或民族文化特色浓郁的乡村地区。多

以节庆、民俗表演等为主。适合游客在周末或小长假参与乡村旅游，可以体验乡村生活，参与具有地域和民族特色的节庆、狂欢活动。生活依托型的乡村娱乐活动多与乡村当地民俗文化、节庆相结合，通过策划组织，游客参与其中。这样的活动能让游客融入乡村生活及乡土文化的传承中，体验热情而有富有特色的乡村生活。

③环境依托型，大部分在城市远郊或临近知名景区的乡村，适合周末或小长假期间的团体游，以及户外活动爱好者出游，让游客在享受乡村自然风光和清新空气的同时，获得运动、养生、交友甚至挑战自我的乐趣。此类娱乐活动及项目需要与乡村的自然山水结合，依托山地、河流、田园、草原、冰雪等自然要素，因地制宜开展徒步、慢跑、登山、垂钓、滑雪、漂流等以健康、运动为主题的娱乐活动。游客在其中可以体验到自然的动感、聆听自然的声音、感受自然的变化，体味"天人合一"的境界。

（二）乡村旅游娱乐业的特点

乡村旅游娱乐项目要利用乡村历史的、地方的、民间的文化要素，结合现代的、国际的、主流的展示方式，开发出适合一般现代旅游者需求的产品，将各种文化产品从过去的观光型转变为休闲型，把旅游活动从原来单纯的教育、宗教功能转变为全方位的体验，把原来静态的、历史的、呆板的观赏对象转变为动态的、现代的、生动的。因此，乡村旅游娱乐活动及项目要具有知识性、趣味性、体验性、享受性，使游览、娱乐与学习相结合，叠加乡村大环境对游客产生更大吸引力。

（三）乡村旅游娱乐业发展的要求

1. 提高品位

乡村旅游活动要把娱乐性与知识性结合起来，增加科普活动、新知识新技能的传授活动、特长培训活动、艺术欣赏活动的分量，由单纯"求乐""求美"向"求知""求新"拓展，以满足旅游者的需求。

2. 突出乡土气息

农事活动体验是最受乡村旅游者欢迎的项目。田间地头进行农事劳作，是城里人乐意做的事情。此外，游客到乡村娱乐，游玩项目还有以下几种：新鲜果蔬采摘，篝火晚会，烧烤，垂钓，乘坐畜力车在乡间观光，体验乡村节庆，学习简单而有特色的民俗舞蹈、曲艺形式和传统手工制作等。

3. 多元化发展，提高游客参与度

乡村游客需求趋向多元化、健康化，乡村娱乐项目也应跟上游客的需求，把传统与时尚结合，跨界向多元化方向发展。同时娱乐活动都必须有游客参与，提高游客的参与度，让游客成为娱乐活动的主角。乡村的农事活动、民俗事项、体育健身项目等，大都具有很强的大众性，因而又蕴藏着可参与性。

4. 农、文、体、旅融合创新

乡村娱乐活动及项目应实施农、文、体、旅融合的路子，创新出新颖、多样的乡村娱乐活动及项目。可把农事活动娱乐化、竞技化，如举办插秧比赛、打谷子比赛等，还可把养殖娱乐化，如举办捡鸡蛋、捉"飞鸡"等活动。挖掘乡村传统体育活动，恢复一些传统体育项目，把传统体育娱乐化，如打陀螺、"斗鸡"、放风筝等。

还可以把养殖的动物用起来，做一些表演，吸引人们观看，如小猪赛跑、小羊拉车、斗牛等表演。随着美丽乡村建设与发展，乡村吸引了很多艺术家们常驻搞创作，有条件的可请书法家、画家等讲课教学，让游客在乡村农家屋里学书画。还可以举办诗歌创作活动，让游客"租农家房、种农家花、咏农家景、享农家乐"。

5. 注重文化体验的真实性、互动性及主题性

乡村旅游娱乐需要深度体验，让游客把观感上升为心得，在经历中提炼体验。因此乡村娱乐活动需要体现文化的真实性、互动性及主题性。

（1）真实性

真实性就是要求保持本色，真实的场景、真实的人物，有助于游客在娱乐活动中获得高质量的体验。乡村娱乐活动的真实性包括了客观性真实、构建性真实及存在性真实。

客观性真实指的是在乡村旅游活动中,既强调乡村自然环境作为旅游目的物的真实性,更强调乡村居民真实的生产生活在游客到来时能保持原状,给游客一种真实的体验。

构建性真实是指乡村旅游娱乐活动项目的开发设计者按他们的想象、偏好、理念等来塑造游客可能感觉更舒适、更轻松快乐的农事、采摘等形式的体验活动,虽然没有体现农村居民生活的真实,但在游客的主观感受和特殊情结的作用下能够感受到一定程度的真实体验。

存在性真实指的是游客在乡村环境中生活,通过深层次的体验活动,获得一种被激活的生命存在状态,可能与真实的农业毫无关系。游客重视自我存在状态的感受,可以通过宁静平和的乡村环境和人际关系来寻求真实的自我。

（2）互动性

一切旅游娱乐活动都是旅游客体与主体之间互动作用的结果,是人心灵的一种感悟与领会。对于同一个景象,经历同一个游程,由于人的社会背景、生活阅历、文化素质和审美情趣等有差异,会导致不同游客有不同的感受与体验。因此,乡村娱乐活动及项目应尽可能设计并提供参与性强、兴奋感强的内容,引导游客深入了解乡村的环境与历史。通过参与乡村生产生活以及与当地居民交流,勤思考并发现生活中有意义的部分。在游客旅游结束后还可以回顾感受,总结自己在乡村旅游中获得了什么、感受到了什么、为乡村留下了什么、对乡村还有什么留念等。较强的互动性活动是这种理性体验旅游的基础。

（3）主题性

主题是乡村娱乐活动及娱乐项目的基础和灵魂,有诱惑力的主题可以加深游客对乡村旅游目的地的现实感受。现代"主题"已经开始成为年轻一代的重要出游选择,周边游、当地美食、文化艺术、户外旅游、特色酒店,已成为最受欢迎的主题玩法 TOP5。

乡村娱乐活动主题的确立,相当于为游客的体验活动制定了一个剧本。一个明确的主题是营造氛围、营造环境、聚焦游客注意力的基础,是游客在某一方面得到强烈印象并获得深刻感受的有效手段。有主题的娱乐活动及项目，有助于游客整合自己的体验感受，留下深刻的印象和长久的回忆。

乡村旅游娱乐活动主题的确立应符合乡村本身的特色，与乡村的自然、人文、历史资源吻合。要根据主要客源市场的需求，突现个性、特色与新奇，避免与周边邻近乡村娱乐活动项目的雷同。如果没有好的主题，没有故事线，娱乐就会失去部分吸引力，造成空置浪费。

一个好的娱乐体验主题必须能调整人们的现实感受，特别是能改变游客对空间、时间和事物的感受，同时还能将空间、时间和事物协调成不可分割的一个整体，当然必须符合乡村当地的固有特色。通常一个乡村旅游目的地最好集中创建一个主题，避免超负荷地创造刺激内容让体验者无法承受，主题中的故事和体验内容避免矛盾，需保持一致，突出重点主题和故事线。核心主题在实施中还可以多点布局对其进行深化。

6. 克服季节性制约

为了能让乡村成为全天候的旅游目的地，在娱乐活动及项目上应把握好春种、夏长、秋收、冬藏的四季主题，还要考虑到节气、节日等因素。能够有效地把季节问题解决了，就能有效提高资源的使用效率，提高村民参与的积极性和收益。

春季最重要的自然资源是花草，最重要的文化资源是乡村民俗；而秋季是收获的季节，各种各样的果实以及独特的景观是秋季乡村旅游可依托的资源。春季和秋季是乡村旅游观光的最佳季节，由于气候温度具有相似性，其乡村旅游娱乐项目的设计思路也存在相似性。

夏季是乡村旅游的旺季，但也需要核心娱乐项目来引爆。

从传统意义上来讲，冬季寒冷不便于出行，属于乡村旅游或休闲农业的淡季。但其鲜明的季节特色，可以发展一些引爆性的娱乐活动及项目，如乡村庙会、温室大棚采摘、乡村冰雪嘉年华等。

7. 时尚植入、延展与创新

在乡村大环境下，很多城市流行时尚的娱乐活动，如瑜伽、太极、广场舞等康体健身娱乐活动，桌游、剧本杀、电游等年轻人喜爱的特色娱乐活动，以及一些城市公园里的娱乐也可以在乡村地域得到扩展和发扬。

（四）创新建议

1. 内容创新

（1）"乡村+"的娱乐提升与创新，注重环境的提升作用、精神的促进作用。

开发内部的体验价值，乡村文化体验旅游的从业人员本身也在进行一种体验，这种体验不仅可以提高工作效率和创造性，还可以更好地稳定人与人之间的关系，起到沟通、信息和知识共享、协调等作用。重视对游客感官，触觉、视觉甚至味觉的刺激。力求新颖，在对游客产生刺激的同时，让游客得到舒适的感受，符合游客的兴趣点。如生活场景穿越、DIY工艺品、有奖励的游戏和竞赛、表演、庆典、赠送纪念品等。

（2）增加夜间娱乐

开展丰富多样、参与性强的夜间娱乐项目，如歌舞表演、民间曲艺、夜游县城、饮食夜市、焰火表演等项目，丰富游客的夜间娱乐生活，满足游客的需求，发展地方经济尤其是夜经济。

（3）合理利用乡村文化场馆

充分利用乡村娱乐广场、中心，乡村图书馆，村史馆等。挖掘开发地方和民族文娱项目，开展主客共享的民歌演唱、广场舞、消夜等群众喜闻乐见的活动。

（4）拓展休闲活动

开展休闲、健身、娱乐活动，如玩水、划船、登山、垂钓、洗浴等。可以在田园、牧场、渔区、农家等开展一些绿色休闲体育项目，如滑草、攀摘瓜果比赛、驾牛耕地比赛等绿色健身项目。这样休闲者既领略了田园风光，亲近了大自然，达到了返璞归真的目的，又参与了一些自己喜爱的绿色休闲体育项目，达到了强身健体和娱悦心情的目的；同时还为乡村消费市场注入了新的活力，促进了乡村当地经济的发展和乡村产业结构的调整。

（5）增加节庆活动

策划如"乡村旅游节""乡村采摘节""乡村美食节""乡村自驾游""乡村摄影节""乡村民俗风情节"等大型活动来扩大影响，树立区域乡村旅游的总体形象。

2. 完善娱乐设施

主要包括乡村特色茶馆、酒吧、咖啡厅、美容美发馆、健身房、有氧活动室、SPA体验中心、桌球室、棋牌室、音乐空间、乡村电影院等。

3. 业态叠加

各业态之间可以叠加，如节庆+娱乐、农作体验+娱乐、餐饮美食+娱乐、旅游交通+娱乐等，游客可以边游玩、边在娱乐中体验劳动的乐趣，如参与节庆庆典娱乐活动，学习制作农家菜肴，选择有娱乐性的牛车马车作为旅游交通工具，进行割麦子比赛，观看地方民俗演艺，或参与到表演队伍中实际体验等。

4. 运营模式创新

（1）设施提供型

这一类型主要指具有乡村休闲放松及社交功能，如乡村酒吧、咖啡吧、烧烤区、乡村KTV等类型的乡村旅游娱乐项目设施。该类型通常会设置在乡村旅游目的地范围内田园风光美、视野相对开阔、村落人员相对集中或"有故事"的建筑空间等区域。通常包括自有经营、承包经营、合作经营以及股份制经营等方式。

这种运营模式的优点在于前期投入少，经营者、运营管理相对简单，而且具有较强的可复制性，游客拥有比较大的自主权，因此在一些乡村旅游目的地发展较为迅速，很受年轻游客及团体游客的喜爱。但这种经营模式也有明显的缺点，那就是会出现缺少与当地风土人情的融合开发，自身缺少核心吸引力。

（2）参与服务型

此类型主要结合乡村生产生活场景，设置相关互动体验项目，游客可以参与其中，在娱乐中体验、探索、学习，如动物喂养、吹糖人、各种乡村特色 DIY 等乡村娱乐项目。这样的娱乐项目多设置在乡村旅游目的地内交通便捷、人流聚集的区域，经营者多为当地居民，以体验收费为主要收入来源，除了需要固定的场地和工具外，还需要有专业人员（通常也是经营者）进行指导，由经营者与体验者共同完成娱乐体验活动。这种运营方式的优点在于前期投入少，可以增强运营者与游客的互动，建立情感纽带，游客还能学到相关知识，因此受到家庭游客、亲子及游学团体的偏爱。这样的运营方式同样存在缺少当地文化支撑及交流，自身缺少核心吸引力，无法形成独特的符号，容易仿制导致同质化等问题。

（3）专业秀场型

主要指以乡村资源，特别是人文特色为主题，通过专业打造以秀场、演艺为代表的乡村旅游娱乐项目。这类项目对资源的利用比较有深度，通过专业加工更能彰显乡村文化特色及内涵，能活跃氛围，兼具观赏性、知识性和参与性。这样的娱乐活动需要有专门的场地和表演场所，经营者多为当地政府、连锁经营商等，收入以门票为主。其优点在于能迅速抓住游客的眼球，给游客视觉和心理刺激甚至是震撼，同时体现当地文化特色，具有较好的文化宣传及教育意义，能吸引不同类型的游客参与。此类项目的缺点也是很明显的，首先是前期投入成本高，其次是需要专业人士参与。但是这样的项目往往具有垄断性，难以复制，容易形成核心吸引力。

第三节　新兴乡村旅游业态

一、乡村民宿业

（一）民宿的概念与类型

1. 民宿

民宿的起源与乡村旅游、乡村休闲有密切关系。可以说，民宿一开始就是服务于乡村旅游的,现已成为乡村旅游中的重要业态。

世界各国因环境与文化生活的不同而对民宿这一业态的认定有所差异,如欧洲一些地区的农庄式民宿(accommodation in the farm)、加拿大的假日农庄(vacation farm)、美国的居家式民宿(homestay)、英国的B&B(bed and breakfast)等。

民宿概念大概在20世纪80年代首先传入我国台湾,时间不长,但随着旅游的发展逐渐发展起来,2013年以后,进入发展期,2017年进入快速发展期,如今提到乡村旅游人们就会联想到民宿。尽管如此,至今民宿仍没有一个确切的定义。早期对民宿的界定近似于英国的B&B,但随着民宿的发展,很多人参与到民宿投资中,民宿得以快速发展。受传统的农家乐、家庭旅馆及精品主题酒店等的影响,人们对民宿的概念认知有一定的模糊性。

对于民宿概念目前主要的观点有:

(1)民宿是指依托所在地自然、人文、社会等旅游资源,通过自营、合作、租赁等方式经营,以浓郁的文化关照情结和人文情怀为基调,为游客提供特色化消费环境和生活体验的小型住宿设施。

(2)民宿是指利用合法的民房、农村宅基地、集体用房等民居资源,结合当地自然人文景观与生态环境、社区生产生活特色,基于合理的设计、修缮和改造,以旅游经营的方式,为游客提供住宿、餐饮等服务的场所。

(3)民宿,作为一种新兴的非标准住宿产品,主要是指根据当地旅游发展情况自建、租赁改造或拿地开发的小规模旅游住宿功能产品,并结合地域文化特色与市场需要,提供全方位、个性化体验服务的非标准住宿产品。

以上观点可以看出,民宿不同于农家乐和乡村家庭旅馆,与客栈、野奢酒店、精品酒店在属性、功能、产品形态、投资与经营主体、体量、服务项目等方面存在一定差异。

2. 民宿类型划分

(1)从发展的角度,可把民宿分为传统民宿和现代民宿两大类。

(2)根据地理位置,可把民宿分为乡村民宿、城市民宿和景区民宿。

（3）根据规模类型，可把民宿分为居家散落型、单打独斗型和小簇集群型。

（4）从层级角度，民宿可分为一般民宿、精品民宿和潮流民宿。

（5）根据产权结构，民宿可分为传统民宿和社会型民宿。

3. 旅游民宿

随着旅游发展，人们对民宿的需求不断增长，为了保证质量，便于管理，文化和旅游部市场管理司主持编写并发布了行业标准《旅游民宿基本要求与评价》（LB/T 065—2019），在规范中，给出了旅游民宿的概念：旅游民宿（homestay inn）是指利用当地民居等相关闲置资源，经营用房不超过4层、建筑面积不超过800平方米，主人参与接待，为游客提供体验当地自然、文化与生产、生活方式的小型住宿设施。

标准明确了旅游民宿的标识、基本要求、等级条件等，并把旅游民宿划分为甲、乙、丙三个等级。

（二）民宿的属性

1. 个性化、精细化的非标住宿体验产品

民宿不在于档次、规模，而强调入住过程中的环境感受、主人情怀、当地文化、活动体验等。与酒店相比，民宿兼具灵活性、开放性。

2. 扎根民间，社区整体营造，强调生活性

民宿提供的是一种新型的生活体验方式，营造的是一种主客共享、情景交融的空间。

3. "民宿+"的综合消费链

在住宿业态中，酒店可以说是一种城市的代表，农家乐基本是原生态，偏乡村化的，民宿则不同，民宿自成一体，是一种整合、一种提升。民宿发展需要依托当地的环境、文化及居民，在民宿发展中往往融合当地资源，具有当地文化标签，通过发展民宿可以带动当地文化旅游衍生产品的发展。酒店与民宿的差异如表6-1所示。

表 6-1　酒店与民宿的差异

	酒店	民宿
经营方式	专业经营	副业经营
场地类型	企业经营的专营空间	自用或租用的空余空间
周边环境	交通优先原则	环境优先原则
在地关系	互动性低	互动性高
硬件设施使用	按房间分配、专人专用	民宿内共享
服务人员	经过培训的专业人员	民宿主或当地人
配套服务	配套服务较多	内部服务较少
管理标准	完善的行业标准和管理规范	目前仅有针对"旅游民宿"的规范，标准待完善

注：该表引自《民宿创办指南》（严风林等著，华中科技大学出版社，2019）略有调整。

（三）发展乡村民宿遵循的原则

民宿，作为一个有情调、有情怀、有情意的休憩空间，显然不止于居住功能那么简单，除了身体层面的安歇，更多的是一种心灵的安放、精神的安慰。无论是在远离城市喧嚣的乡间，还是环境清幽的旅游区，人需要有短暂的安宁，然后在安宁中修身养性，净化心灵，升华精神。发展乡村民宿需要遵循一定的原则。

1. 区位品级是前提

区位是指民宿所处的特定场所与空间。区位品级即特定场所或空间各种条件因素的丰厚程度与能量大小。区位条件包括气候、自然环境（山水、林石等）、人文环境与文化因素、社区因素等，区位选择的目标是——看得见山水。

2. 专业性是基础

专业化是指民宿建造、装修、经营管理与服务等方面所达到的专业化程度。专业化的具体体现是创意，创意要在合法的基础上体现差异，目的是让住客愿意消费、兴高采烈地主动消费。个性化的标志是——记得住乡愁,让乡愁可见、可品、可听、可触、可体验。具体要做到有生活、有主人情怀、有生活理念;有温度、有服务品质;有社区责任,强调社区总体营造,与社区共建、互助;有特色主题,体现品质、气质。

3. 个性化是动力

民宿个性化动力体现在民宿主人对在地风土人情的兴趣;自然与文化资源转化为产品的能力,艺术性与时尚性的结合;讲故事的能力与分享的热情;以宾客为中心的服务及与之对应的硬件设施。具体设施要求可参见《旅游民宿基本要求与评价》(LB/T 065—2019)及2021年行业标准第1号修改单。

4. 舒适性是保证

舒适度是一个复杂的动态概念,指环境对人的刺激引起的心理感受,因人、因时、因地而不同。舒适包括硬件环境、服务环境和心理环境三个层次。住客对民宿舒适的入门要求归纳起来有八个"一",即一个资源独特的环境,一张舒适的床,一个能够放松身体、放空大脑的热水澡,一顿可口、提神的早餐,一处充满芳香的交流空间或场所,一位充满魅力的民宿主人,一段可讲述的居留经历,一段令人回味的人生记忆。

(四)乡村民宿发展的几个建议

1. 明确目标、充分准备

做民宿,要研究民宿的内涵,要清楚民宿不是升级版农家乐,也不是精品酒店。做民宿要有经济基础,要懂得合理经营。做民宿,情怀是引子,可以借助情怀讲故事、推IP,但要做好民宿,一定要用经营事业的心态去做。

以民宿从业者的消费认知为基础打造民宿,在民宿设计初期就要明确民宿未来的主体及定位。民宿作为小而美的载体,不易兼顾多种设计风格,审美偏好聚焦统一会让民宿更出彩。同时,以民宿为载体展开的餐饮、活动也应在大方向上保持一致。

做民宿之初,以"我就是自己的消费者"的状态,挖掘自身的社会属性,以自身消费能力、审美偏好、性格特征、阶段目标等角度了解民宿潜在消费者，在可控范围内，制订好明确的投入回收计划。同时做好资金筹备以及用户、竞争对手等的市场调研。

2. 精准选址、合法合规

选址是民宿的基础，对民宿发展的作用是决定性的。选址过程中的标准和禁忌应根据所在区域、民宿类型以及所追求特点的不同而不同，但有几个因素是民宿选址时可供参考的共性因素：是否是热门乡村旅游目的地，是否具有极致的景观，是否有长期的经营旺季，是否具有便利的交通环境，是否具有优质的政策条件，是否具有在地化特色产品。

上述条件中，有的条件会随着地方社会经济的发展而改变，如交通等，有的会随着消费者的审美需求变化而变化，如景观、消费季节等，但选址必须遵守国家法律法规，必须符合国家政策的指导方向，必须执行国家耕地保护、生态保护的政策，不得违背，特别是耕地、生态等红线不可触碰，规划必须符合国土空间规划的要求。

选址是民宿的第一步，也是最重要一步。在一定意义上，选址就是定位，决定了未来的经营方式和经营效益。

3. 手续齐备、与乡村共荣

民宿经营一定要合法，相应的手续、证照要齐全，这是有序经营的前提和保障。乡村民宿的发展，要在合法的前提下，解决好在地化关系，做到与乡村共荣。在地化关系不仅包括与村民、村集体、村组织等的关系，还包括供应链、消费者等多方面关系的协调与维护。

4. 确定形象，根据市场定位做好设计及运营策略

民宿定位首先要考虑的就是差异化，差异化决定了民宿的卖点和优势，决定着民宿是否能吸引消费者。民宿差异化的主要因素包括地方文化差异、用户画像差异、市场分类差异和运营模式差异。

发展乡村民宿，需要对地方文化、潜在消费人群、市场定位、投资收益等内容进行分析研究，这样便于科学确定民宿的装修装饰风格、制定经营计划和周期性的运营策略。

5. 吸引并用好人才

民宿经营人才是关键，民宿发展需要组建志同道合且稳定的团队。通过制定合理的薪酬体系，组织丰富多彩的员工活动，建立有效持续的激励机制，调动员工工作积极性，明确团队的责任、权利和利益，通过培训保证团队的竞争力，让民宿与团队共同成长。

6. 强化运营，把控质量

民宿运营是指民宿运营过程中，所涉及的人、事、物的日常操作及管理，具体来说，民宿运营就是有计划、有组织地实施和控制民宿日常工作，并根据数据录入、统计和分析的结果，对民宿日常经营进行调整。这是一个在日常经营过程中分析问题和解决问题的过程，更是一个质量把控的过程。

民宿数据分析有两个层面，一是基于民宿自身的数据分析，主要包括营收数据、水电用度、获客数据、材料耗损及营销成本等的分析，支持对民宿内在业态进行调整，以确保民宿持续盈利。二是基于市场趋势的分析，属于宏观分析，通过分析市场的变化趋势预测未来的走势，从而制定应对未来市场变化的策略。

民宿质量把控包括人工行为准则、接待服务规范、供应链选取与标准等内容。

7. 形成识别体系，做强品牌

形象识别体系同商标认证和品牌保护一样，越老越受到人们的重视。民宿业态属于商业范畴，同样也具有区别于其他品牌的形象识别体系。民宿通过形象识别体系设计，对内可以增强从业者的认同感、归属感和使命感，加强内部的凝聚力。对外可以树立民宿的个性化形象，进行资源整合，把民宿信息针对性地传达给消费者。

民宿的形象识别体系包括民宿 LOGO、字体、色彩、象征图案以及要素组合规范等。

民宿作为具有非标属性、体现主人特性的结合体，本身的品牌显得尤为重要。民宿品牌的选取应符合其本身的理念与发展方向。

8. 积极营销，做好顾客群维护

民宿品牌的搭建过程，就是梳理产品定位和人群定位的过程，在搭建品牌的同时，找准推广策略，实施民宿品牌曝光。

民宿的推广策略需要通过适当的包装和策划，直接突出卖点和特点，达到在最短的时间内被用户选择的目的。

民宿常使用的推广方式除了OTA平台，就是自媒体。搭建自媒体框架不仅能先声夺人，还能留住客户，有效维护已有的顾客群。在民宿经营中，通过各种活动载体，如打造生活场景，提供与乡村有关的手工体验、观光体验、户外体验及文化体验等能更好地维护和吸引客户。

民宿营销还应根据自身优势，搭建会员体系，凝聚种子客户；积极解决客户诉求，提供更好的服务，营造温馨气氛，留住客户、吸引客户再次消费；在客户拓展中，要有长远眼光，积极拥抱年轻人。

9. 相对聚集形成乡村民宿集群空间

目前，城市居民对乡村微度假的需求不断变化。大多数乡村微度假游客，具有消费集聚化的倾向，因为度假不仅只是一个住的需要，人们还希望有一定的观光、休闲和娱乐内容。而民宿作为一个小型住宿机构，不可能提供度假游客所需要的所有服务，而且有些服务是具有公共性的。不同类型、档次、主题及不同风格的民宿相对聚集，能够满足不同类型消费者需要，还能吸引一些相关服务业态进入，如特色餐饮、购物、演艺等，这些就能形成一个乡村度假综合体，对游客的吸引力会乘积式增长，对提升乡村旅游地的知名度和推动其高质量发展会起到积极的促进作用。

二、乡村露营地

（一）关于露营

1. 露营的兴起

露营，作为当下休闲度假的当红选择之一，是旅行者逃离城市生活、接近大自然的一种简单方式。

露营作为一种休闲方式，有着它的前世今生。第一代露营是应小众户外探险而诞生的野外露宿，属于比较高难度的专业领域，还不能称之为"露营旅游"，只是与户外探险伴随而来的露营需求。第二阶段，露营开始从职业化、专业化的形式，走向了休闲旅游。这个阶段的露营在技术上已经没有那么高的挑战，主要跟随徒步旅行人群的增多而壮大，但依然是一个相对专业化的小众休闲方式。大概在30年前，国外休闲度假旅游逐步成熟，露营随之进入第三阶段，即成为普通人度假住宿的一种替代性需求。到目前为止，这三个阶段的露营形式并非一代取代一代，而是共存，其消费人群主要分两类，一类是专业户外运动群体，另一类是家庭亲子群体。

从目前乡村旅游发展看，露营和民宿都是乡村旅游、休闲度假的一种配套、更替和尝鲜。如果说民宿的特点是建筑设计及服务，那露营的特点就是自然风光及活动组织，露营，更偏向度假。首先在场地面积上，露营的活动空间远远大于民宿。其次，露营基本上都处在有一定自然环境、风景基础的区域。还有一个重点是多数露营主办方，都会举办相应的活动，如烧烤及观看电影等有氛围的活动，提升露营的可玩性和社交性。

在中国，露营总体潜在需求规模很大，但目前的规模化露营，是基于大需求的分散式运营，从具体发展看，在运营方面应该是小规模的或者说是分区域、分地点的。乡村露营的发展要尊重规律，回归常识，露营是基于大众旅游基础的一种休闲业态。

2. 露营的类型

露营可分为传统露营、便携式露营和精致露营三种。

（1）传统露营：传统露营是一个背包装下所有装备的苦行僧式旅行。此种露营方式多带有自发性特征，选择的露营地不一定是露营基地，而会基于个人爱好随机选择风景优美可"扎营"之地。

（2）便携式露营。便携式露营是营地提供所有露营装备，旅行者只需前往体验的轻松旅行。此类露营需要有专门的露营基地提供服务。

（3）精致露营。融合户外美学、生活方式的精致露营（glamping）是目前风靡各大社交平台的露营方式，通常需要配备房车、卡式炉、咖啡机、星星灯等装备。此类露营需要较为专业的露营基地提供专门的服务。精致露营可以归为综合业态，不仅仅是住宿功能的替代品。没有业态和体验内容的露营是资源的浪费。

（二）露营地

1. 功能要求

乡村露营是乡村旅游，特别是乡村休闲度假的一种方式。随着乡村露营休闲度假的发展，与之相对应的特色度假业态，乡村露营地也就出现了。

从目前乡村旅游发展的情况看，因乡村自然资源的特点，乡村旅游发展过程中对环境的规制非常严格，因为露营地对环境的依赖性很强，属于环境脆弱型产业业态。因此，在乡村旅游地做大规模的帐篷酒店、帐篷营地、房车营地有很大的难度，乡村露营不适于规模化。

乡村露营地相比其他住宿产品更加灵活、投资体量可控、项目周期更短，但产品设计和打造，一定不能是大众的，要从大众中缩小范围，变成小众细分，业态范围一定是重度垂直的，只有重度垂直才能找到精准人群，市场空间是需要选择的。值得注意的是，露营市场的范围主要集中在自驾周边两个小时内，没有相当的消费基数支撑很难成功。

真正的露营要有内容和生活方式的融合、创意内容的重组和精细化运营的服务，要体现娱乐性、教育性、逃避性和审美性。在乡村露营中，娱乐性是刚需，是游客对露营活动及露营地服务的最直观感性的评价标准；教育性也吸引着活动参与者，游客往往主动、希望参与露营活动中的智力教育或身体即体育教育等；逃避性体验在浸入程度上要高于娱乐性体验和教育性体验，是和纯粹娱乐相反的体验活动，产生逃避性体验的宾客会完全沉浸在自己作为主动参与者的世界里；审美性体验，是人们沉浸在事件和活动中但并不对其产生影响，而是任由环境自然变化，有点"我自岿然不动"的意思，这个体验需要跟独特资源相融合。发展乡村露营要满足消费者亲子活动教育、特色生活体验、逃离生活压力、社交与审美生活分享等需要，露营地在具体内容选择上要做到高频次、高附加值、高黏性，成为主题教育营地、素质体验空间和亲子互动场景与乡村结合的特色乡村旅游地。

2. 基本条件

开发乡村露营地，对营区地要求是比较高的。乡村旅游地营地按功能来划分，分为帐篷营地、房车营地。无论哪类营地，首先要求区域宽阔、平整、干净、无积水隐患，通景公路，路面平整，表土遇雨水易于渗透。营区内不得有任何危害露营者安全的潜在危险，营区四周必须有自然或人为的围栏等设施，且必须做好任何危害露营者安全的潜在危险的防范措施。

游客中心应设于全营区最佳视野处，如果游客中心不设在营区入口处，则入口处必须另外设置游客服务咨询接待点，兼应急救援点，夜间有照明和报警设施且有专人值班。入口处标识必须清晰且具有夜间亮化功能，符合露营区安全防范要求的各项规定，有专职安全管理员和专业培训力量。

3. 卫生、安全及污水处理

乡村露营地建设中卫生与安全至关重要。

营地要有完善的用火安全、食品安全、消防安全、治安安全、设备设施安全、应急救援的管理办法及措施，并定期进行人员培训。对进入露营地的消费者要进行安全告知，并公示举报投诉电话等。

营区内必须提供清洁可供饮用的水源和用于清洗、卫浴等其他用途的水源。包括洗漱台、淋浴室、卫生间在内的卫生设施要齐全。

应设置标准化分类垃圾桶，且必须加盖并每日清理，垃圾分为易腐垃圾、其他垃圾、可回收垃圾等各种类型，要根据垃圾分类有关规定进行回收处理。收集的垃圾应请专业公司处理，场内严禁焚烧、堆填。

炭火、木柴等使用后的可燃物或炭灰垃圾需要配备专门垃圾桶，并与水源临近，尽量远离树林、灌木，做到及时清理。

要具备完善的污水处理设施及系统。

4. 其他服务设施

营地应有服务中心和综合性广场。营地和外界必须设围栏，以限制露营者以外的人随意进入，并起到明确划分营地的目的；围栏分为砖墙、金属网、带刺的铁丝、绿篱、木桩、竹篱以及水泥木桩等形式，要和周围环境、风格相协调。

各类标志标牌要齐全,营地内部交通要完善,有必需的灯光照明和消防设施。配备相应的停车场、员工休息室和器材存放处。

5. 具体帐篷露营地建设

可参见《休闲露营地建设与服务规范》(GB/T 31710—2015)。

第七章 乡村旅游产品

第一节 乡村旅游产品概述

一、概念与特征

（一）从旅游产品说起

旅游产品是旅游经营者所生产的，准备销售给旅游者的物质产品和服务产品的总和。旅游产品可以分解成三个主要部分：旅游吸引物、交通和接待。其中，旅游吸引物的地位和作用是首要的，因为它是引发旅游需求的凭借和实现旅游目的的对象。

旅游产品能够有效刺激旅游消费，拉动旅游经济增长，其有效供给能够发挥调节消费者消极感知的作用。在产业融合发展的大背景下，旅游产品已经成为带动和维系旅游产业与其他产业融合发展的纽带。从产品结构来看，旅游产品异于一般产品。一般产品在生产完毕投入使用后是看不出来材料构成的，但是旅游产品却可以分辨出整体的构成要素；一般产品多是先生产后经流通渠道进入市场消费环节，而旅游产品的生产与消费是同时进行的，而且旅游产品还具有综合性、不可贮存，以及娱悦游客和无规范性的特点。经历和体验既是旅游产品的消费形式，又是旅游产品的消费过程，同时还是旅游产品用途的具体表现，和旅游产品有着无法割舍的联系。

从产品价值和使用价值层面来说，旅游产品包括无形产品和有形产品，但从其购买交换率方面来看，它具有商品属性，同时又具有价值与使用价值属性。从旅游产品的供求矛盾层面来说，旅游产品供给与旅游产品需求的矛盾对旅游产品升级与发展起到了至关重要的作用。

旅游产品供给以旅游产品需求为基础，而旅游供给又为旅游需求提供保障。当两者之间达到一种均衡的状态时，旅游市场处于良好的发展状态。

(二)乡村旅游产品概念

乡村旅游产品的概念在学术界还没有确切定论,因为旅游产品本身既是一个核心概念也是一个复合概念。从供给的角度,乡村旅游产品,是指乡村旅游地为满足游客体验乡村环境、乡村文化等方面的需要而提供的有形产品和无形服务的总和。消费需求转变会导致旅游产品与服务在内容、形式上的转型升级,其经济活动呈现"需求—研发产品—满足需求—新的需求—研发新产品—满足新需求"的循环模式。

(三)乡村旅游产品特征

1. 乡村性

乡村特色是相对于城市特征而言的,指人们在乡村地域内,能够感知和体验到的,与城市有明显区别的所有自然和人文元素。具体内容在前面章节已有过详细论述。乡村旅游产品的这一特点决定了并非所有的乡村都适合发展乡村旅游。

2. 投入少,消费低

乡村旅游产品要能客观、真实地反映自然乡村的本来面目,强调返璞归真,回归大自然,从旅游投资的角度看,乡村旅游产品不需要也不能够大兴土木和投入巨资去培植人造景观,比如,在乡村地域内建造的主题公园不属于乡村旅游产品,因此,乡村旅游产品开发投入成本少,受资金限制程度低。

从旅游消费的角度看,国内外的乡村旅游,均以国内游客尤其是近距离城市居民为主要客源,原则上,乡村旅游市场为近程性市场,旅途短,车马费少,不收门票或门票价格低,食宿费用相比城市低,旅游购物商品以当地自产自销的为主,因中间环节少,也较城市便宜。当然,也有少数高档乡村旅游产品可满足高收入消费者的需要,但不是主流,城市人游乡村,其消费心理限度原本就不高,同时,现有的中、低档价位产品的大量存在,客观上保护了这种低消费的持续性和经常性。

3. 类型丰富

乡村旅游产品类型丰富，集观光旅游、度假旅游、体验参与型旅游、消遣休闲旅游、康体保健旅游为一体，产品之间有较大的差异性，内涵和外延博大宽泛，可较全面地满足不同消费需求游客的需要。

二、乡村旅游产品开发

（一）开发原则

1. 生态原则

生态是乡村旅游发展的基础，也是游客选择乡村旅游的基础与背景，因此乡村旅游产品开发首先要遵守的原则就是生态，这里的生态包括自然生态、文化生态和生活生态。

2. 文化原则

乡土文化是开发乡村旅游产品的根基。开发乡村旅游产品以迎合城里人的文化追求时，必须自觉地体现城市人对"乡土特色"的理解和珍视。坚决杜绝舍弃地方特色，模仿、杜撰一些品位不高、格调不雅、牵强附会的东西，不做舍本逐末，短期效果可能好，但没有长久生命力的产品。

3. 参与原则

乡村旅游消费的本质是购买一种"经历""回忆""印象"或"体验"，参与型旅游产品是让旅游者实现这一购买目的的最佳载体。开发乡村旅游产品时应注重多种类型和风格的参与活动，增加活动的趣味性、层次性、丰富性和多样性。如加工、品尝、健身、习艺、购物、民俗娱乐等都大有文章可做。

4. 清洁卫生原则

旅游者心理需求研究指出，旅游者在购买旅游产品时，既希望获得新奇感受，又不愿过分背离他们认为的良好的生活方式和卫生习惯。因此，开发乡村旅游产品，在核心内容上需要保持乡村内在的"乡土味"，同时要重视产品组合要素的形式与内容，产品中提供的各类服务要素（无论是硬件还是软件）都须做到卫生达标，如乡村旅游厕所、住宿空间的客房、餐饮场所的加工区及用餐区等卫生必须达到相关国家标准,服务人员及服务行为也要有相应的清洁卫生标准,要达到旅游消费者可以接受的水平。

(二)开发路径

1. 以大中城市为依托,将乡村旅游产品"生产"与乡村社区经济开发结合起来

旅游系统由客源市场系统、出行系统、目的地系统和支持系统四部分组成。乡村生态系统作为城市旅游中目的地系统的组成元素,一般情况下难以独立成为吸引中远程游客的节点。这是由于乡村旅游在依托城市的同时,又受到城市旅游开发级别和知名度的影响,所以,在进行乡村旅游产品开发时必须要有系统的观念,避免旅游系统内部各子系统的缺失。不管是何种形式的乡村旅游,都应该以具有较强消费能力的大中城市为依托,这是必要的市场基础。因为如果没有区域内的客源作为门槛游客加以带动,乡村较难吸引远程的旅游者。同时,一般的乡村并没有稀缺的旅游资源(如有价值的古建筑等),在全国各个城市附近都有广阔的乡村,只有独特的乡村旅游产品才是稀缺的。乡村旅游产品"生产"要在市场调查和市场预测之后,确定产品的主题、规模、开发方式和层次。摆正市场定位,就能增强针对性,减少盲目性,从而提高经济效益。

2. 依托高新技术积极调整乡村产业结构

乡村旅游产品的开发应该以乡村高新技术推广为依托,将旅游开发与乡村产业结构调整结合起来。现代乡村旅游不能停留在以满足游客物质需求的观光和采摘的表象繁荣上,必须走结合高新技术,挖掘深厚的传统乡村民俗文化内涵,增加科学技术含量,开发出能满足游客物质、精神和科技文化需求,参与性强、适应面广的典型的、特色的、精品化和高科技的项目系列,走生态、文化和科技旅游"三结合"的道路,将乡村旅游产品开发与乡村社区经济开发、乡村产业结构调整结合起来,成为推动地方旅游业发展的新的增长点。

3. 依托乡村多元的自然与人文生态资源实现产品的多元化

乡村旅游产品的开发应该以乡村自然和文化生态为依托，将旅游开发与多元化产品结构结合起来，突出自身特点，以供不同需求的游客选择，无论是钟爱田园风光的观光游，还是追求文化品位的度假游，或是体验民俗风情的文化游，抑或纯粹寻求娱乐、消遣、健身的休闲游等，都应成为乡村旅游产品项目的应有内容。

（三）构建产品域

从乡村旅游产品组织者及提供者的市场行为，以及乡村游客需求及消费行为角度，可以把乡村旅游产品分为三个产品域。

1. 核心产品域

核心产品主要属于农业旅游或农庄、农场旅游范畴。核心产品以乡村旅游游客获取旅游体验为主要对象，主要内容是在乡村景观中与当地村民共享乡村文化和生活。核心产品的具体要素包括乡村旅游地的接待和乡村微度假服务、乡村景观观光和乡村习俗文化认识与体验、农事活动体验等，是乡村旅游游客获取乡村体验的主要对象和内容，也是乡村旅游产品的标识性特征。

2. 辅助产品域

辅助产品是由乡村地域的各种直接或间接从事旅游业的人员提供的产品和服务，这些产品超越了核心产品域的乡村旅游范畴。包括乡村风味饮食、传统工艺品、土特产品、绿色食品、民间特色活动、乡村古建筑、乡村体育健身活动等。其服务对象一般也不局限于乡村旅游者，还包括本地居民。辅助产品不是核心要素，但可以作为乡村旅游体验的重要组成部分，并在一定条件下可以脱离核心产品而成为吸引旅游者的一种独立乡村旅游产品形式。在乡村旅游整体产品中则是增强核心产品吸引力和竞争力的主要途径。

3. 扩张产品域

扩张产品域指由地方政府、企业、行业协会等组织的面向乡村旅游的营销或服务网络。扩张产品是乡村旅游发展到一定阶段、形成一定规模后的产物。游客通过乡村旅游网络获得旅游信息，乡村旅游预订、售后延伸服务及其他增值服务。乡村旅游的从业者也通过该网络共享资源并开展营销活动。这是乡村旅游发展到较高阶段后出现的产品层次。

在乡村旅游产品体系中，核心产品域体现了乡村旅游者的基本旅游需求，也常常是乡村旅游开发的前提，辅助产品域和扩张产品域则是以提高乡村旅游吸引力和提供乡村旅游便利条件为特征，形成乡村旅游产品整体竞争优势的不可或缺的部分。

第二节 乡村旅游产品类型

一、主题类乡村旅游产品

（一）观光系列产品

1. 田园风景观光

田园风景观光属于初级产品，一般是针对初到此地或者初次进行乡村旅游的一日游游客。旅游者通过感知捕捉美好景物的声、色、形等获得愉悦，继而通过理性思维和丰富想象体会乡村景物的精粹，由外及内体验美好的感觉。绿地、溪水、瀑布、林木、鸟鸣、蓝天、稻田、麦地、油菜花、土豆花、茶园等，以及纯朴真诚、友好和善的居民，使游客从各个角度获得丰富的美感体验。

2. 农业收获物观光

农业收获物种类繁多，地域不同，季节不同，收获物不同。农业收获物不仅为人们提供食物，也为乡村增添了各种景观。但收获物的季节性较强，在收获的季节过后，乡村的景观就显得"凋零"，而且收获的时节也比较短暂。因此通过农业收获物开发的旅游产品及组织的旅游活动必须考虑这一因素。

3. 蔬菜园观光

可利用无公害蔬菜、奇异蔬菜、野菜等蔬菜，通过菜园展示、蔬菜餐厅等让游客参与体验。可以把观光与美食制作、美食体验结合起来,形成联动型旅游产品。

4. 花卉园观光

观光花园是以大型花卉生产基地为依托,充分利用花卉的观赏、食用、入药等博大精深的文化底蕴来开发的一种乡村旅游产品,它集观赏、习作、品尝、考察、购买、教育等功能为一体。

5. 果园观光

果园观光一般指开放成熟期果园供游人亲自采摘、品尝、购买及参与加工,既能观赏果实累累的丰收美景,又能与其他休闲活动相结合的果园经营新形态。

6. 茶园观光

利用成片的茶园,将茶知识讲解、采茶、沏茶、品茶、茶艺甚至茶道融进旅游活动中,使游客既能娱悦身心又能从较深层次体验茶文化。

7. 竹园观光

在竹园安排小憩,赏竹,学习竹编,竹雕、竹枝、竹节造型等艺术活动,烧制竹筒饭,购买竹艺术品、盆景、竹笋,以及其他以竹产品为原料的天然食品等旅游活动,使游客全方位体验竹文化。

8. 瓜园观光

利用甜瓜、西瓜基地,开展观赏、品尝、收瓜等旅游活动,园区内可建设甜瓜、西瓜主题馆。

9. 中草药园观光

利用中草药种植基地,开展辨析中草药品种,了解中草药知识的旅游活动,将中医文化和养生之道结合起来,可针对中老年游客进行促销。

10. 大型综合生态农园观光

大型综合生态农园包含的内容极为丰富,能适应和满足不同消费客群的需要。生态农园有利用高科技手段进行组培、育种等任务,因此成为各类无公害蔬菜、绿色蔬菜、有机蔬菜、果品、观赏花卉以及农艺景观的实验地和展示地,是蔬菜、瓜果、花卉、苗木的种植基地,各类畜禽的养殖基地,是农旅融合的示范基地。在大型综合生态农园游人不仅可以参观了解各种农业新品种，了解农作物的生长过程，聆听农业专家讲解现代高科技农业发展情况，还可以观赏各种由农作物组成的特色景观，到种养殖基地亲身体验具有高科技含量的农业生产活动，品尝和购买特色农副产品等。

11. 高科技农业示范园观光

高科技农业示范园是指利用现代高新农业技术，培育动、植物新品种和示范精细农业的一项旅游产品，它利用游客对新型农产品的好奇心形成核心吸引力，科技含量高、投入产出均较大，可以为当地农业培育新品种，研制农业新技术和推广农业新模式。从业态属性角度，高科技农业示范园归于农业新业态形式，但从旅游观光角度，高科技农业示范园观光是一种利用农业科技及科技成果，通过叠加旅游服务面向市场的特色乡村旅游观光产品。

12. 牧场观光

牧场既有生产的功能又有观光的功能，因此牧场应采用先进的饲养技术、管理方法和设施设备，建立畜禽良种繁殖体系和畜产品加工、检验、贮运体系，形成融观光、参与、娱乐、品尝、培训、咨询、购物、科研等功能的一条龙旅游服务，可有两个方向：

（1）普通品种观光：饲养一些常见的畜、禽，如牛、马、羊、鸡、鸭等，开发观光等旅游项目，让游客全方位、多层次参与，例如，可以让游客参与狩猎、放牧、喂养、剪毛、挤奶、品尝羊肉和羊制品、观赏和拍摄牛群等活动。

（2）奇异品种观光：饲养品种优良而独特的牲畜及动物，这些动物必须易于饲养且有很大的观赏价值，如鹿、狐、鸵鸟等。

13. 林场或森林公园观光

森林在自然界中有着调节气候、增加湿度、降低噪声、吸碳制氧、消除烟尘、吸收毒气、杀灭细菌、美化环境、增加空气中负氧离子的作用，到林区旅游，游客可以消除疲劳、放松身心、改善神经功能、促进新陈代谢、降低血压、振奋精神。森林旅游可开展的项目很多，能适应旅游者多方面的需求，参与性、娱乐性、自由组合性较强的森林旅游产品已经颇受欢迎，例如，森林摄影、野营、野餐、徒步登山、游泳、划船、漂流、钓鱼等都是城市人喜闻乐见的休闲方式。更为重要的是，森林旅游具有资源保护和开发同向发展、良性互动的独特优势，具有生态旅游与生俱来的引导和教育功能，能潜移默化、循序渐进地唤醒人们的道德、环保意识，有利于旅游者养成热爱自然、保护自然的行为习惯。结合旅游活动要素，可以叠加主题活动，丰富此类旅游产品的内涵及吸引力。

14. 传统村落观光

利用村落房屋、园林、牌坊、祠堂、书院、古桥、古井、古树、古堡、古道、古庙等，开展观光旅游活动。

（二）娱乐系列产品

该系列产品主要包括划船捕鱼、溪边垂钓、骑马、散步、远足、租赁农业等，使游客通过乡村旅游达到锻炼身体、宁气安神、消除疲劳等身体素质和精神状态得到不同程度的改善、提高的目标。

1. 固定时间、固定场所的乡村娱乐产品：乡村游戏

为丰富旅游活动内容，可选择乡村中心的一块空地，定期安排跳绳、爬杆、打陀螺等传统娱乐活动。对积极参与并获胜的游客给予印有本村景观及宣传口号的挂包、小木鼓等纪念品作为奖励。对于儿童游客，根据年龄层次进行分组，开展摔跤、斗鸡、跷跷板、荡秋千、击石子、射弩、抢"牛肉"、老鹰捉小鸡、簸石子等活动，并为获胜者颁发小纪念品作为奖励。

2. 非固定时间、场所的乡村娱乐产品：节庆旅游产品

在传统节日如春节、端午节、中秋节或民族节庆时，可以让旅游者参加更加丰富的娱乐活动，比如，品味农家风味餐，品尝风味烤全羊、烤乳猪，自己动手做农家饭，感受乡村生活的勤俭与朴素；乘敞篷马车畅赏田园风光，观看婚俗表演，参加农家篝火晚会，参观农耕博物馆，了解古老民族的农耕文化。

（三）休闲度假系列产品

休闲度假型乡村旅游产品适合城市居民亲子出游或亲朋相邀的家庭度假和集体度假，以及开展大中学生夏令营。所以本系列可以包括周末节日度假

游、家庭度假游、集体度假游、疗养度假游和学生夏令营等形式。依托特色乡村旅游住宿业态（特色民宿、露营、精品酒店等）加上观光、娱乐业态，可设计多个不同类型的微度假乡村旅游产品。

（四）文化体验系列产品

乡村文化体验型旅游产品开发的原动力是变化，是改造，是在原有的乡村旅游中强化体验，将体验渗透到游客在乡村进行的旅游活动的全过程，通过参与活动、观看演出等达到娱悦身心、放松自我的目的。

深入到乡村，参加力所能及的农事劳作，才能够真正体验真实、淳朴的乡村风情和村野文化。旅游者通过融入乡村生产生活，感受浓郁的地方特色，认识生产生活当中的节律、器具工具、房屋建筑、饮食、礼仪、服饰，以及婚恋庆典、舞蹈、语言等方面的民俗知识，感受独特的农作文化和传统习俗，获得难忘的乡村体验。文化体验类乡村旅游产品在设计组合中要注重农家、农村内外环境的提升；注重主客精神的交流和促进作用，多开发内部的体验；注重闲暇活动的强化作用。游客对旅游活动的感受，并不是对某一个或几个活动的感受，而是对整个旅游经济的印象和记忆，是一种综合、系统的感受，因此，农耕劳作体验不能只通过单一的某个刻意安排的活动来使游客获得乡村体验，要重视对游客的感官刺激。体验从一连串感官刺激开始，然后才发展为主题，因此，要特别注意游客在农耕劳作闲暇时间的感官体验，注重游客的参与作用。游客在农耕劳作时的感官刺激如表 7-1 所示。

表 7-1　游客在农耕劳作体验过程中受到的感官刺激

类型	举例
触觉刺激	对农具的熟练使用
嗅觉刺激	泥土的清香
听觉刺激	石磨转动的声音，牛、羊的叫声等
视觉刺激	色彩绚丽的农业收获物
味觉刺激	品尝自己制作的农家菜

体验类产品必须是游客极其感兴趣的项目，如大米是大部分国人的主食，与生活息息相关，水稻种植的相关知识也是游客渴望了解学习的。从犁田、播种、收割到食品加工的各个工序及其所使用的工具，都可以开发为供展示参观和参与体验的旅游产品。

以下体验是乡村旅游中常见的文化体验类型：

（1）农耕文化体验类，如让游客做一天"村民"或"农夫"，体验农村生活。游客可以充分参与和体验劳动过程，深入乡村生活，感受劳动乐趣，丰富旅游经历。用实物的形式动态地展示各地域各个历史时期的农业文化，如农具展示，所展示的农具能操作，有代表性特色，并由专人教授使用方法，游客可以操作使用，以体验劳作的趣味。

劳作游戏类，举办有奖励的游戏和竞赛，如犁田比赛、插秧比赛、舂米比赛等，一些独特的水稻生产工具如犁耙、镰刀、锄头等可按比例缩小为精致的微型旅游纪念品，作为文明之光的传播者，使之具有浓郁的文化品位，这对城市居民尤其是儿童来说，具有极大的吸引力。

各种农具（包括一些现代已经不用的古代原始农具）的示范性操作，可拍成照片、录像或写成小册子向游客出售，还可以向游客出售自制的米酒、农家风味的腌鱼等风味食品，使他们在游玩之余尽可能地一饱口福、眼福。

可专门开辟一块区域长时间出租给游客，供他们栽种花草、经营家庭农艺等。具体的操作方法可以是：农场主将一个大农场分成若干小园，分块出租给个人或家庭，向他们收取出租费用。平日由农场主负责雇人照顾农园，并可按照租赁者的意愿更换、增添农园内种植的品种，假日则交给承租者享用。这既满足旅游者亲身体验农趣的需要，也增加了经营者的利润。租赁农场用地，包括山地、平地、丘陵、水面等各种类型的地貌，适用于耕种、放牧、养鱼和种树等各类农业经营形式。相邻农场边界可种阔叶树，树下设休息座椅若干。租赁农场针对收入较高的富裕阶层人士，可采用会员制经营。农场主可为会员提供农具和种植辅导服务等，会员只需交纳一定的租费，就可在闲暇时做一个悠闲的农夫。

（2）生态农业示范区体验游产品。生态农业是用生态学原理和系统科学方法，把现代科学成果与传统农业技术精华相结合而建立起来的具有生态合理性、功能良性循环的一种农业体系。它有利于农业自然资源的开发利用和保护，有利于提高农业生产综合效益，促进农业可持续发展，同时它对大多数游客而言是陌生而神秘的，极有吸引力，因而将会成为乡村旅游发展的理想模式。如桑基鱼塘、果基鱼塘等基塘结合大循环模式等。

（3）非遗文化体验类。游客学习动手制作乡村特色非遗工艺品，例如，可以设置专门的手工艺坊，从原料取材、设计、操作都由游客自己完成，手工艺坊还可举办爱好者设计、制作大赛等。可开办小规模的手工作坊，如"酿酒作坊""制陶作坊""刺绣作坊""编织作坊"等。

每个自然村选择1至2家纺织点，供游客参观或参与，在传统服饰的基础上增加一些现代性，生产各类服装及饰品，就地销售给游客。这样既丰富了乡村活动内容，又宣传了民族工艺文化，同时还可就地出售游客喜欢的工艺品。

（4）乡土食品品尝活动，如烤地瓜、烧烤、品茶、鲜果采食、鲜乳试饮、地方特色食品制作品尝等。

（5）水域休闲体验类产品。主题可定为垂钓、捕鱼体验，"吃鱼不如捉鱼"，为了提高游客的兴趣，还可以开展钓鱼、捕鱼比赛。可提供烧烤、特种鱼餐、全鱼宴，设置水上集市、水边集市等，销售水产品。有些独特的渔猎工具，也可以微缩精制为旅游纪念品出售。

（五）乡村研学、游学类旅游产品

"读万卷书，行万里路"，旅游也是学习的一种方式，抓住目标市场追求的价值，集中于学知识、受教育的方面创造出独特的体验来。

乡村拥有丰富的乡土旅游资源和科普教育的素材，可以让城市的青年学生拓宽视野、增长知识、陶冶情操，这是城市教育观念的转变，也是城市教育重视素质培养的表现。通过乡村考察学习，青年学生可以学会热爱自然和生态环境、热爱家园；认识劳动、珍惜资源；理解落后、体会艰辛、懂得做人等。各类科技农业园区的建立，更是为青年学生提供了了解现代科技农业的机会，是理论与实践结合学习的一种有效途径，学生在活动中可以学习到很多农学、生物学、气象学、乡村文学方面的知识，有助于综合素质的提高和健康高尚人生观的形成。这类修学度假游的主要形式有：乡村家庭修学度假、教育农园等。

（六）乡村康体养生游系列产品

这类旅游产品是一种人们在工作、学习之余以旅游地度假、疗养等形式来消除疲劳，增进健康的一类旅游活动，旅游地同时要求具备较好的配套设施和服务，以提高疗养效果和质量。现代社会人们常因繁重的工作学习任务和社会竞争压力而处于亚健康状态，有着强烈的康体养生需求。乡村地域优越的环境气候为开展康体养生游提供了良好的条件。根据不同的环境和资源优势，可考虑开展的康体养生游有：温泉疗养游、森林浴疗养游、日光浴疗养游、运动健身疗养游、绿色饮食疗养游等。

（七）乡村体育冒险游系列产品

城市游客工作学习的压力日益增大，强化运动和冒险性运动是释放这种压力的最有效方式之一。乡村广阔的天地和相对自然的环境为强化运动创造了足够的空间，乡村旅游应充分利用这一优势，针对强化运动和冒险性运动爱好者开发系列体育冒险产品，如乡村定向越野、乡村野外生存游戏、乡村漂流、空中滑翔、野外障碍赛、龙舟赛、乡村攀岩、团队激励拓展训练。这类活动技术性强，经验要求高，因此操作中必须与专业机构和组织者合作，对参与者进行必要的培训教育，提供足够的安全保障。

（八）乡村商务会议游系列及婚庆系列产品

将商务会议活动引向乡村是商务会议活动的一种崭新的尝试，也是商务会议发展的一种趋势，而且可降低商务会议的成本。在一些处于大城市郊区、自然条件优越、有一定基础设施的乡村地区，可开发商务会议游，吸引中小型商务活动、中小型会议，特别是行业内部协作会议、企业内部年会和城乡商贸会议。随着农业产业化的推进和农村经济的不断发展，乡村商务会议游必将迎来越来越广阔的市场。

随着乡村旅游地交通、住宿、餐饮等方面的服务不断提升,在乡村依托美丽田园、果园、花园等举办特色乡村婚庆活动也将成为一种时尚。

(九)其他乡村专题游产品

各类专题旅游是乡村旅游向更深层次发展的要求和形式,也是乡村旅游市场越来越细分化的结果。结合市场需求,目前阶段可开发的乡村旅游专题有:乡村传统节庆旅游,农产品博览会游,乡村购物游,乡村音乐之旅(如乡村音乐会、乡村音乐培训班、乡村音乐历史文化展览、乡村乐器展览、乡村音乐交流会、乡村音乐创作会、乡村音乐比赛),民间美食之旅(如民间传统特色美食集市、民间美食烹饪培训班、美食烹调大赛、民间美食节、美食食材鉴别与采购知识讲座、民间美食知识讲座),乡村工艺品鉴赏、制作之旅,乡村摄影、写生、乡村文学创作之旅,乡村老年休养农庄,乡村影视基地等。

乡村"无景点休闲旅游"。所谓"无景点休闲旅游"是指旅游中并无特定的景点,游览线路十分随意,具有边旅游边休闲的特征,是近年休闲旅游发展中的一种新趋势。大部分乡村并无明确的旅游景点,但乡村整体的环境吸引力很强,游客可以在乡村大空间里随意游走,一边欣赏沿途乡村美景,一边可以和朋友谈论或者做自己感兴趣的任何事情,轻松随意,类似一种"移动的度假"。

二、乡村旅游产品的组合设计

(一)基本要求

1. 拓展乡村旅游产品的广度和深度

乡村旅游产品的精髓是自然生态与传统文化的完美结合,具有很大的市场发展潜力。目前,我国乡村旅游产品过于倚重田园观光类和农事活动参与类,产品组合宽度有限。田园观光类和农事参与类产品也主要局限于以农户家庭接待为主，对乡村地域的自然风光和民俗文化挖掘不够。因此，应充分利用乡村旅游与传统旅游的不同，全方位考察乡村特殊的自然环境优势和人文环境特色，开发设计多样化的产品线，形成包括观光、体验、度假、康体、运动、商务、修学教育及各类专题旅游产品系列。在每一系列产品线下创新开发特色鲜明、内涵丰富的多样化旅游项目，从多方面满足旅游者需求，拓宽市场面，增加销售额，提高乡村旅游的经济效益和社会效益，减少旅游市场变化带来的风险，提高乡村旅游适应市场需求的能力。

2. 向上扩展产品线

随着社会经济发展，乡村旅游产品的层次出现多样化、多层级化特征。未来乡村旅游产品有必要向上扩展产品线，推出更多中、高档乡村旅游产品线，使乡村旅游产品在低（如观光、体验类旅游）、中（如康体、运动类旅游）、高（如度假、俱乐部式、商务会展类旅游）三个档次都有可供旅游者选择的产品，适应不同层次的市场需求。

（二）设计好乡村旅游产品的内部组合及与外部其他旅游产品的组合

1. 乡村旅游产品的内部组合

乡村游客的需求具有多重性特征，因此乡村旅游地应结合自身的特色和优势，将不同内容和形式的乡村旅游产品进行恰当的组合，形成功能复合型的乡村旅游产品，如"乡村观光+度假""乡村观光+商务会议""乡村商务+会展""乡村康体+运动冒险""乡村观光+乡村体验""乡村体验+研究""乡村观光+技能培训"等"1+1""1+2"甚至"1+3"的产品组合，使乡村旅游既有单一主题的产品，也有多重主题或一主一辅、一主二辅等复合型产品。

单一主题产品可以满足需求单一、旅游时间较短，如周末游的游客需求，复合型产品则适宜满足需求多重化、旅游时间充裕，如黄金周或休假游客的需求。

2. 乡村旅游产品与外部其他旅游产品的组合

乡村还远未成为大众旅游者的主要目的地或最优选择地之一，很多地方的乡村旅游都是在大城市周边（郊区）或著名旅游景区外围发展起来的，或者说这些地方乡村旅游的发展仍然一定程度依赖于大城市或著名景区的强大吸引作用。因此,乡村旅游的发展应注重与城市及风景名胜的区域合作和联动。

对于城市郊区型乡村旅游地,应充分利用大城市的吸引效应,与传统大众旅游产品组合成"城市+乡村旅游"复合型产品。

对于景区型乡村旅游地,则应依托景区,与景区旅游产品组合成"景区+乡村旅游"复合型产品,使乡村旅游尽可能成为城市或景区旅游中的辅助产品,这样乡村旅游不仅能吸引本地城市游客,还能吸引外地游客通过这些城市或景区来乡村旅游。

(三) 及时升级

1. 市场细分引导升级

随着乡村市场的扩大,为满足不同消费群体对乡村旅游产品的购买及消费需求,在乡村旅游发展中,对传统产品进行市场聚焦型升级。

2. 现代技术引导升级

现代科技发展迅速,特别是信息及互联网技术日新月异,乡村旅游产品要与时俱进主动引入现代技术,联动互联网,开发联合产品。

3. 产业融合引导升级

产业融合创新旅游业态,开发旅游产品是旅游发展的趋势,更是乡村旅游发展的趋势。乡村旅游可与农业、文化、体育、商业、教育、医疗、交通等进行融合发展,不仅能创新出特色业态,吸引更多的人参与到乡村旅游发展中,更能依托融合创新业态"生产"出更多具有时代特色及适应市场需要的乡村旅游新产品。

三、乡村旅游线路产品与设计

(一) 分析游客对基本要素的需求,处理好与线路产品相关的关系

游客外出旅游的基本需求是吃、住、行、游、购、娱,同时,对六要素

的需求是递进性的，如吃的需求递进是吃饱、吃好、吃特色、吃营养、吃文化、吃哲学；住的需求递进为安全、舒适、养生、文化、个性、豪华……；行的需求递进是安全、舒适、个性、快捷、行游一体……因此在进行乡村旅游线路产品设计时要充分了解分析不同时期乡村游客的需求递进情况。

设计乡村旅游线路产品时要处理好与旅游者、相关法规、国家政策（含意识形态）、乡村旅游吸引物、时间、距离、文化差异、供给品质、需求价值及价值观、旅游中间商、服务要素等方面的关系。

（二）设计策略

（1）用"特色"揪住游客心，如特色景观、特色文化、特色环境、特色活动。

（2）用"服务"赢得游客的满意，包括公共服务、旅游服务等。

（3）用"真情"留住游客的魂，体现真诚、真心和真情。

（4）用"故事"撩动游客的记忆，编故事、讲故事、通过"事件"产生故事。

（三）设计方法与手段

1. 常用方法

（1）创新设计：创新主题、创新内容、创新形式。

（2）借鉴设计：学习别人的经验或从其他行业的设计中汲取灵感。

（3）级别设计：初级设计，即基本需要，资源点的堆砌；中级设计，即资源配置和另加服务；高级设计，如CI系统（视觉、听觉、行为），线路+产品+品牌。

2. 设计手段

（1）抓主题

（2）选内容

● 点——筛选对旅游者生理、心理需求方面独具诱惑力的事物。

● 线——连接几个符合游客生理、心理需求方面的点，要求连贯便利。

● 面——尽可能多答疑解惑，全面帮助旅游者消除不便。

找到点连成线，面面俱到后，还要拔高、深挖、考虑长远。

（3）编形式

● 点：单一位移形式。

● 线：多种位移形式的组合。

● 面：力求丰富，避免重复和迂回。

● 体：做到多姿多彩，旅与游结合，有张有弛。

（四）设计步骤

（1）明确设计动因：立意、创意。

（2）收集信息：资源或吸引物信息、市场及消费者信息、政策信息等。

（3）实地踏勘：乡村旅游地吃（吃什么、啥档次、何时吃、在哪里吃、怎么吃……）、住（住宿业态选择，农家乐、民宿、主题酒店、野奢酒店）、行（交通工具）、游（景点、景物、博物馆、田园等）、购（农产品、文创产品……）、娱（玩什么、体验什么、在哪里玩、是否参与……），还要进行价值预设与成本核算。

（4）面向市场推出产品：产品名称、产品内容、活动说明书、市场推广途径、导游解说词、报价单等。

第八章 乡村旅游地的形象、品牌与营销

第一节 乡村旅游地形象塑造

一、关于旅游目的地形象

（一）概念与内涵

1. 概念

形象是由人们所感觉到的客观要素在心中的组合印象。旅游目的地形象是旅游者对旅游目的地的总体认识、评价，是对目的地社会、政治、经济、生活、文化、旅游业发展等各方面的认识和观念的综合，是旅游目的地在旅游者头脑中的总体印象。

2. 分类

游客对旅游目的地形象从生成角度可以分为三类，即初始形象、诱导形象和复合形象。

初始形象（original image）指个体通过教育或非商业营销性质的大众文化、公众传媒、文献等信息源形成的目的地印象，是内生的。

诱导形象（induced image）指受目的地有意识的广告、促销、宣传推动影响产生的形象。

复合形象（compound image）指旅游者到目的地实地旅行后，通过自己的经历，结合以往的知识所形成的一个更加综合的目的地形象。旅游目的地形象的形成需要一个过程，同时会受到多种因素的影响。

当旅游者在两个以上的旅游目的地进行抉择时，目的地形象会在游客的记忆中出现较为深刻的信息，最终影响旅游者的选择。因此，旅游目的地良好的形象与口碑宣传极其重要。

3. 内涵

旅游目的地形象是一套共享的观念、价值和行为准则，一旦产生，就会超越成员个体而独立存在于旅游者群体中。虽然旅游目的地形象强调的是群体而非个人，但在群体层面上，旅游社群中存在多个具有相互竞争关系的子群体，并不是所有旅游目的地形象都能在群体成员中达成一致。也就是说，旅游目的地的形象意义依赖于符号系统的表征，同时形象意义与表征它的符号之间存在任意性，形象的形成更多取决于符号的表征方式，而表征旅游目的地的符号必须放在一个系统中才能表征某种意义。

旅游目的地形象在一定时期内具有相对的稳定性，是客观存在的现实。但是旅游目的地形象具有客观性并不意味着它们是静态的。随着旅游者经验的不断丰富、互动的加深，以及大众媒体，特别网络信息、旅游网站及自媒体等的迅速发展，会导致旅游者在旅游目的地形象意义的认知上产生分化，甚至对已形成的旅游目的地形象进行修正和重新定位。

（二）旅游目的地形象的内在特征

1. 主观与客观结合

旅游形象本质上来自于认知心理学的感觉、知觉、认知等基本概念，最终表现为个体对某地的一系列心理期望或感知。形象必须以现实的旅游吸引物为依托，其建立和发展都须基于当地的旅游产品、环境、社会政治经济发展状况等客观条件，不能凭空产生。

2. 个体化与社会化

当某种类型的目的地被相似人群分享的程度高时，该形象是社会化的。如"桂林山水甲天下""石林天下第一奇观"等都是社会化形象的典型代表，对目的地具有重大意义。

3. 直接性与间接性

旅游目的地形象的主体应包括现实与潜在游客，相应的形象应存在直接（基于游览经历）和间接（基于媒介信息）之分。旅游地形象是个双向的意念系统，包括旅游目的地层面的传播意念要素和旅游者层面的接收意念要素。

(三)旅游目的地形象与游客的旅游行为决策

游客的旅游行为决策过程类似于消费者购买实物商品的决策过程,即要经历五个阶段,全部品牌组—熟知品牌组—考虑品牌组—选择品牌组—决策。游客在面临旅游目的地选择时,同样要经过一个"程序",如表8-1所示。

表8-1 旅游地形象在旅游决策过程中的影响

决策程序	决策依据
全部机会	经济水平与旅游支付能力
现实机会	对旅游目的地的信息感知
考虑机会	对旅游目的地适宜与满意因子的确定 旅游目的地实现这些因子的可能性评价
选择机会	对旅游目的地最偏爱因子的确定 旅游目的地实现这些因子的可能性评价
决策机会	旅游目的地感知形象的比较评价
最终决策	旅游目的地其他相关因素的比较评价

二、乡村旅游地形象概述

(一)概念

游客在乡村旅游过程中,对乡村旅游目的地的各种信息,如设施、服务水平、自然和人文景观等的外在感知和内在感受的综合印象,是游客对乡村旅游目的地的综合认知和综合评价。

乡村旅游形象属于旅游目的地形象的一种,因此乡村旅游地形象的形成、特点及内在维度与旅游目的地形象的内容基本一致。

(二)乡村旅游地形象系统

乡村旅游形象系统不仅包括CIS系统中的理念基础(mind identity,MI)、行为准则(behavior identity,BI)、视觉形象(visual identity,VI),还包括

听觉形象（hear identity，HI）和风情识别（folk identity，FI）。

构建乡村旅游形象系统需要先确定形象理念 MI，即明确乡村旅游发展理念和精神，MI 是乡村旅游形象的核心和灵魂，具体来讲，乡村旅游地的 MI 应体现旅游、生态、文化、空间组织、资源载体、居住、助力乡村发展、乡村振兴等功能。不同的乡村旅游地、由于文脉、自然特征、市场需求等的差异，其乡村理念基础也应有不同，有所侧重，以体现自己的个性和特色。

然后围绕 MI 建立起由 BI、VI、HI 和 FI 构成的系统，即运用行为活动、视觉设计等整体识别系统，传达给予乡村旅游有关的各个团体与个人（乡村游客），使其对城市产生一致性的认同感和价值感。

（三）乡村旅游目的地形象的影响因素

表 8-2 所示为乡村旅游目的地形象的影响因素，主要包括天气、气候及空气质量，自然资源，基础设施，旅游服务与娱乐氛围，文化与民俗，经济与社会等因素。

表 8-2　乡村旅游目的地形象的影响因素

基本要素	主要内容
天气、气候及空气质量	阳光（日照时间）、气温、降水、湿度、空气质量（如 PM2.5 指数）等
自然资源	山地、植被、森林、河流（含水道）、湖泊（含人工湖）等
基础设施	通信网络、道路交通（公路、铁路、港口、加油站/停车场等）、供水、供电、污水处理等
旅游服务与娱乐氛围	住宿设施及条件、餐饮设施及餐食、乡村娱乐场及活动内容、运动设施、卫生设施、必要的医疗服务设施、购物环境及商品、农耕文化体验场所设施及内容等
文化与民俗	传统村落、传统建筑、特色民居（含名人故居等）、历史遗迹、乡村展览馆或博物馆、乡村音乐及美术馆、民俗体验馆、民间文艺演艺场所等
经济与社会	政府管理、乡村旅游目的地管理体制及质量、语言、安全、乡村文明与乡民好客程度、经济发展水平与乡村居民收入等

三、乡村旅游目的地形象塑造

（一）乡村旅游地形象塑造的基本要求

1. 突显地方性、乡村性与主题性

地方性和乡村性是乡村旅游发展的基础，更是乡村旅游发展的生命线，包括自然、人文和社会方面，有物质形态也有非物质形态和精神方面的。鲜明的主题有利于展示乡村旅游产品与活动内容，有利于打造特色乡村旅游品牌，方便游客选择。

2. 突出生态环境和旅游氛围

生态环境是乡村旅游可持续发展的基础，是乡村旅游的内核，是乡村旅游发展的原生动力。旅游氛围是乡村旅游活动的基本要求，是展示乡村社区参与和游客体验的需要。

3. 展示基础设施与服务水平

现代乡村旅游越来越趋向于乡村休闲、度假等需求，无论是乡村休闲、度假、文化体验、乡村旅居、创业等都需要借助基础公共服务设施和旅游基础设施。要满足游客多样性的需要，相较传统景区旅游，乡村旅游更需要以规范化服务为基础，提供具有地方文化特色、个性化的优质服务。

4. 打造品牌、强化宣传、形成口碑

"品牌"是乡村旅游目的地无形资产总和的浓缩。这一浓缩可以以特定的形象及个性化"符号"来识别。乡村旅游品牌是多方相互作用的产物，是形象的重要表现形式，是宣传的重要内容。

精准化、针对性的宣传是乡村旅游形象传播的要求，宣传中要充分利用游客对乡村旅游形象的感知规律，把乡村旅游形象与地方形象、区域及乡村形象结合，同时体现出时代性、空间性及季节性。

由于乡村旅游的游客群主要以周边城市居民为主，因此在其形象传播中，口碑极为重要。乡村旅游目的地形象打造要通过各种渠道在消费者群体中形成良好口碑。

5. 体现有效管理与主客共享

乡村旅游目的地是一个复合的社会化系统，不仅承担着旅游功能，更承担着传统农村的社会功能和农业生产功能。因此，乡村旅游目的地的管理比传统旅游景区的管理复杂得多。乡村旅游目的地发展中要协调各旅游功能区域、乡村社区、各类企业及服务机构、村民、创业者等的关系，协调乡村环境与旅游环境的关系，协调旅游服务和社区服务的关系，协调农业生产、旅游产业与业态发展的关系等，要保证乡村民俗的传承与发展，保证乡村地区旅游服务质量及服务设施的现代化。因此乡村旅游地发展需要积极有效的管理和共同发展成果共享，这样的要求同样适用于乡村旅游形象塑造。

（二）乡村旅游形象塑造的原则

1. 地方特色与差异化结合

通常乡村旅游地的自然环境、民间文化、传统习俗等资源保存较为完好，为乡村旅游开发提供了坚实的基础条件。在乡村旅游形象塑造过程中要从当地地方文化中汲取精华，体现地方特色，呈现独特性，进行乡村旅游地形象构建时要充分展示地方文脉特色。

目前，各地都在积极推进乡村旅游发展，由于发展速度较快，导致乡村旅游产品雷同的现象时有发展，同类旅游产品之间竞争加剧，造成人力物力财力的浪费。要解决产品雷同及竞争的问题，乡村旅游地必须走差异化发展的道路，并通过特色鲜明的乡村旅游形象塑造，形成自身市场竞争及高质量发展的优势。

2. 综合性与系统性结合

乡村旅游形象塑造是一项综合性极强的系统工程，需要多方面如生态、建筑、旅游、地理、艺术、民俗等的通力合作，且构成要素之间要有一定的层级关系和组织构架，从而以整体的形象展示在游客面前。乡村旅游目的地形象塑造要基于全局把个体特征统一起来，在内容和功能上相互补充，构建一个类型多样、功能完备的乡村旅游形象体系，达到整体最佳状态。

3. 生态美学体现与游客接受相结合

生态美学是建立在人—地、人—人关系上，基于生态哲学的美学思考，包括自然美、生态系统和谐美、艺术与环境融合美。乡村旅游形象塑造要尊重自然，尊重乡村旅游地原始风貌，使生态美学完美地融入乡村旅游形象中。形象构建的目的是为了更大限度地开发潜在旅游市场，让游客更清晰、更方便地了解乡村旅游地的"与众不同"，诱发游客的旅游动机，引导游客实现消费。因此，塑造乡村旅游地形象需要充分研究游客审美心理及审美需求。

（三）形象塑造过程

1. 形象定位

乡村旅游形象定位与乡村旅游资源、环境、发展条件、游客需求及未来发展目标密切关联。乡村旅游形象定位需要反映乡村旅游地的资源品级和旅游产品的内涵与质量。

乡村旅游形象定位的具体要求有体现乡村精华、展示乡村文化内涵与底蕴，针对市场需求，突出特色业态组合，体现旅游产品的生命力。乡村旅游地形象必须有识别度，要能为游客的旅游决策提供帮助。

乡村旅游形象定位可借鉴的方法较多，通常是在分析乡村区位、地方文脉、旅游资源属性及发展条件等因素的基础上，进行纵向、横向对比，通过领先定位或比附定位等方式进行形象定位。也有一些地方是在进行市场细分和游客需求分析的基础上，通过用逆向定位、空隙定位等方法进行形象定位的。或者把两种方式结合起来进行综合定位。

乡村旅游目的地形象也不是一成不变的，对已不能反映乡村旅游地现状或不能被游客接受的既有形象，需要进行重新定位。

归纳起来形象定位的过程主要包括以下三个方面：

（1）基础性研究，包括乡村旅游地及其周边区域的地脉和文脉分析。

（2）对游客、居民（包括相关工作人员）及潜在游客进行调查，对各群体的心理预期进行综合分析。

（3）进行形象替代性研究和竞争性分析，避免被其他乡村旅游地形象遮蔽。

2. 形象识别

乡村旅游地形象识别是一套严谨、清晰的识别系统，包括乡村旅游地的资源环境、基础项目、应用项目等内容。

形象识别体系应具有特征性、可识别性、招徕性、行销性等特点，其物化内容包括区域及景区名称、地标及文字、象征文化符号、户外广告、吉祥物、纪念品及特色旅游商品、特色交通工具、从业人员形象、社区形象、乡村旅游目的地内相关企业及各类业态经营主体形象等。

3. 形象名称或口号

形象的最终表达往往是一个主题名称或一个"口号"。名称或口号是游客易于接受的最有效方式之一。优秀的名称或口号往往能产生神奇的广而告之效果，一句好的口号能出奇制胜，让人回味无穷。

确定乡村旅游目的地形象的主题名称或口号的要求：

（1）具有地方特征，即口号所含内容源自乡村地域的文脉，发现并提取地方元素充实到口号中，可以避免空泛。

（2）体现行业特征，即口号的选择需要满足游客的需求及偏好，不建议把区域地方宣传口号作为乡村旅游形象口号，旅游形象口号更不是招商口号，从行业要求来讲，要能体现和平、友谊、交流和欢乐等。

（3）反映时代特征，即语言表述还应扣紧时代，体现时代气息，反映游客需求热点、主流和趋势。

（4）实现广告效应，即口号要打动乡村游客的心，激发旅游消费欲望，同时要凝练、生动，便于上口并易于传播，让人产生较为深刻的记忆。

（5）突出创意与衍生，即乡村旅游形象口号与具体旅游产品的名称是有一定差异的，口号需要高度浓缩，避免套用其他乡村旅游地的口号，要体现创意及对产品营销的带动性。

四、乡村旅游形象组合

（1）物质景观形象，如乡村旅游背景景观、田园景观、村落景观等。

（2）社会文化景观形象，如乡村民俗、服务、村民行为等。

（3）核心地段形象。核心地段主要有第一印象区，即游客到达时首先感知的区域，如区域入口及游客服务中心、交通枢纽、服务要素集中区等；最后印象区，即游客离开时最后感知的区域及内容；光环效应区，指对乡村旅游地整体形象具有决定意义的地方；还有地标区、标志形象特征区等。

（4）乡村旅游地行为形象，分为对内和对外行为形象。对内行为形象包括管理部门形象、企业形象、乡村社区形象及村民行为等；对外行为形象指乡村旅游地旅游事件、公关活动等。

（5）乡村旅游地视觉识别符号。主要包括名称、地理标记、地标标徽、乡村导览图等。

五、乡村旅游形象传播渠道

乡村旅游地形象传播具有系统性、连续性及互动交流性等特点。目前乡村旅游形象传播的主要渠道有：

（一）媒体与媒介传播

1. 借助传统媒体

乡村旅游在乡村发展及乡村振兴中具有积极作用，乡村问题，特别是与乡村振兴相关的新闻与信息是媒体极为关注的话题。乡村旅游地在发展中应及时汇报成果，特别是助力乡村振兴的成绩及信息可通过报刊、广播、电视等方式进行宣传报道。

2. 借助网络

网络传播具有广泛性、开放性、交互性等特点，目前我国乡村旅游地形象传播使用的网络平台主要有：全国大型综合旅游网站（如携程、飞猪、美团等）、以商务活动为主的网站（主要指具有旅游咨询服务的商务网站）、官方旅游网站、旅游专门网站以及综合性门户网站的旅游频道等。

3. 利用好新媒体

随着信息技术的发展，不断诞生了微博、微信、抖音、小红书等新媒体平台，它们的影响越来越大，特别是与娱乐、休闲等相关的信息大多借助新媒体进行传播，乡村旅游地可通过新媒体矩阵，使乡村旅游地成为"网红"地，让更多的人了解乡村旅游地，来打卡，更来旅游、休闲、度假。

4. 借助特殊媒介

这里说的特殊媒介主要指电影、电视剧及综艺节目等。这个传播方式较为有效，但不是所有乡村旅游地都能做得到。乡村旅游目的地要积极主动，争取把乡村旅游地作为优秀影视拍摄场所，把乡村美景和文化"植入"影视作品中。

（二）节事传播

举办节事活动是宣传旅游地形象的有效方式。把节事活动作为载体，通过文化挖掘，融入地方特色元素，增加参与内容，强化主客、客客互动，突显"玩"的内容，这样的节事对游客有较强吸引力，同时通过节事活动参与，让游客能深入了解乡村旅游目的地，增强归属感，大大提高重游率。

（三）参与者的行为及口碑传播

乡村旅游目的地从业者、村民、投资人、游客等所有参与者的行为、服务、感受等最具有传播价值，对它们进行有效利用最容易获得口碑效应，该方式是最有效的传播途径之一。

（四）借助旅游营销商传播

人们参与乡村旅游的方式是多变的，随着人们需求的不断变化，通过第三方实现乡村旅游的游客也在不断增加，人们需要借助如旅行社、旅游中介机构、旅游汽车公司、会展公司等参与并实现乡村旅游消费需求。因此，借助第三方，宣传传播乡村旅游是获得即时效益的路径之一。

六、乡村旅游目的地形象管理

（一）乡村旅游地形象提升

乡村旅游地形象提升主要从景观形象（具体包括景观视觉要素、物质形态和景观生态等内容）、媒介形象（通过举办节庆、各类比赛等，增强互动，让乡村旅游地形象的传播者与受众之间在思想、观念或态度上产生共鸣）和品牌形象三方面着手。

（二）处理好旅游地形象、满意度和相对优势，以及三者相互之间的关系

处理好旅游地形象、满意度和相对优势，以及三者相互之间的关系，其目的是形成良好的口碑，提高美誉度和重游率，最终形成源源不断的游客流。要特别注意旅游形象与满意度之间的微妙关系。在宣传乡村旅游地形象时，要避免夸大和过度宣传的倾向。旅游形象宣传会提高游客预期，如果游客在实际旅游体验未达到预期，会导致满意度下降，从而导致不良口碑。

（三）建立乡村旅游形象信息系统

乡村旅游形象信息系统是收集、整理、分析乡村旅游形象的外部和内部环境，以及形象营销、评价、管理的现状和特征的各类信息、数据系统的总称。该系统通常由四个子系统组成：

（1）内部报告系统，主要用于乡村旅游形象策划、营销、评价和为管理人员提供乡村旅游形象内部运营的"结果资料"。

（2）形象信息情报系统，用于向乡村旅游形象决策人员提供乡村旅游外部环境的"变化资料"。

（3）形象信息调研系统，用来搜集、分析与乡村旅游形象特定营销环境有关的资料和研究结果，用以开展、修正和评估与乡村旅游形象相关的活动，监视乡村旅游形象绩效。

（4）形象信息决策支持分析系统，通过收集和解释形象经营及环境中的相关信息，并将之转化为现实的形象活动。

在实际运作的过程中，这四个子系统从乡村旅游的内、外部环境中收集各种形象信息，形象信息经过信息系统加工后传输给旅游形象相关管理部门，作为形象决策的依据。

（四）追踪监测形象状态

在市场经济的动态竞争条件下，乡村旅游形象状态将会随着市场吸引力和竞争实力的变化而变化，会在较差状态、一般状态和良好状态三个状态之间相互转换。从经营战略管理的角度讲，旅游形象处于不同状态时采取的战略应该分别是扩张战略、稳定战略和收缩或撤退战略。

（1）较差状态时，首先应该更新观念，调整形象战略，明确形象导向模式，采取切实可行的形象实施策略，实行有效的具体措施；其次进行战略性策划，以发展促调整；最后引入新的形象理念，创新形象发展模式。

（2）一般状态时，一是应该审视乡村旅游目的地的旅游环境条件，进行总体形象战略的调整，增强旅游发展动力；二是强化旅游竞争机制，实行优胜劣汰，扶持优势产品、优势企业、优势功能区的发展；三是构筑新的乡村旅游框架，延伸旅游产业价值链，提高乡村旅游的综合实力。

（3）良好状态时，则需要实施形象领先者战略，进行长期的战略性规划，积极培育形象品牌，扶持特色产品，将优质企业和优势项目做大做强，促进乡村旅游全面发展。

（五）乡村旅游形象危机管理

乡村旅游形象危机管理是针对乡村旅游形象危机信息和危机事件提出的，如公共卫生危机、恐怖事件、严重治安问题等。从危机产生的根源来划分，可以将乡村旅游形象危机分为旅游业受波及引起的危机和旅游业内部的危机两大类，危机事件主要通过三个因素影响旅游业：安全性因素、社会经济性因素和物质性因素。

乡村旅游形象危机管理是指为减轻甚至是避免危机事件给乡村旅游形象带来的严重威胁，通过危机研究、危机预警和危机救治，以恢复旅游经营环境、恢复乡村旅游消费信心为目的，而进行的非程序化的决策过程。乡村旅游形象危机管理体系包括政府（主要是旅游主管部门）、旅游企业、旅游从业人员、公众（旅游者）等多个行为主体；危机管理主要途径包括沟通、宣传、安全保障和市场研究等多个方面。

第二节 乡村旅游品牌建设与 IP 打造

一、乡村旅游地品牌建设

（一）品牌概念

品牌是一种名称、术语、标记、符号或图案，或是它们的相互组合，用以识别某个消费者或某群消费者的产品或服务，并使之与竞争对手的产品或服务相区别。"品牌"是品牌主体一切无形资产总和的浓缩。而这一浓缩又可以以特定的形象及个性化"符号"来识别。品牌是主体与客体、主体与社会、企业与消费者相互作用的产物。从市场角度看，企业生产产品，但品牌存在于社会环境及消费者心里，但这品牌只属于企业所有。

（二）品牌含义

品牌具有六层含义，第一是利益，品牌要给购买者带来物质、精神上的利益；第二是个性，品牌应传达出差异化的个性；第三是属性，品牌要表达出产品特定的属性；第四是价值，体现出产品生产者及品牌主某些价值感；第五是文化，品牌附加及象征的文化；第六是使用者，品牌应该体现购买或使用这种产品的那一种（群）消费者。

（三）品牌作用

1. 体现产品和企业核心价值

消费者或用户通过品牌，通过对品牌的使用，围绕品牌形成消费经验，储存在记忆中，为将来的消费提供决策依据。

2. 识别商品

品牌的建立是由于竞争的需要，是用来识别某个销售者的产品和服务的。因此品牌要具有独特性，要有鲜明的个性特征，图案、文字等需要突出自身特点，让消费者通过品牌认知产品并依据品牌选购。

3. 质量和信誉的保证

创品牌—培养品牌—成为名牌，关键是产品及服务质量（档次、内涵、文化、科技……）。

4. "摇钱树"

品牌以质量取胜，品牌富有文化和情感内涵（形成信任度、追随度等），能为产品增加附加值，品牌是无形但有价的资产。

营销的目的就是争取品牌权益和品牌支配权。赢得市场就是赢得消费者，战胜市场最重要的方法就是在市场上拥有能够占据支配地位的品牌。品牌可以为游客提供具有其品牌特点的体验和价值，从而与市场上的其他竞争对手区别开来，建立起具有高辨识度的品牌形象和认识。

（四）品牌特征

1. 品牌是专有的

品牌拥有者经过法律程序的认定，拥有品牌的专有权，有权要求其他企业或个人不能仿冒。因此品牌具有排他性。

2. 品牌是无形资源和资产

品牌能不断获取利益，可以利用品牌的市场开拓力、形象扩张力，使资本内蓄力不断增强。品牌价值虽然不能像物质资产那样用实物的形式表现，但它能使企业的无形资产迅速扩大，还可以作为"商品"在市场上进行交易。

3. 品牌转化具有一定的风险及不确定性

品牌资产可扩大也会缩水，甚至退出市场——品牌需要维护、品牌资产的扩张需要科学谋划。

4. 品牌的表象性

品牌要有物质载体，需要通过一系列的物质载体来表现自己，使品牌有形化。

5. 品牌的扩张性

品牌具有识别功能，代表一种产品、一个企业、一个地方，企业可以利用这一优点展示品牌的市场开拓能力，还可以帮助企业利用品牌资产进行扩张。

（五）品牌类型

（1）根据知名度划分，如地区品牌、国内品牌、国际品牌。

（2）根据品牌产品生产经营的不同环节划分，如制造商品牌、经营商品牌等。

（3）根据品牌来源划分，如自有品牌、外来品牌、嫁接品牌等。

（4）根据品牌的生命周期长短划分，短期品牌、长期品牌等。

（5）根据品牌产品销售市场划分，如针对国内市场的内销品牌、针对国际市场的外销品牌等。

（6）根据品牌的行为划分，按行业划分（汽车品牌、饮料品牌、化妆品品牌、服务品牌、网络品牌等）；根据产品或服务在市场上的态势划分（如强势和弱势品牌）；根据用途划分（生产资料品牌等）。

二、乡村旅游品牌与品牌打造

随着乡村旅游发展的普及，市场主体的不断增多，竞争走向激烈。对于乡村旅游目的地而言，积极主动的品牌塑造越发重要。

打造乡村旅游品牌要立足于消费者，做打动人心的品牌。好的品牌一定是从消费者出发，最根本要能了解人心、打动人心。品牌打造要品牌品质资源和市场两手抓，乡村旅游品牌的品质是乡村旅游发展的重中之重，打造一个优质的乡村旅游品牌，要做到了解品牌的资源和市场，这样才能精准定位人群，发挥品牌优势。乡村旅游品牌打造要做到文化科技赋能，放眼未来打造差异化品牌。

（一）乡村旅游品牌打造的原则与流程

1. 基本要求

乡村旅游品牌打造要做到科学、全面，要突出地方性与乡村性、整体性与兼容性、社会化与标准化，要做到持之以恒，要有与之相匹配的优质旅游产品。

乡村旅游品牌如需不断扩大影响力，则要求旅游产品本身具备复制扩张的能力或者辨识度和认同度较高的 IP 概念；需要符合旅游业未来的发展趋势，真正找准旅客的需求点和目前的乡村旅游业增长极及发展节点。

2. 基本流程

（1）品牌调研

打造乡村旅游品牌需要进行全面、科学、细致的调研，要对乡村旅游地的资源、文化、社区、居民、各业态旅游企业等进行调研，了解发展现状及发展趋势。要对现有旅游产品进行研究，了解产品内涵、服务及个性，对细分市场进行分析研究。

（2）品牌定位

确定细分变数和细分市场，勾勒细分市场轮廓的同时选择目标市场，为每一目标细分市场确定品牌可能的位置形象，选择确定品牌的市场位置形象，并将其符号化。

（3）品牌推广

乡村旅游品牌推广可借鉴企业品牌推广的方式，如长跑式、爆竹式、波浪式、火箭式、螺旋式、搭车式等方式进行。

在推广过程中，需要不断提升文化功力，与游客建立起良好的消费关系。

（4）品牌维护

通过组织各种活动，如特色节庆活动，各类文娱、体育比赛等，提高乡村旅游品牌的知名度，提升品牌内涵及美誉度，形成消费者对品牌的消费忠诚。

（5）品牌经营

在维护品牌的同时要经营好品牌，提升品牌力，即文化力、资源力、广告力、行动力、形象力、营销力、管理力、传播力、技术力、政策力、资金力、利润力、规模力等。

（6）品牌效果评估

乡村旅游品牌打造不是一锤子的事，需要不断改进与提升，而改进提升的基础是加强品牌的管理、监控，适时进行品牌效益评估，并根据评估结果进行调整，实现改进和提升。

（二）乡村旅游品牌打造路径

1. 切忌"徒有其表"

个别乡村旅游地以为找一个策划公司设计一个口号、LOGO或吉祥物，就能成为品牌，这样的理念是不对的。表面的口号、符号虽然可以给人以某种视觉印象，但是如果徒有外表，没有相应品质的旅游产品支撑，会显得过于浮躁和肤浅，不能成为真正能在市场站得住脚、可以传承于世的品牌。

品牌的核心是内容。乡村旅游品牌打造最根本的是要提升乡村旅游产品的品质，要体现乡村旅游内容的精华，要让人们认识并体验到实质内容，这些都不是短期内可以人为设计、策划出来的。因此，一个成功的品牌需要时间的积累，需要不断的改善、提高、提炼，这样的品牌才能长久不衰。

2. 通过"比较优势"胜出

口碑较高的乡村旅游品牌应具有如下特点：

（1）符合乡村旅游需求从观光向休闲、微度假、文化体验、乡村旅居等方面转变的趋势。

（2）与相同类型的品牌相比，能深度契合游客的需求，服务质量明显较高，乡村旅游地业态能嵌入更多的商业附加值，带动二次消费。

（3）有较强的异地复制和扩张能力，具有较强的品牌辨识度或自主IP概念，能在一定范围内形成品牌影响力，注重品牌营销。

（4）契合乡村旅游产品未来发展方向，对资源端的掌控能力和整合能力较强，差异化服务水平较高，在品牌营销领域做得较好。

3. 深入挖掘支持要素

乡村旅游形象的形成及发展需要考虑长远，即要以创新指引。品牌的形成需要有文化的支撑，有文化的品牌才有生机，因此品牌塑造一定要深入挖掘并用好文化。质量是品牌的生命，是灵魂，塑造品牌必须有可感知的质量，而乡村旅游质量的内核是服务，打造乡村旅游品牌需要有优质服务。

乡村旅游品牌打造还需要做好公关、宣传和管理，把良好的品牌形象通过有效渠道推广，让游客认知并接受。

4. 构建"九度"品牌形象

品牌形象是存在于人们心里的关于品牌的各要素的图像及概念的集合体，如品牌属性、名称、包装、价格、声誉等。乡村旅游品牌形象的"九度"包括知名度、美誉度、反映度、注意度、认知度、美丽度、传播度、忠诚度和追随度。

三、乡村旅游 IP 打造

IP（intellectual property）即知识产权的首字母缩写，原本是一个法律术语，特指"权利人对其所创作的智力劳动成果所享有的财产权利"。IP 是知识资产，这里所指的知识不是一般的知识，而且是可以资产化的知识，知识资产中的"资产"需要依托有内涵可利用的知识。

如果光把 IP 说成知识产权也不对，知识产权是法律 IP。既然是知识资产就要有过程，每一个 IP 都需要一个生成过程，这个过程第一是等，第二是积累，第三是培育，第四是成长，第五是品牌，第六是扩张，这样才是形成 IP 的完整模式。IP 综合表现的长尾效应显著，"有序规划＋迭代升级＋跨界融合"是成为优质 IP 的重要因素，如今 IP 转化开始转向持久的用户沉淀与协同布局。

旅游 IP 是指文化与旅游要素融合下，具有文化特质、品牌内核、独特价值体现的知识产权体系。旅游 IP 往往具有精神性、独特性、传播性、商业性等特征。IP是旅游的核心，它代表着个性和稀缺性，能提高乡村旅游目的地的识别度、重游率、品牌溢价，带动二次消费，在满足旅游消费，促进农业、文化和旅游融合以及塑造新发展格局等方面将起到重要作用。

（一）乡村旅游IP的基本要求

1. 有主题有形象

一个乡村旅游地通常就一个主题，如古村落，但IP可以有多个，由多个IP支撑起主题，主题更加丰富且宜于主题的宣传及市场拓展，通过IP，可以把主题变成资产。乡村旅游地综合性强，如果在IP形象上打造成功，那就事半功倍，可以由IP形象去代言，去直接跟游客的情感世界连通。

2. 有独特性会讲故事

乡村旅游IP的打造一定要有独特性，而IP的独特性需要有乡村旅游地的文化作为支撑，通过乡村旅游地IP讲述乡村的故事。听故事是人类共通的天性，人人都爱听故事，同时讲故事也是人类古老的技能。对于游客来说，旅游就是一个听故事、讲故事、体验故事、发生故事和回忆故事的过程。乡村旅游的IP通过独特的形象，围绕乡村主题以不同方式向游客讲述乡村的故事。

3. 能引爆会互动

乡村旅游发展中，当基本旅游功能具备后，需要某种力量来引爆。这种引爆力量可能是主题，也可能是故事，也可能是形象，也可能是它们复合而产生的功效。

引爆点有时效性，原有的引爆点失效时，就需要从多方面来考虑破题，新的破题方式必须具有创造性，要一槌定音，一步到位。新的引爆来源于对资源的深度挖掘，当挖掘出足够的种子资源之后，结合市场的需求，进行转化，或者找到新的表现方式，就能适时引爆，这也是乡村旅游IP必须具备的功能。

IP是一个开放的、活性的、不断成长、不断叠加乃至补充修正的系统，它的每一个环节，都可以产生彼此的联结和互动。IP确立之初就可以和潜在的消费者互动，在发展过程中就会有有趣有价值的意见留下交换的接口。可以针对不同消费圈层以及有特别需要的消费群体提供 IP 衍生产品及特色服务，还可邀请消费者参与与 IP 相关的各类互动活动。

4. 能延展显符号

乡村旅游目的地是一个系统，都在一个大的 IP 系统内，探寻小 IP 的协同发展。大 IP 一启动，作为一个理念、一种感受、一个主角、一个故事等的小 IP 便随之蔓延开来。这些环节之间既要形成一个闭环，又要各自生长。很多乡村旅游地有名有景有文化，但很多内容无法呈现在相关业态中，通过小 IP 打造及延展，可以让乡村旅游地的资源都活起来。

符号是内容的外显，在一定意义上乡村旅游的业态及产品的核心也是"符号"，如古村落、稻田、油菜花、古井、乡境、乡情、乡味、乡愁、活动、娱乐、度假、休闲、养生等都是符号。乡村旅游售出的旅游产品也是符号，因此乡村 IP 要具有符号性。

5. 要形成体系，通过创新提升价值

随着时代发展，IP 成为改变乡村旅游同质化的重要突破口之一。打造 IP 创新创意是根本，乡村旅游地 IP 打造可以"无中生有"，并要做到"有中生好、好中生优、优中生特、特中生强"。创新可延长 IP 生命周期，提升 IP 价值，形成乡村旅游地的 IP 体系，创新要体现时代与时效性，要做到与人共情、与时代共鸣，促进乡村旅游 IP 价值溢价，为乡村旅游地带来更多的社会及经济效益。

（二）乡村旅游 IP 四要素

（1）定位，即追寻文化母体、发掘区域文化，通过提炼文化元素，形成有辨识度的文化符号。乡村旅游地形成及打造特色 IP，首先要进行 IP 定位，这是最关键环节。

（2）视觉，即把文化进行高度浓缩，强化共识，通过艺术加工刻画出文化符号，以增强 IP 的视觉识别性。简单地说，视觉化就是为了便于应用、传播和互动而对文化进行贴标签符号化的过程。

（3）传播，视觉表达后需要借助精准的定位去确定传播的途径和方法，即通过释放 IP 的自主势能,以 IP 为载体,通过事件故事提升黏性、拓展渠道与吸引消费者。传播要求定位精准。无论是讲故事,还是打造产品、形成衍生品,或者通过吉祥物等进行传播,都需要有精准定位。

(4)互动,即 IP 传播可以突破单一场景的限制,适用于多元场景。在不同场景中都可以进行互动,通过互动可以为 IP 创新积淀有用信息,了解视觉符号的市场接受度,深化 IP 的文化核心力量,并进一步提高传播的有效性及长期价值,提升 IP 的综合效应。

(三)乡村旅游 IP 打造路径

1. 认识 IP 的引领价值

乡村旅游 IP 是能够体现旅游核心价值的旅游目的地识别系统,需要持续、用心运营的知识产权。乡村旅游 IP 不仅能满足游客多元化、个性化的旅游需求,更有利于发掘、保护、传承本地民俗历史文化、特色物产资源,坚定文化自信,推动乡土传统文化保护和合理利用。乡村旅游 IP 打造不仅要整合资源,更要瞄准乡村旅游市场需求。

2. 乡村文化解码,挖掘当地特色文化元素

必须对乡村旅游目的地的文化资源进行盘点,挖掘地方性特色文化,包括历史文化、饮食文化、文学影视文化、度假文化等,形成目的地文化基因图谱。根据在地文化的独特性、代表性、差异性,对初始文化元素和内容进行提炼与升华,精准识别能够充分代表地区文化特质、对客源市场有吸引力、整合后具有市场竞争力的文旅 IP。以某一文化表象为核心线索,以点带面深入解读文化,激活文化遗存,打造具有持久生命力的文旅 IP。平衡文旅 IP 的文化内核与旅游化、商业化的关系,关注文化的创新式、娱乐互动式表达,并尽量保证原始文化内核原汁原味地呈现,保留文化的本真性。

3. 洞察需求,利用大数据精准对接文化符号体系

乡村旅游市场表现出越来越明显的大众旅游向个性化、定制化旅游的过渡,游客的需求越发品质化、多元化,这就要求目的地在开发、建设与设计过程中更多考虑游客的需求,以市场需求为导向的产品才会更受欢迎。随着

互联网的普及应用，乡村旅游地应更加重视大数据应用对于文旅发展的有效作用。通过大数据，对游客搜索行为、需求偏好、情感印象等进行系统分析，为IP打造提供基础信息。

4. 体系构建，形成IP体系，进行价值拓展

乡村旅游IP的架构包括IP发展理念层、IP呈现与传播层、IP评价与考核层、IP价值转化层。在传承和发扬优秀传统文化的基础上，需在多个环节对乡村旅游IP的文化内核进行适度加工、创新，植入时尚、文创、艺术等元素，赋予文旅IP活泼、青春的内涵，使其贴近现代乡村游客的需求。如在乡村旅游核心区域做好地方传统文化脉络的梳理和历史故事的再演绎。要以IP为核心，利用乡村地域优势和产业优势，通过技术的介入和产业化的方式创新多元业态，连接农业、文化上下游产业链，推动IP与相关产业（大数据、体育、康养等）跨界融合发展，搭建IP展示与销售平台，培育形成IP创意产业链和产业集群，为乡村及所在地方经济发展构建新的经济增长点。

乡村旅游IP最核心的内容是创造力，本身自带原创属性的旅游IP如何通过创意性、个性化的呈现和传播方式持续放大原始文化艺术价值，构建IP体系，强化游客对IP的认同感，是乡村旅游IP识别与挖掘之后要考虑的问题。发展乡村旅游不仅要考虑产业问题，还要与乡村地区的社会服务功能以及当地居民的生活需求相融合，需要增强当地居民对乡村旅游IP的认同感和文化自信。

5. 乡村旅游IP的识别、呈现与传播

乡村旅游IP的识别与挖掘，就是要在看似纷繁无序的乡村资源中寻找内在关联性，并在此基础上进行价值筛选，识别挖掘可进行二次或多次开发的、符合乡村旅游客源市场需求的农文旅资源，深入挖掘其丰富的文化内涵，让资源背后蕴含的人文精神、文化基因活起来，形成鲜活的乡村旅游IP体系。

只有核心旅游IP是不够的，还要在梳理文化和旅游资源体系的基础上，深挖地域隐性农、文、旅资源，将产业要素与地域文化有机融合，形成新的乡村旅游IP。乡村旅游目的地需进一步挖掘隐藏在核心资源背后的，由多种地域文化交织和伴生的隐性旅游资源。

乡村旅游IP活化和可视化过程中，应以可触摸的形态呈现，如宣传口号、景区标识系统、衍生文创纪念品、特色节庆活动等。乡村旅游IP要以系统化的思维模式加以运营管理，为IP的落地生根、由虚转实提供保障，确保IP可持续健康发展。

创新多元呈现方式，可通过体验活动、演出活动、赛事、视觉设计系统等多元形式不断丰富并呈现IP的不同侧面，为游客提供感受乡村文化的多种载体，以好玩有趣、个性鲜明的形象展示本地乡村旅游IP，促使IP形象年轻化、时尚化，提高IP的认知度。

通过"线上+线下"结合的形式，形成乡村旅游IP立体式营销网络。线上建立自己的自媒体矩阵，在碎片化的信息环境中展示一个完整全面的IP形象。通过精心选择一批人气高、技艺好、特色鲜明的网红达人，围绕抖音、小红书、哔哩哔哩、微博、微信等平台，借助网红流量带动文旅市场消费，提升文旅IP的文化价值和商业价值。

线下层面，开发建设实体消费店，提供沉浸式场景体验，增强消费黏性。加之IP在各类文旅、文博场所的宣传推广，有效促进文创旅游纪念品的开发。推动文旅IP子品牌和主题乡村旅游产品的深度融合，增加IP在节庆推广中的曝光率等。

6. 价值转化，创造产业价值

以乡村旅游IP为核心，利用乡村目的地地缘优势和产业优势，以产业化方式创新多元化业态，增强在地居民对乡村旅游IP及其产业发展的认同感，构建文旅产业的上下游产业链。同时搭建文旅运营平台，推动文旅IP与相关产业融合发展。培育形成以文旅IP为内核的创意产业集群，拉动地方就业，为地方经济发展提供新的增长点，提高目的地知名度。

围绕旅游IP，串联IP内容，延伸拓展IP产业布局，打造具有广泛影响力的乡村旅游IP。IP的建设发展不仅可以改善当地居民的生活方式，还在一定程度上触动了固有的社会结构。通过IP活化文化、改善生活，实现社会价值创造。

IP发展中有一个特殊的价值提升途径——IP授权，IP的授权须根据IP的性质、品牌建设阶段、被授权方所属行业以及产品类别来综合考量。通过乡村旅游 IP 授权，创造衍生品，拓展乡村旅游 IP 的盈利途径。

IP 授权，最重要的也是最首要的是要先有 IP。乡村旅游 IP 授权，首先需要拥有一些有自主知识产权的东西可供授权，比如，经过注册有法律保护的品牌商标、IP 形象、图片素材、艺术作品、专利等。

（四）乡村旅游 IP 的打造程序

（1）发现，发现乡村旅游地的场景或者所要传达的场景，场景的概念不同于一个景区或一个博物馆，它可能是一个区域，也可能是一个游乐场、一个文化的消费场所。要发现场景里最具文化特点的部分，或者更具自身特点的内容。

（2）挖掘，即在确定 IP 的主题与核心后，首先要对 IP 核心文化本身进行深度挖掘，掌握 IP 核心文化的构成要素及体系；其次要对 IP 周边文化进行挖掘，挖掘出与主题相关，能为主题添彩并衍生创新的内容。

（3）提炼，提炼出能够形成被传播的 IP，并赋予它文化的生命力，让它具备文化的价值。

（4）传播，要找到有效的传播方式，提高目标人群的到达率。

（5）赋能，要思考游客到达以后最终的目的是什么？是要带动整个乡村经济的发展？带动整个乡村区域的文化认知？还是带动文化消费？不管带动什么，带动的本身就是赋能的过程。经历上面五个路径才能最终形成一个 IP 的概念。

第三节　乡村旅游营销

一、乡村旅游营销概述

市场营销是一门以经济学、行为科学、管理学和现代科学技术为基础，研究以满足消费者需求为中心的市场营销活动及其规律性的综合性应用学科。

乡村旅游营销具备市场营销的一般内涵和规律，是市场营销学、服务营销学在乡村旅游发展中的运用。结合乡村旅游发展的特点，可以把乡村旅游营销理解为以包括乡村旅游目的地政府、经营企业和个体等在内的营销主体对乡村旅游理念、环境、服务进行设计、定价、展示、分销和促销的计划和实施过程。乡村旅游营销通过满足乡村游客的需求并使其满意而实现乡村旅游发展的经营目标。

乡村旅游的快速发展，为乡村旅游营销带来机遇和挑战。传统乡村旅游营销中渠道少、方法简单、采用低价渗透、缺乏营销策略等已不适应现代乡村旅游发展。

现代乡村旅游营销需要有现代营销理念与策略作指导，更强调乡村旅游营销的管理与协调，营销模式也在不断创新。

二、乡村旅游营销策略

（一）市场细分与产品多样化、品质化策略

乡村旅游营销要对细分市场进行进一步的空间划分，结合同一地区细分市场在不同时段的乡村旅游需求不断创新更新旅游产品，提升内容及服务品质。

推出多种产品，以满足不同的细分市场的需求。如面向企业员工，春季可推出团建产品、夏季推出娱乐产品、秋季推出体验产品、冬季推出文化类产品。对于城市工薪阶层中有孩子的家庭，就应该按周末及寒暑假来设计打造周末亲子休闲活动产品、假期实践产品，可以推出家庭度假+文化体验或家庭度假+自然探索类产品，如果可能还可以根据孩子的年龄进一步区分小学低年级家庭、高年级家庭等，推出不同的产品，并采用具体、有针对性的营销手段。

在服务方面，要杜绝有形式无服务内涵的产品，要突显品质，即在做好大众性均质化服务的基础上，乡村旅游要提供优质服务和精细化服务。

（二）多渠道营销策略

乡村旅游销售渠道也可称为分销渠道或通道，是指乡村旅游产品从生产企业向消费者转移过程中所经过的一切取得使用权或协助使用权转移的中介组织或个人。

营销推广是乡村旅游运营十分必要的一项工作。"酒香也怕巷子深。"向谁推介、采取多少预算、采取怎样的方式、利用什么样的推广渠道与工具更值得研究。把乡村旅游产品推向市场，需要建立一个机构完善、高效的分销体系，这是提高乡村旅游地市场份额的重要手段。

（三）人本策略

人本策略的核心是情感营销，用真诚温暖社会，用情感打动人心，在各种营销推荐中都应体现出对人的关怀和关爱。如以乡村旅游目的地或区域内企业或机构的名义积极支持和参与各类社会爱心活动，通过不同方式及途径制作弘扬社会核心价值观的公益广告等。

（四）协作策略

乡村旅游发生在乡村，其发展需要协作，乡村旅游营销更是如此。这里说的协作一方面是乡村旅游地区域内各要素、各业态及各部门、各机构企业的内部协作；二是与周边地区，特别是周边景区等的协作。

三、乡村旅游营销渠道、模式与网站建设

（一）渠道类型

1. 直接渠道和间接渠道

直接渠道是指旅游产品不经过旅游中间商直接销售给游客的销售渠道。

间接渠道则是借助中间商将旅游产品最终转移到游客手中的渠道，如通过旅行代理商、旅游批发商、专营机构或其他旅游企业代销。间接渠道根据

经过的中间环节的多少还可以分级分层。

旅游市场较常见的有零级渠道、一级渠道、二级渠道、三级渠道。零级渠道是旅游者直接向旅游产品生产者购买所需的产品而不通过中间商购买，一级、二级、三级渠道则分别有一个、两个、三个中间商。乡村旅游产品销售渠道长度的选择一般要考虑产品特征、市场状况、企业自身条件、经济效益等因素的综合影响。

2. 长渠道和短渠道

根据介入旅游中间层次的多少，将营销渠道分为长渠道和短渠道，所经过的中间层次越多，营销渠道就越长，信息传递相对越慢，流通时间越长，渠道控制越困难。渠道短则信息传递快，销售及时，容易控制。

通常情况下，从产品特征来看，价位较高、旅游容量较小、产品内容较单一、产品更新换代快的乡村旅游产品适合短渠道策略；价位低、旅游容量大、产品内涵丰富、产品生命周期长的则适合长渠道策略。

就市场状况而言，市场面较窄，特别是新投入市场的乡村旅游产品宜采用短渠道，潜在市场巨大、市场面宽的适用长短结合并以长渠道为主的渠道策略。从经营者自身条件来看，规模大、实力雄厚、管理能力强、销售经验丰富的企业在推广产品时可采用以短渠道为主的策略，反之，则必须依靠中间商，采用较长的渠道策略。

3. 宽渠道和窄渠道

每个渠道层次使用的中间商数目称为渠道宽度。一般而言，有以下三种渠道宽度策略可供选择：专营性分销、选择性分销和密集性分销。

专营性分销，是指严格限制中间商的数目，中间商一般不允许再经营其他竞争者的产品，否则会受到相应的处罚，在这种情况下，中间商的积极性最大，与生产者企业的协作关系最密切，缺点是宽度太窄，如果该中间商无法打开市场，乡村旅游地会有失去市场的风险。

选择性分销，即只选择那些信誉较好、经验丰富、有合作诚意的中间商。中、高档乡村旅游产品可以采用此策略，有利于保持产品声誉和乡村旅游地及企业的形象。

密集性分销是指保持尽可能多的中间商数量,针对城市周末、节假日旅游市场的乡村旅游产品可以采取此类渠道策略,其缺点是对中间商的控制比较困难,易导致价格混乱、形象受损。

4. 传统渠道与互联网渠道

与经销商合作、通过传统媒体营销或举办展会等属于乡村旅游营销的传统渠道,互联网及新媒体营销属于新兴渠道,由于乡村旅游包容度大,游客出游频率高,组成广泛,而且个性化要求高,因此,乡村旅游营销一定要重视互联网、新媒体及各种时尚网络平台渠道。

乡村旅游的经营者也存在缺乏传统风景区能够准确把握旅游者需求与动机的经验的情况。在促进旅游者与乡村旅游经营者之间信息沟通,并通过信息沟通使供给双方完善和谐方面,互联网可以发挥重要的作用。

5. 渠道建设

乡村旅游营销渠道建设应遵循减少分销层级、降低运营成本和提高反应速度三个基本思路,根据目标市场采用不同的措施及方式,如在主要目标市场设立专门机构,在次级目标市场与代理机构合作,在三级市场根据实际情况决定是否派出营销代表。

(二)营销模式

1. 娱乐体验营销模式

娱乐营销是借助包括民俗体育、特色乡居生活体验等娱乐元素或形式,将产品与消费者建立联系,从而达到销售产品的形式。娱乐可与体验结合,让游客通过观摩、聆听、尝试、试用等方式建立感官联系、获得情感体验、激发活动思考,在潜移默化中记住乡村旅游产品、活动,成为乡村旅游地的"常客"和"义务宣传员"。

2. 概念与主题营销模式

是指通过市场调研,将乡村旅游产品及服务加以提炼,创造出能反映乡村旅游地主题,具有核心价值理念的概念,通过创造出的概念向目标市场传播,激起游客的共鸣,让游客产生购买欲望并实现购买行为的营销模式。

3. 事件营销模式

即通过举办大型主题活动，迅速扩大旅游地的知名度。事件促销策略对知名度低，旅游资源比较丰富，旅游业处于起步阶段的旅游地尤其适合。相比较而言，节庆、节事等活动，缺乏令人为之一振的效果。

4. 媒介营销模式

借助各类媒体（包括传统媒体、新媒体及网络媒体等）、新闻报道、影视（成为影视剧或热门电视节目的拍摄地），以及有合作关系的单位、企业等进行营销。

（三）乡村旅游地网站建设

乡村旅游目的地的名气一般来说会低于著名风景区，就更需要在宣传及营销策略上比其他类旅游目的地更系统、更完善、更富于个性化。互联网是担当这一重要角色的首选。与传统营销方式相比，网络营销具有覆盖范围广、信息传递快捷、宣传及服务费用成本低、容易形成个性特色、适宜于乡村旅游等特点。

1. 乡村旅游网站（点）的类型

利用互联网发展乡村旅游首先必须建立一个旅游网站或作为旅游综合性网站的一个重要组成部分。现今我国旅游网站有很多，主要有两大类。

一类是由网络商提供的商务平台，各旅游企业包括运输企业（主要为机票预订）、旅行社（主要提供线路报价）、宾馆饭店（主要提供房间的预订）、旅游景区（主要提供景区的游览信息）将所有相关信息提供给网站运营管理者，由网站管理者负责发布和管理，但这种方式往往会出现网站经营者与旅游企业之间信息不能有效及时沟通，造成信息滞后、失真，并导致用户对网站产生不信任等后果。当然此种方式也存在运营成本低的优势。

另一类是由各旅游企业自己建立的网站，自主发布信息。自建网站成本相对较高，但便于开发各种旅游和营销活动，更便于获得用户的资料，开展有针对性的个性化服务。

乡村旅游发展初期可以采用加入浏览量大的综合网站中去，为其提供这方面的信息，同时将网站登录到各种搜索引擎中，提高知名度，与各同类网站交换链接也是吸引注意力的一种重要方法。乡村旅游发展到一定阶段，随着实力及市场占有率的增加，可以考虑自建网站，为游客提供更丰富、翔实的内容。

2. 乡村旅游网站（点）的建设内容

内容是网站成败至关重要的因素，乡村旅游网站不仅要采用各种手段展示乡村旅游地风采，更重要的是要准确提供游客需要的信息内容。

（1）乡村旅游目的地的地理位置

乡村旅游景点的范围相对较小、位置较偏僻且较分散，在一般的旅游图，甚至导航上也不容易找到。因此在网站内要提供目的地的详细名称及位置图，最好再增加行走线路、道路状况、交通情况、休息站点、餐宿情况、景区位置、观赏要点等。游客只要把位置连到手机导航上就能准确找到，还可以根据提供的信息，安排时间及活动行程。

（2）乡村旅游目的地主要服务要素及设施的详细情况

围绕吃、住、行、游、购、娱的服务需要，提供各类服务设施的具体情况，特别是特色民宿、特色餐馆（农家乐）、停产场、厕所等。以民宿为例，需要给出民宿的位置、特色、服务等级（已参评旅游民宿等级的）、价格、卫生状况、周围环境、提供的服务、通信情况、联系电话等，这些都是游客关心的内容。

（3）乡村旅游地的特色内容

景观特色，如乡村田园景观、乡村聚落景观、乡村建筑景观、乡村农耕景观和乡村民风民俗景观等。要说明的是，只要能代表地方特色的景观都可以作为乡村旅游宣传的重点。要抓住游客到乡村旅游的心理需求，如身心放松、品尝风味、康体疗养、开阔视野、增长见闻等，突出自身特色，要根据自然景观的四季变换，推出富有季节性风光的旅游项目。

参与性活动，如乡村节日庆典、民俗活动、乡村农家劳作、地方工艺品（如草编、泥玩、民间刺绣、编织等）制作、特色烹饪体验等各种地方性乡村生活体验活动。网络表现要生动活泼，真实而有说服力。还可以鼓励参与过活动的游客在网络上留言、写游记、秀照片及拍短视频,并进行比赛。

(4)特色旅游线路、综合产品及参考价格

提供乡村旅游目的地可组合的游览线路及线路产品。要给出线路安排,具体线路产品,具体的行程安排及服务,需要多长时间,何时游、看什么、吃什么、玩什么,需要花多少钱?如果时间较长,需要明确住宿情况,住哪里、什么等级、有何特色等。

(5)乡村旅游目的地的气候状况、风土民情、相关政策等

在组织网站内容和制作网页时,要尽可能地提供全面翔实的信息。重要内容要放在显眼的位置。信息要分门别类,有条理性,易于用户查找,最好有网站导航或站点内容搜索功能。

网站内容编辑和设计风格上要达到统一,不要走入"内容多,就能吸引用户"的误区,若整个网站内容杂乱、眼花缭乱,只能令客户厌倦,多多参考国内外著名网站的设计排版,在实用和美观上达到完美的和谐。

(6)适时更新内容,适应乡村旅游市场需求变化趋势

不能仅把网站当成一个静止的"橱窗",要随时关注网站的运行,特别是游客留言、建议等内容,同时要定期做市场研究分析,补充及不断更新内容。

根据乡村旅游发展阶段的不同,推出不同的服务项目。如初期主要是提供游客感兴趣的信息,方便消费者查询,因此提供全面有效的信息是初期工作的重点。网络环境完善后,可以兼顾网络电子商务项目,发挥乡村旅游网站的门户功能,不仅向游客提供旅游类电子商务服务,还可以带货、销售特色旅游商品和农产品,在网络上实施"农、文、旅"融合。

如果游览点及服务内容有变化,一定要及时调整信息内容。乡村旅游目的地不同于旅游景区,在开发建设过程中,设施、道路、交通、卫生、通信等状况会发生变化,一旦发生变化,相关信息要及时通过网站发布出去。

根据乡村旅游季节性强的特点,在四季变化时提供各季节不同的旅游产品,吸引游客。根据淡旺季进行增加或调整,如在淡季,可以尝试推出新奇产品、活动及服务来吸引消费者,延续到旺季就会对游客产生先入为主的效力。

(7)做好客户关系的联络与管理工作

乡村旅游网站不仅仅是发布信息,而且也是接受信息的平台,是乡村旅游目的地与客户相互交流的最佳途径,旅游网站不能仅停留在"橱窗"式的展示阶段,还要向动态的、交互的方向推进,运用互联网做好客户及游客的联络与管理的工作,如通过互联网建立乡村旅游游客社群、特色项目俱乐部、亲子活动日志、"城里老表团"等乡村旅游的网络之友档案。可以采用奖励的方式鼓励游客留下必要的个人信息,定时或不定时主动向他们传送乡村旅游优惠信息,获取他们对乡村旅游需求方面的信息。通过活泼多样的网上活动,联络一大批乡村旅游者。乡村旅游不同于传统观光旅游,有很大的复游率,利用互联网做好客户关系的联络与管理的工作,对乡村旅游的持续发展有着重要意义。

网站运营首先要保证游客的隐私,注意游客信息的保密。对掌握的第一手资料,一定要分门别类、去粗取精,划定潜在客户群的范围,定期分析、总结、评估。宝贵的数据资料是网站发展和旅游线路开发及各种服务推出的重要依据,是开发和开展个性化服务的客观基础。

诚信是人与人交往中最基本的要求,是乡村旅游发展的生命。乡村旅游网站在发布信息、组织活动、提供服务的时候,一定要将诚信放在首位。让旅游者感受到浓浓的诚意,才能吸引和留住旅游者,获得旅游者的信任,取得经营的成功。乡村旅游网站的设计风格和内容要有亲和力,体现乡村旅游的亲民风格,体现"乡村性",让人愿意接近、愿意去看。

(8)大力发展个性化网络服务

对于面向个人的服务,以满足个人需求和保持良好关系为目的。对于客户急需、关心的问题及时在网上给予回复。对于经常参加网站组织的活动的个人,将其升级为高级会员,提供更多更全面的服务。对于通过网络进行预订,并且经调查确实履行合同的,要给予实实在在的奖励,通过预订次数、旅行次数或旅程数、积分、信誉度等评价标准给予价格折扣、预订优先,甚至为其开辟个人主页空间。

对于某个特定群体,除以上服务外,更应为其设定特殊的栏目,由网站或让其自发组织，围绕其特定需求进行挖掘性服务。如为乡村摄影爱好者这一特定群体，设置"乡村风光"栏目，随着旅游地四季变化定期预告摄影的最佳时机、摄影地点、行程线路、时间费用、吃住条件等，同时为其发表自己的作品提供展示平台。

旅游网站的运营必须与许多传统企业进行联盟，而各个企业的状况如运行机制、客户定位、环境条件等都不尽相同，在对其进行调查或旅客反馈的基础上，进行评价。对环境优良、遵守信誉的企业要重点宣传，对于质量不合格的企业给予批评，甚至不予宣传，保证网站信誉，提高客户信任度。

由于乡村是地方文化的重要承载地，其地方民俗文化对入境旅游者同样具有一定的吸引力，在乡村旅游发展到一定阶段，根据资源特色及价值，可以接待入境旅游者，因此，必要时需要提供多语种服务内容。

（9）与旅游企业精诚合作，共同发展

网站的发展还要注意与相关旅游企业的合作，这里说的旅游企业包括旅行社、酒店、周边景区、旅游纪念品生产商等。乡村旅游发展需要各方支持，特别是要借助各类相关企业的力量，合作共赢，共同发展。

扩大知名度、挖掘潜在客户、增强客户信心、整合旅游资源、开发旅游业态及项目是利用互联网发展乡村旅游的中心思想，游客是根本，资源是基础，网络是手段。只要将三者有机地结合起来，必能为乡村旅游的发展开辟出新的道路。

（四）营销管理

1. 树立系统的营销观

把目的地营销理念当作一种哲学，贯穿于乡村旅游地规划、建设、发展、经营的整个过程。乡村旅游发展的每一个步骤、每一个措施、每一个阶段，都要以目标游客为导向，尽量满足他们的需求。要重视营销的促销环节，也要重视营销"树内功"的环节，用营销的理念，指导旅游产品的开发，管理游客的旅游体验，以及创建和塑造旅游形象。

2. 实施全民营销

乡村旅游地信息传递的数量和质量，以及游客满意度的提高，都有赖于全民的参与和支持。信息传递，尤其是形象的传播，需要当地居民的积极参与。要进行成功的目的地营销，就必须有全民的参与，需要政府、非营利部门、参与发展的相关企业、本地居民及其他部门的通力协作。

关注所有相关者的利益所在，尽量平衡相关各方的利益要求，使大家都从旅游业发展中受益，实现各自的目标。这样有利于相关者对游客态度的改变和各行业服务质量的提高，从而使游客的游历体验得到更大的满足，实现较高的游客满意度，形成良好的口碑。

实行对内营销，把目的地的信息，尤其是旅游形象和产品的文化内涵传递给当地居民，并获得他们的认同，灌输主题形象营销的理念。

3. 加强营销渠道，特别是网站管理

选择并构建营销渠道体系只是第一步，要保证营销目标的实现，要做到精细化动态管理，定期考核渠道的效率，淘汰不符合要求的渠道商，保证与渠道商的有效沟通，保证渠道通畅，形成共赢，提高整个渠道体系的质量。

销售渠道的选择指的是乡村旅游产品的生产者和经营者是否通过中间商，或者通过多少个中间商把产品出售给旅游者的决策过程。该决策主要考虑以下问题：中间商的级别，是多级型还是直接控制的单层型；中间商的权限，即企业对中间商的合作关系或控制力，这与中间商和企业的感情合作关系、中间商自身的实力有关，目的是恰当、正确、科学地选择、激励、评价中间商，产生最高的流通效率，取得最好的经济效益。

互联网是沟通旅游者与乡村旅游地之间联系，进行市场营销的重要途径，在利用互联网进行营销时，要注意遵守国家相关政策法规，对上网内容落实审核责任制，为游客提供积极、有效的内容。

第九章　乡村旅游目的地管理

第一节　管理目标及方式

一、管理目标

乡村旅游管理者应该善用农业资源，维持乡土特色；修正相关法规，改善经营管理，突破发展困境；在日常管理中要做到管理规范，组织到位。

（一）由粗放型向集约化发展

由个体开发向联户成片发展，由单户经营向公司经营发展。推进土地、接待设施的适度集中与规模化，培养一批土生土长的专业化乡村旅游经营者。配套成片联户开发与规模经营已经成为必然趋势。以田园风光（如农田、果园、茶园等）为特色的乡村旅游，必须有一定的规模才能形成景观，因此需要适度的经营规模，目前许多农民开始自行交换土地使用权，推进土地的集中。

（二）由大众化向特色化发展

分类特色管理，做好地区分工、产品分类、顾客分层、服务分级。分出特色、分出市场、分出规模。"家家达标准，村村有特色"是乡村旅游发展的目标，太多的标准化管理，容易导致产品与服务趋同。政府部门应该制定乡村旅游定性定量规划，确定某一具体地域旅游特色，鼓励区域分工，反对盲目模仿。

（三）经营者的本地化

乡村旅游发展应最大限度地保证乡村性。乡村旅游经营者与劳动力本地化是乡村旅游持续发展的根本保证，发展中要让外来户与本地户在业务方面分工互补，和平共处，如外来户主要经营高投资的餐饮与娱乐，本地户主要经营经济实惠的家庭旅馆与农家饭菜。

（四）和谐管理

具体包括产业和谐，目标是社区产业结构合理，经济稳步、协调发展，居民收入逐年递增；政府和居民利益关系和谐；社区分配制度合理，社区参与动力足，社区各主体自觉支持乡村旅游的发展；居民和游客之间的关系和谐，即社区居民对游客抱欢迎态度，游客的旅游印象良好；与周边社区和谐，即社区具有一定的知名度和良好的口碑，本社区的可持续发展不会影响相关社区的利益；人与自然和谐，即社区环境优美，动植物生态良好。

二、管理方式

（一）行政管理

建立区县、农业与文旅主管部门、乡镇、村四级行政管理体系。成立乡村旅游领导小组之类的专门管理机构和民间乡村生态旅游协会，具体负责业务指导、宣传促销、人员培训、活动安排、结算和受理游客投诉等。许多农户自己不能解决的问题必须依赖于协会和乡镇行政部门及村干部的支持，如道路、给排水、供电、排污、网络通信等基础设施的完善只能依靠集体，或积极申请各级扶持资金加以改善。

（二）标准化管理

乡村旅游企业规模小，乡村旅游经营者散布广泛、实力有限，自律意识相对薄弱，乡村"三农"问题错综复杂，无统一的乡村旅游标准，乡村旅游发展管理难度大。因此，乡村旅游目的地在发展中，必须遵守国家法律法规，特别是国家关于土地、耕地、生态保护方面的法律法规。在行业发展方面，一是借鉴国家和地方行业标准，如旅游民宿、旅游标识、诚信服务、食品安全、卫生等标准及规范。二是根据地方乡村旅游发展的实际，通过政府有关部门制定本地乡村旅游发展的标准及规范体系，通过企业自律、行业监督，严格执行标准，使乡村旅游具备为游客提供标准化旅游产品的能力。

（三）法律法规管理

乡村旅游发展应遵守国家的相关法律法规，用法律法规规范乡村旅游，促进乡村旅游的有序竞争，确保游客的合法权益和村民的基本利益不受侵犯。

（四）村规民约管理

乡村旅游发生地在乡村，乡村旅游的管理需要社区及乡村居民的参与。在发展旅游进程中，带动乡村社区治理能力的提升，促进乡村文明同样是发展乡村旅游的目的之一。乡村旅游发展需要乡村社区及村民的积极参与，调动社区居民的积极性，因此，在发展中涉及一些乡村旅游社区发展及村民行为规范的问题，可借鉴中国传统乡村管理方式之一的"村规民约"进行管理。主要路径是通过村民委员会、合作社或协会等牵头，征求村民的集体意见，制定与本地旅游业发展相关的"村规民约"，并将其变为村民的自觉行动，向游客展示乡村中的精神文明成果及村民素质，丰富和提升乡村旅游目的地形象。在制定了村民公约后，村委会、合作社或协会还要跟进检查监督，结果要面向全体村民及游客公开。

（五）社会监督管理

对乡村旅游者满意度和乡村旅游经营者及其产品做出调查，通过电视、报纸、刊物等大众媒体公布调查结果，利用社会舆论加强评价监督等。

（六）相关认证管理

逐步建立乡村旅游服务质量认证体系、乡村旅游服务资格认证体系、乡村旅游服务等级认证体系、乡村旅游卫生认证体系、乡村旅游安全认证体系、乡村旅游生态环境认证体系等。

第二节 乡村旅游宏观管理的内容

一、乡村旅游环境管理

乡村旅游是一种满足精神需求的文化活动和审美活动,这种返回乡村的现象,其实质是一种更高的城市化生存趋向,而绝非乡村人的自然生存。对于城市人来说,乡村仅仅是他们的消费和享受之地,而非生存的来源,他们只是用乡村的一部分自然来代替和弥补城市生存的不足,这是城市生存的审美化,所以在开发乡村旅游的过程中要十分注意旅游环境。

(一)村容村貌和环境治理

日常应组织开展以"户洁、街净、村美"为标准的村容村貌和环境治理整顿工作。如对入村道路进行整治、绿化和美化,并加强基础设施建设,如兴建停车场,修建星级厕所,为道路安装路灯等。

(二)生态环境综合治理

乡村的田园农庄,鸡鸣犬吠、阡陌纵横、果蔬飘香,一幅恬静、淡雅的山水画卷,使游客一踏入生态乡村,便产生"轻松、亲切"的第一印象。乡村旅游的一个重点是进行生态环境综合治理,使之成为"清洁、明快、爽朗"的新农村。鼓励村民在房前屋后种植果树花卉,体现洁净度、优美度、休闲度、舒适度、安静度为一体的3N(nature 自然、nostalgia 乡愁、nirvana 理想)宜居宜游主客共享的美丽乡村。

乡村旅游环境管理要有符合国家环境保护和卫生防病法律法规的生活排污设施,在合理位置设置足够数量的公共厕所、旅游厕所(按国标要求建造)、垃圾容器(垃圾分类)并及时清理。

要加强旅游中的环境保护,经营者和服务人员要有生态环保意识,在旅游过程中要主动爱护环境，同时要引导游客爱护环境。

二、乡村旅游设施管理

（一）乡村旅游住宿设施管理

乡村旅游住宿设施因其所在地域的特殊性，需加强指导，管理目标是让游客住得开心。乡村旅游住宿多为非标，业态丰富。"住"在旅游中的地位也很重要，要想办法让客人住下来，这是增加乡村旅游收入的重要途径之一。管理中要注意以下问题：

（1）要整治好居住的周边环境，使之干净、卫生并具有浓郁的乡村氛围。

（2）居住的建筑物的外观要通过突出乡土性和民族性来满足客人的审美需求。

（3）居住的内部空间在保持乡村性的同时，一定要做到卫生、整洁、安全、方便。

乡村"旅游民宿"的要求参见《旅游民宿基本要求与评价》（LB/T 065—2019）及第1号修改单等有关法律、法规和标准。

（二）乡村旅游交通设施管理

乡村旅游的可进入性问题，是乡村旅游取得跨越式发展的制约性因素。乡村旅游社区道路交通设施、道路交通标志的标准化，能确保游客旅途的安全快捷。

（三）乡村旅游社区服务设施管理

对乡村社区医疗卫生、通信、教育、治安保障等设施提出基本的要求，以适应乡村旅游的发展。

三、乡村旅游安全与卫生管理

（一）安全管理

安全是旅游业发展的"生命线"，任何时候都不能忽视和松懈。"乡村"旅游因处在城郊接合部和农村所以安全管理更为重要。

1. 村落治安

加强社会治安管理，保证旅游者、经营者的人身、财产安全。加强对从业者的安全教育，强化安全意识，做好安全检查，狠抓各项旅游安全工作的落实，确保不出任何事故。必要时成立"村落治安小组"或"治安员"负责维持村落社会秩序、保障游客人身安全。

2. 住宿安全

乡村住宿的客房安全包括防火、防电、防碰撞、防滑等方面。具体要求参见国家相关标准。

3. 游览安全

在乡村游览区的游路、岔口、危险地段设置游览指示牌和安全指示牌。旅游旺季或特殊天气时选派工作人员为游客提示、引路、为游客提供安全救助等工作，保障游客安全。要制止游客去有安全隐患及未作为游览区开放的山林、洞穴、湖泊等区域。

（二）卫生管理

乡村旅游以乡村社区为主要活动场所，食品卫生、公共卫生以及各种生活用品的清洁卫生都直接关系游客的身心健康，对所处环境卫生条件有很高要求。各级部门要加强卫生管理，为游客创造出一个洁净健康卫生的旅游和生活环境。

1. 乡村旅游住宿卫生标准

新建住宿设施选址要选择地势高、干燥、通风、水源充足、交通方便的地点，应远离垃圾场、养殖场、采石场、机械加工和金属冶炼场所等，防止各种工业性污染。在客房设计时，必须考虑采光、取暖、通风、防噪、排污、紧急疏散等与人体健康和生命安全有关的卫生要求，做到科学合理。

2. 乡村旅游餐饮卫生标准

乡村旅游餐饮设施的新建、改建、扩建工程，必须严格按照行业标准《饮食建筑设计标准》执行，通过公共卫生监督部门的预防性卫生审查，按标准排污。

建立乡村旅游餐饮卫生培训制度，定期对从业人员进行卫生知识培训，使他们了解工作岗位的卫生管理制度，懂得国家餐饮卫生法规，并且纠正乡村旅游餐饮卫生存在的问题。完善餐具消毒制度，乡村旅游餐饮设施的餐具可以采用集中消毒的办法降低消毒成本，保证用餐卫生。对于乡村旅游从业人员应定期进行身体检查和卫生检查，防止有传染病者上岗，保证乡村旅游的饮食卫生。

3. 乡村旅游饮用水卫生标准

在乡村旅游发展过程中，需根据国家饮用水标准的有关规定选择水源，建设安全卫生的供水系统。水源选择要考虑历年水质、水文地质情况和取水点附近地区的卫生状况，应从卫生、经济、技术和水资源等多方面进行评价，选择在水质良好、水量充沛、便于防护的地方取水。

4. 垃圾分类与清运

有条件的做好垃圾分类，做好乡村内部的垃圾清运工作，使果皮纸屑、建筑垃圾与游客彻底绝缘。

四、乡村旅游服务质量管理

服务质量是乡村旅游服务的内在属性，是乡村旅游地的核心竞争力，是衡量乡村旅游发展水平的重要指标。加强服务质量监管、提升旅游服务质量是乡村旅游可持续发展的主要载体，是促进乡村旅游消费升级、满足游客多层次消费需求的有效举措，是推动乡村旅游高质量发展、助力乡村振兴的重要抓手。

（一）落实乡村旅游服务质量的主体责任

乡村旅游服务质量是由各个业态及项目服务质量共同组合而成的，业态及项目主体经营者是提升服务质量的主体。要规范相关企业、经营主体及社区参与者的经营行为，发挥乡村集体组织，如乡村旅游协会、乡村旅游合作社等的作用，加快理念、技术、产品、服务、模式和业态创新，有效实现数字化转型，有效提升旅游服务便利性。

（二）相关服务标准

具体包括服务标准的运用、服务质量监控及服务品牌打造。其中品牌是旅游服务质量及水平的集中体现。乡村旅游可持续发展需要培育一批品牌企业、品牌经营户、品牌产品和商品，充分发挥服务品牌对乡村旅游发展的引领带动作用，推动形成优质优价的旅游消费意识，提升乡村旅游服务品牌的知名度和美誉度。如支持乡村民宿申报等级旅游民宿评定，支持乡村旅游协会举办服务技能比赛及服务等级评选，评选出的优质服务企业或参与者，要做成名录向游客推荐，树立服务标杆。

（三）培养从业人员服务质量意识、提升服务技能

乡村旅游的大部分从业者是当地居民，他们过去主要从事农业生产，参与乡村旅游后工作环境及对象发生了质的变化，要提高服务质量，需要从基础的职业道德教育开始，加强乡村旅游从业者职业道德教育，让他们充分认识自己现在从事的职业，熟知旅游行业职业道德的基本要求，了解游客对服务的需求，学习相关服务质量标准，精通服务技能，为游客提供优质的服务。

同时还要突出乡村服务特色，乡村旅游服务者应力求以亲人般的亲切态度对待旅游者，应当将一些有乡村生活情趣的内容纳入乡村旅游服务之中，真正让旅游者有家一般的亲切感受。

（四）加强市场管理，注重旅游者权益的保护

乡村旅游目的地要成立监督服务质量、接受旅游投诉和调节旅游纠纷的机构，对经营户进行质量检查监督，保障游客的权益。

在乡村旅游过程中游客享有的权利主要包括：接受乡村旅游服务时享有知情权；对乡村旅游服务享有自主选择权；购买乡村旅游产品时享有公平交易权；接受乡村旅游服务时享有获得赔偿的权利；享有获得乡村旅游有关知识和教育的权利；接受乡村旅游服务时享有受尊重的权利；享有对接受的乡村旅游服务进行监督和建议的权利。因此乡村旅游各类经营者要保证其经营的商品和服务的质量，要按照有关规定实行明码标价，必须持有合法的卫生许可证、健康证，定点亮证经营，保持摊位及周围卫生清洁。经营者需要按照行业标准和旅游合同的约定提供服务。

（五）健全旅游服务体系

在乡村集散中心设立为游客提供旅游信息和咨询服务的咨询台和咨询电话；经营农户要热情地为游客提供活动咨询服务；在大型演出场所外要设专人提供信息咨询服务。

（六）旅游服务信用体系建设

鼓励乡村旅游项目、业态经营主体主动向游客作出信用承诺，支持乡村旅游行业协会、各类特色业态合作社等建立健全行业内信用承诺制度，加强行业自律。

五、危机管理

（一）政府危机管理

政府是危机管理的核心。政府危机管理是指政府为预测和识别可能遭受的形象危机，采取防备措施，阻止危机发生，并尽量使危机的不利影响最小

化的系统过程。具体说来，政府在乡村旅游危机管理的主要任务是，在危机前兆阶段，致力于从根本上防止危机的形成和爆发，或将其及早制止在萌芽状态；在危机紧急期和持续期，致力于危机的及时处理和化解；在危机解决阶段，及时地进行危机总结。

（二）企业危机管理

乡村旅游企业的危机管理，一是要成立企业危机管理的领导机构，建立企业危机管理制度；二是建立企业危机预警系统和危机应对处理机制；三是培养和强化企业管理人员与员工的危机意识；四是及时评价企业应对危机的计划、决策，建立完善的危机学习机制；五是与媒体和公众有良好、高效的信息沟通系统。

（三）从业人员危机管理

从业人员的危机管理包括：树立危机意识，正确认识危机；主动承担社会责任，积极参与政府和企业的危机救治；加强职业培训与学习。

（四）公众危机管理

危机事件不仅是对政府能力的挑战，更是对社会公众的考验。在通常情况下，社会公众是危机事件直接威胁的对象。因此，公众也应该成为危机管理系统当中的积极参与者，这样才能最大限度地吸纳各种社会力量，调动各种社会资源共同应对危机，形成完善的危机应对网络。

第三节　乡村旅游高质量发展

一、乡村旅游高质量发展任务

乡村旅游高质量发展就是体现新发展理念的发展，必须坚持创新、协调、绿色、开放、共享发展相统一。乡村旅游高质量发展，创新是第一动力、协调为内生特点、绿色是普遍形态、开放为必由之路、共享是根本目的。

（一）以人为本，创新引领

人民作为社会经济发展的受益者，也是社会经济发展的创造者。乡村居民及所有参与乡村旅游发展的人都是乡村旅游发展的创造者和受益者，这当中也包括游客。乡村旅游发展要坚持以人为本，始终坚持人的主体地位，在乡村旅游经济发展中，尊重所有参与者的劳动，充分调动各方面的积极性、创造性以及主动性，坚持权利平等、机会平等的公平竞争机制，努力创建多元主体发挥作用的平台。

良好的创新政策与创新人才培养机制，将有利于乡村旅游高质量发展。应支持和鼓励参与乡村旅游发展建设的企业、农户及个人积极创新，同时制定相关政策降低自主创新成本，加强创新的产权保护，统筹推进各类人才队伍建设，形成各层次梯队人才，为乡村旅游高质量发展储备人才。

（二）绿色发展，品牌建设

绿色低碳是高质量发展的标配，更是乡村旅游发展的内涵需要。绿水青山就是金山银山是乡村旅游绿色发展的目标。乡村旅游高质量发展不仅要保护好绿水青山，使之成为可永续利用的旅游资源，还要在相关软硬件服务中体现低碳，在业态、产品中融入绿色低碳的理念及内容，更要发挥旅游的特殊教育功能，让所有参与者（包括游客）成为绿色低碳旅游的执行者。把绿色低碳融入并体现在乡村旅游品牌建设中。

品牌建设带来的品牌价值是高质量发展的内涵之一。乡村旅游高质量发展要不断地提升产品质量、服务质量以及管理质量进而提高品牌质量，不断增加乡村旅游高附加值，拓展延伸乡村旅游产品价值链，为乡村旅游地带来更高的社会、经济、生态效益。

（三）协调发展，立体推进

乡村旅游从资源利用看，涉及农、林、牧、渔，联动自然与文化，关联村民的生产生活；从发展属性看，乡村旅游同时具有事业和产业的属性；从产业角度看，乡村旅游需要进行产业融合，联动着一产、二产、三产；从市场及消费看，乡村旅游连起了城市和乡村；从业态发展看，乡村旅游联动着企业、合作社、农户以及村民；从合作竞争的视角看，乡村旅游与周边乡村、旅游景区有着密切的关系；从活动内容方式及产品看，乡村旅游体现着传统与时尚。

乡村旅游高质量发展的重要内容之一就是要做好协调工作，如资源协调，主要包括保护与开发关系协调，保证资源开发利用必须在保护的基础上进行；生产生活资源与旅游资源的协调，如农、林、牧、渔资源，村落古建、民俗文化等与旅游资源的协调等。产业协调，内容包括产业融合发展、各产业比重的协调、产业与事业联动等。城乡协调，包括城乡经济发展协调，城乡文化、生活及旅游消费方式的协调等。乡村旅游发展参与者的协调，如投资企业与村委会、合作社、农户之间关系的协调，村民与村民、村民与游客关系的协调等。地区之间的协调，主要包括乡村旅游地与周边区域经济发展、旅游主题、线路道路交通联动等方面的协调。在协调各方关系的同时，还应实施立体推进。宏观层面做好乡村旅游发展战略选择，政府主导与指导相结合，重点实施创新驱动、品牌营销、融合发展、区域合作及精细化发展等方面的工作，做好"三网"（交通网、服务网、智慧信息网）及公共服务（公共交通、卫生、医疗保障、公共体育设施、公共文化设施、保险体系）等基础工作，联动好周边景区、村镇及城市。提升吸引体系、交通与标识体系、综合服务体系、支持与保险体系、发展动力体系和智慧旅游体系。在保障大众均质服务的前提下，推广优质旅游，倡导精细化服务。中观层面强化软开发、适度硬开发，做到开发管理规范化、旅游发展科学化、旅游供给品质化、实现效应最大化、主客共享社会化。微观层面解决是什么、做什么、谁来做、怎么做等问题。

（四）开放发展、共享成果

乡村旅游的高质量发展贯穿乡村发展及乡村振兴全过程中。乡村是一个开放的空间，在乡村发展旅游可以让乡村时时是场景、处处是舞台，个个是观众、人人是演员，形成真正友好型、服务型、经济引领、社区参与的开放型乡村旅游目的地。惠及当地居民、参与农户、投资企业及到乡村旅游的游客。

（五）乡村可持续发展

1. 生态的可持续

乡村旅游发展要与当地的生态发展、生物的多样性和生态资源的维护相协调一致。乡村旅游在推动旅游业向前发展的同时，可以维持乡村旅游资源的合理、永续利用，保护和改善乡村生态平衡。

2. 文化的可持续

乡村旅游发展要提高人们对生活的控制能力，并使之与人们的文化价值观相协调，同时要注意维护和增强乡村文化的独特个性。

3. 经济的可持续

发展乡村旅游让更多的乡村居民参与其中，获得更多的非农经济收入，让社区取得更大的经济效益，乡村资源得到有效合理利用与管理，让城乡居民走向共同富裕的道路。

二、乡村旅游高质量发展路径

（一）不同利益主体形成经济合力

乡村旅游发展的行为主体包括当地政府、居民、消费者、企业及相关组织。政府顶层设计，有利于防止乡村旅游项目出现重复建设，能够促进资源的优化配置。乡村居民是乡村旅游发展的核心要素，是乡村旅游保持原真性、乡村性的基本，只有发挥乡村居民的积极主观能动性，才能更有效地形成合力。

乡村旅游产业发展的区域都是乡镇以下、以村为单位的区域。政府的行为决策会影响乡村旅游业发展。当地政府在乡村旅游发展中作为顶层设计者和服务者,是乡村旅游高质量发展的动力源。乡村旅游消费者(游客),是乡村旅游价值链的终端消费者,是乡村旅游各类利益相关者中的成员最多,最终完成生产、交换、消费三大环节的一类利益相关者,其需求的多样性、模糊性、潜在性和变化性,导致其个体行为较为复杂。游客的行为对乡村旅游目的地的影响差异巨大,是乡村旅游价值能否顺利实现,会否造成乡村旅游产品"滞销"的主体因素。增强乡村旅游消费者的体验感、获得感、幸福感,有利于实现消费者效用价值递增,有利于乡村旅游供需匹配。

企业是乡村旅游发展中成员结构较为复杂的一类利益相关方,成员包括旅游企业和与旅游企业相关联的其他企业。企业的加入是乡村旅游引入社会资本并走向规模化发展的核心因素。各类企业在乡村旅游发展中同样具有不同的行为表现,对乡村旅游产业持续发展的影响也不一样。旅游企业与当地乡村居民以及旅游企业相关联企业的关系,是旅游企业发展的重要依托。他们之间相互依存,共同将乡村旅游品牌做大,提升品牌声誉度,是推进乡村旅游高质量发展的重要环节。

乡村旅游地的乡村旅游协会、村级集体经济组织、村委会等也是乡村旅游发展中日趋重要的一类利益相关方。在全面建成小康社会和实施乡村振兴战略背景下,农村集体经济组织又被赋予新的优势、作用与功能,对闲置资源的整合起到载体作用。发挥乡村集体经济的监督与协调作用,促使乡村居民与其他利益组织的交易成本最低化,才会有利于乡村旅游业高质量发展合力的进一步凝聚,从而形成强有力的发展动力。

(二)产业效率的提升

产业效率提升会不断地吸引社会资本的涌入,促进乡村旅游价值链延伸,促使乡村旅游分工细化,提高资源要素的配置效率。乡村旅游产业效率提升,利润率也会提升。利润的增加,会导致更多人的聚集,在生产上会更加容易,并形成要素禀赋优势,对于社会资本的流入具有吸引力。

1. 通过技术进步来提升乡村旅游产业效率

技术改进不仅可以将乡村旅游产品通过更多的方式与途径诠释，让旅游者可以更方便地运用新媒介了解乡村旅游产品信息，有利于乡村旅游新市场的开辟。同时，技术创新引入乡村旅游业中，能够将更多的乡村旅游历史文化资源活化与传承，并通过"声、光、影"多种方式呈现，不但有利于乡村旅游资源的保护，还有利于让更多的人知晓乡村旅游资源的发展渊源，进一步推动对有限的乡村旅游资源的深度挖掘。

乡村旅游的技术创新，应以乡村旅游产品为基础，将技术创新元素引入乡村旅游产品中，拓展乡村旅游产品种类，进一步满足消费者的多样化、体验化以及个性化的需求，有效实现乡村旅游资源供给与需求的匹配。

2. 通过不断扩大自身产业规模，实现规模经济

扩大乡村旅游的规模，可降低整个行业内各公司、企业的生产成本，使之获得相应的超额收益。在固定投资不变的情况下，接待游客数量的增加会降低单位服务成本与物耗，从而促使整体成本下降、公司与企业利润上升。产业效率提高，乡村旅游投资企业的信心会得到提升，更愿意扩大投资规模。乡村旅游企业规模扩大，有利于企业将先进的技术应用到乡村旅游产品，有利于乡村旅游服务专业化、标准化和通用化，有利于大批量接待游客，降低单位服务成本。发展规模经济，有利于促进乡村旅游业生产优化与效率提升。

（三）有效的制度安排和政策创新

1. 有效的制度安排

地方旅游发展受外部因素影响较大，乡村旅游发展同样具有一定的不确定性。发展乡村旅游，在实现产业规模增长、产品创新过程中，所有参与者，特别是投资企业的投资收益、经营效益及收入是无法准确预测的。因此，乡村旅游发展需要一定的制度保障，以提高各参与企业及个人的积极性。

在各项制度中，产权制度是乡村旅游发展重要的制度之一。明确产权的划分，乡村旅游经营主体就拥有创新产品的所有权、占有权、使用权、支配权，也就有了转让权、处分权与收益权。通过对乡村旅游创新产品进行商标、

专利等多方面的保护，有利于乡村旅游创新产品经营主体经济活动的实施，有利于激发乡村旅游经营主体创新产品的原动力与积极性。与此同时，当地政府还可以通过财政政策与货币政策等政策工具，为乡村旅游发展创造有利的成长环境，实现权责对等、投资与收益对等，形成乡村旅游长期良性发展的制度环境，为乡村旅游高质量发展提供制度保障。

通过提升乡村旅游市场竞争与准入、退出制度，有利于减少部分乡村旅游企业利用乡村旅游项目的"圈地"行为，减少乡村资源的外流与闲置。从而有效地集中资源发展乡村旅游产业，促进乡村旅游业长期发展。

乡村旅游从简单的农家乐到乡村旅游企业规模化经营过程中，资金的束缚是乡村旅游企业面临的较大的生产要素障碍。政府可通过为乡村旅游企业融资提供引导，构建多元化的乡村旅游金融支撑体系，增强乡村旅游企业投资乡村旅游的信心，有效促进乡村旅游企业投资规模增大，降低乡村旅游产品成本，提升乡村旅游产业发展效率，促进乡村旅游业高质量发展。

2. 加快建设资源"权利"保护制度

明晰的法律制度，能够公平地对待各个利益主体，是乡村旅游业各个利益主体和谐共处的基本保障。鼓励乡村旅游企业的创新，并对创新给予法律保护，这有利于防范乡村旅游"搭便车"行为，能提振乡村旅游企业自主创新的决心，能优化乡村旅游产业升级路径。同时对乡村旅游企业所获得资源的经营权给予明晰、界定和保护，有利于避免出现更多的资源经营权纠纷，有利于旅游企业对乡村旅游目的地进行长期规划与投资。

3. 制定有效的乡村旅游发展布局规划

乡村旅游规划布局，不仅要考虑需求市场，经济效力，还要尊重文化差异、民族性、地域性、生活性，规划要重视特色挖掘，要有内容，要能吸引投资。要从宏观角度考虑各项问题，协调好各行业、各部门之间的沟通，以政府服务者的角色为乡村旅游发展提供协助，助推乡村旅游业高效融合、高效发展，实现"创新、协调、绿色、开发、共享"的发展目标。

4. 监督保护乡村旅游资源与生态环境

乡村旅游高质量发展过程中，政府的制度建设、政策也亟须跟进。政府要针对那些从事低耗能、低排放、低污染、引进先进技术、制定长期投资开发战略的企业，给予财政、税收、人才等方面的倾斜政策。制定乡村旅游环境保护条例，对超标排放污染物或是破坏乡村旅游资源的乡村旅游企业给予曝光和惩罚。只有建立奖罚分明的制度，才能有效激励乡村旅游企业迈向健康持续的投资方向，激励乡村旅游企业引进先进技术、保护生态环境。

（四）主题提升、创新发展、共创共生

1. 以差异化发展为基础的主体提升

乡村旅游业高质量发展应以差异化特色产品为条件，以市场为依据，以区位优势为基础，挖掘资源禀赋，构建不同的乡村旅游发展模式。保持本土化资源特色，是乡村旅游在行业竞争中求同存异的生存之道。

确定乡村旅游特色主题后，乡村旅游发展需进一步定位主题元素的核心元素，围绕核心元素展开延伸，寻求内部资源与外部资源的结合点。通过资源整合和规划，推动特色旅游资源和相关产业融合发展，形成特色鲜明的乡村旅游产业链。

2. 创新发展

（1）借助技术创新发展

现代旅游经济已进入到体验经济时代，游客对旅游的需求已从单纯的观光上升到以观光为基础的参与体验，也即旅游活动由单一的体能性旅游形态向体能性与技能性结合的形态发展。参与、体验需要创新，有些需要技术的支持。因此乡村旅游高质量发展需要把技术融入主题元素。

乡村旅游的技术要素，涉及市场宣传、产品创新、游客服务等各方面，还涉及生态环境保护等方面，而且技术不是一成不变的，需要在市场竞争中不断更新换代，应及时掌握技术动态，让乡村旅游业技术效率不断提升，保持乡村旅游竞争力。

（2）农、文、旅产业链的融合与创新

农、文、旅产业链的融合，在节点上创新业态，形成节点型新兴乡村旅游产品。如打造乡村主题博物馆成为乡村生产、生活主题展示空间，乡村博

物馆不仅仅是一个乡村文化地标，更是一个乡村公共文化的展馆。从农业价值维度看，是对当地农业生产过程、发展历史、农业产品的集中展现；从文化价值维度来看，是对自然、建筑艺术、美食文化、农耕文化、风土人情的展现；从产品价值维度来看，不仅是管理服务与文创休闲空间，更是乡村文化在具体产品表达中的展现，如服饰、床上用品、餐具、手工艺品、土特产等融入文化元素，可以极大地促进游客的消费，实现主题元素的价值。

（3）共创共生，营造乡村旅游氛围

乡村旅游要实现有效供给，实现高质量发展，必须建立共享意识，实现共创共生。

随着游客对乡村旅游需求质量的快速提升，乡村旅游已从农家乐提升到乡村度假、乡村生活甚至成为新乡民需求。现代乡村旅游，不仅仅涉及游客对乡村旅游特色主题的认可，还涵盖了回归自然、回忆及体验乡愁、实现乡村生活的新栖居的需要，这蕴含了人们对乡村美好生活的向往。这需要乡土记忆被保护与展现、乡村环境改进和设施便利、乡村技能人才与手工匠人聚集、农产品绿色安全、共同乡村记忆被活化，通过农业、文创业与旅游的融合，形成乡村特有的旅游氛围。这样的乡村能让游客想来、留下来，还会再来。

乡村旅游高质量发展不仅需要产业融合，更需要乡村居民的积极配合，借鉴现代岗位认证制度培养乡村旅游发展需要的专业技能人才，对相关企业进行发展及效益评价，实现游客与旅游供给者身份互换，让游客参与项目与活动中，激发潜在消费。总之，需要各个利益主体意识到共享带来的经济效益与生活的改善，进而积极主动营造乡村性浓郁又兼具休闲、时尚，人文气息浓郁、友好、亲切的乡村旅游氛围。

（五）以现代化市场体系为导向提高全要素生产率

1. 健全现代化市场体系

完善的现代化市场经济体系是促进资源要素自由有效配置的关键。在供给侧改革、需求侧提升背景下，通过现代化市场体系实现乡村旅游发展最优、市场交换最优和产品混合最优,推进乡村产业结构升级,提升乡村社会福利。

强化乡村旅游的市场资源配置,以优化配置促进乡村旅游效率提升,以乡村旅游供给侧改革,加速乡村旅游业高质量发展。对于"土地、资本、劳动力、技术"这四大生产要素,特别是土地要素,相关部门在严格执行国家法律法规的同时,强化服务,实现市场优化配置。建立统一的组织机构,监督乡村旅游资源的利用,负责协调各方诉求及利益,调动乡村居民参与的积极性,以及保障参与乡村旅游开发的企业的合法权益。建立长期的合作平台,建立利益协调机制,实现政府、乡村旅游企业、组织机构以及村民共赢。

2. 提升全要素生产率

全面提升要素生产率,不仅有利于推动有效投资的进行,也有利于推动乡村旅游业结构的调整升级。

(1) 加大无形要素的投入

从乡村旅游要素生产率的影响来看,信息化水平对乡村旅游要素生产率的提升有显著性正向影响。加大信息、技术、数据等信息工具要素的投入,以及加大对知识、人才等要素的投入,不仅可以推动乡村旅游业技术创新和技术进步,还可以减少消耗、降低成本,提高效率,促使乡村旅游资源利用率上升,促进乡村旅游高质量发展。

(2) 加大社会创新资本的引入

乡村旅游关联性、互动性、开放性程度大,发挥科技创新、文化创新、体制创新、市场创新、产品创新最为关键。特别是大数据、物联网时代,人工智能会在传递信息的基础上,不断影响游客的旅游决策、消费转换,还会影响乡村旅游战略决策、市场开拓、信息发布等。引入社会创新资本,可以加大乡村旅游新技术的应用及创新的投入,能及时把新技术应用到乡村旅游业态及产品中,如促进乡村传统文化的可视化、特色化、智能化和产品化等。社会创新资本也将作用于相关乡村旅游企业,通过社会创新资本的扶持,不仅可以降低经营成本,提高效率,还可以扩大乡村旅游市场,增强游客旅游体验,提升乡村旅游产业涉及要素的生产率。

（3）提升基础设施建设与公共服务体系

公共服务体系是否完善，是乡村旅游目的地为游客留下的第一印象。要利用现代信息技术，升级咨询服务方式，增强引导服务功能，实现乡村旅游目的地的订购服务、线路导航、景区介绍等功能的便捷、准确、全覆盖。高质量的基础设施，更加智能、人性化的服务，不但有利于扩大乡村旅游目的地的宣传效应，有利于增加游客人数，扩大乡村旅游业发展规模，而且有利于乡村旅游业要素生产率提升。

（4）加大政府税收激励

有效的政府宏观政策对乡村旅游要素生产率有正向影响，乡村旅游发展中如果直接补助或者投资，不管偏向于资源，还是偏向于投资，都会导致两种要素的价格扭曲，直至资源配置的不匹配。而通过税收的优惠将极大地提高乡村旅游发展的微观机制，促进资源配置的优化。因此，政府对乡村旅游要素生产率较高的企业给予税收鼓励，能进一步推动乡村旅游业全要素生产力的提升。

三、乡村旅游助力、服务乡村振兴

中国经济转型，为中国乡村产业的发展提供了新的时代契机。现代信息技术和交通技术为乡村承载现代产业经济提供了可能性。在生态经济推动下回归自然的低碳消费、文化性消费等，为中国乡村生态产业的发展提供了广阔的市场和动力。从发展趋势看，有六类产业将会成为中国振兴乡村文明的新兴产业：生态有机农业、乡村旅游业、乡村手工业、乡村农副产品生产与加工业、乡村新能源产业、乡村养老服务业。

乡村振兴战略提出了"产业兴旺、生态宜居、乡风文明、治理有效、生活富裕"的总要求。产业兴旺的主要内容包括坚实的农业综合生产能力，高质量的农业供给体系，农村一、二、三产融合发展体系；生态宜居要求基础设施完备、人居环境改善、生态环境优良、城乡基本公共服务均等化等；乡风文明的要求是乡村社会主义文明程度高，农民精神风貌较好，呈现文明乡风、良好家风和淳朴民风；治理有效要求有党委领导、政府负责、公众参与、法制保障，乡村社会充满活力、和谐有序；生活富裕的目标为农民有持续稳定的收入来源，增收渠道进一步拓展，城乡居民生活水平差距持续缩小。

乡村振兴与旅游发展的目标和理念是一致的，路径是相通的。旅游业是综合性先导产业，具有极强的产业耦合功能，能具体联动一产、二产及三产的相关产业。乡村旅游以乡为基、以村为核，以农旅融合、文旅融合为路径，能推动传统产业升级、新业态创新，有效促进乡村产业兴旺。相对于其他产业来说，旅游业产业边界模糊，是关联性极强的先导性产业。鉴于旅游业关联性强、上下游产业链多和产业边界模糊的特点，旅游业也可以看作是一个产业网络入口和平台。

旅游本身是典型的人气型产业，游客量是传统旅游关注的一个重要指标，人气一起来，农旅融合项目、土地有效利用、资本运作的机会都接踵而来，能迅速增大生态有机农业、乡村手工业、乡村农副产品生产与加工业、乡村新能源产业、乡村养老服务业等乡村产业的发展机遇。站在旅游产业的角度，乡村的气候，生态，农、林、牧、渔业生产及产品，传统工艺，非遗等，都是旅游开发的重要内容，发展乡村旅游可以对其加以整合。

乡村旅游发展的基础资源是绿水青山和乡村文化。通过乡村旅游发展发挥乡村资源的附加价值，推动景村一体村落景观化，能有效促进乡村生态保护，完善乡村公共设施，让乡村居民生产生活更便捷，让乡村更宜居。

乡村旅游发展需要有良好乡村人文环境，乡村旅游能拉近城乡居民的距离。发展乡村旅游，乡村居民能更深刻地认识到乡村文明、乡村精神及民风的重要性，能增强他们的文化自信，使其自觉提升乡村文明。

乡村旅游发展需要有现代管理的支撑，通过乡村旅游，可以进一步完善乡村治理体系，特别是相关协会、联合体的成立，可使更多的乡村居民参与到乡村旅游中，走共同富裕的道路。

发展乡村旅游，可以让乡村居民充分利用乡村资源，如乡村农田及田地里的庄稼作物既是田园景观更是旅游景观；乡村环境与乡村意境利用及乡村的民风民俗、乡村文化活化可以成为旅游吸引物、旅游体验对象、旅游产品和旅游商品；乡村建筑，特别是传统的、有特色的建筑既可作为景观吸引物、参观对象、活动场所，更可作为传统文化传承的载体；生产与生活，可作为特色乡村活态文化加以利用等。通过发展乡村旅游合理利用乡村资源，可增加乡村资源的附加值。通过鼓励村民积极且多样化的参与，让居民获得更多的附加收入，让乡村居民更富裕。

  旅游既是乡村振兴的产业基础，也是促进乡村文明复兴的有效途径。农民致富、乡村振兴，才是社会主义现代化强国的农村应该达到的目标；只有乡村经济和乡村文化共同发展，才能够真正实现乡村振兴。以乡村旅游为主体的现代乡村服务业是乡村振兴的重要经济基础。乡村旅游让农民从脱贫走上致富，坚定了乡村振兴的经济基础。

  乡村旅游是促进乡村文明复兴的有效途径。一方面，乡村旅游开发以活化的方式传承和发展传统的乡村文化，那些濒临消失的民间技艺被挖掘出来，通过活化的展示方式，转化成为最具地方特色的乡村旅游产品，既产生了可观的经济效益，又保护、传承和复兴了传统文化。另一方面，发展乡村旅游提高了农民对自身和乡村文化的自信心，让乡村更具个性和特色。发展旅游就是要通过景区开发、文化展示、主题体验等形式，让人们在旅游的过程中增长见识、丰富知识，增强自豪感、提高获得感。

  乡村旅游是新时期有效解决城乡差距问题，推动乡村振兴和城乡融合发展的重要动力，也是繁荣乡村经济、传承乡村文化、促进乡村转型、推动人民致富的重要手段。在乡村振兴的战略背景和共同富裕的发展目标下，乡村旅游在为脱贫攻坚做出重要贡献的基础上，将继续为巩固拓展脱贫攻坚成果、全面推动乡村振兴和共同富裕发挥重要作用，做出突出贡献。

参考文献

[1]胡晓亮,等.乡村概念再认识[J].地理学报,2020(2):398-407.

[2]陈效萱.乡村性在乡村旅游中的解析与建构[J].农村经济与科技,2021(17):73-75.

[3]李蕾蕾.旅游地形象策划:理论与实物[M].广州:广东旅游出版社,1999.

[4]窦志萍,等.基于乡愁文化理念的旅游目的地发展研究[J].旅游研究,2016,8(1).

[5]干永福,刘峰.乡村旅游概论[M].北京:中国旅游出版社,2017.

[6]代改珍.乡村振兴规划与运营[M].北京:中国旅游出版社,2018.

[7]中华人民共和国文化和旅游部.新时代旅游扶贫面对面:实操教学篇[M].北京:中国旅游出版社,2019.

[8]邹统钎,等.乡村旅游 理论·案例[M].天津:南开大学出版社,2008.

[9]中国国土经济学会古村落保护与发展专业委员会.中国景观村落[M].上海:世界图书出版公司,2009.

[10]J. R. Brent Ritchie, Geoffrey I. Crouch.旅游目的地竞争力管理[M].天津:南开大学出版社,2006.

[11]朱志强,唐恒臻.过去的乡居生活[M].北京:清华大学出版社,2017.

[12]车震宇.传统村落:旅游开发与形态变化[M].北京:科学出版社,2008.

［13］胡芬.可持续旅游产业生态化发展论［M］.北京：中国环境科学出版社，2009.

［14］周永广.山村旅游业可持续发展研究［M］.杭州：浙江大学出版社，2011.

［15］窦志萍.导游技巧与模拟导游（第三版）［M］.北京：清华大学出版社，2020.

［16］Peter E. Tarlow.旅游安全管理［M］.北京：商务印刷馆，2018.

［17］罗治英.DIS：地区形象论［M］.北京：中央编译出版社，1997.

［18］张骏，尹立杰.田园游憩［M］.北京：高等教育出版社，2019.

［19］楼嘉军.休闲学概论［M］.上海：华东师范大学出版社，2016.

［20］Stephen Williama，Alan A. Lew.旅游地理学：地域、空间和体验的批判性解读［M］.北京：商务印刷馆，2018.

［21］David A. Fennell.生态旅游［M］.北京：商务印刷馆，2017.

［22］Hilary du Cros，Bob McKerchaer.生态旅游［M］.北京：商务印刷馆，2017.

［23］王昕.旅游社区学［M］.北京：中国旅游出版社，2020.

［24］钱海燕，赵书虹.旅游业态与旅游产品的概念内涵及关联研究［J］.旅游研究，2022（1）.

［25］陆林，李天宇，任以胜，符琳蓉.乡村旅游业态：内涵、类型与机理［J］.华中师范大学学报（自然科学版），2022（2）.

［26］郭为，秦宇，黄卫东，余琴.旅游产业融合、新业态与非正规就业增长：一个基于经验与概念模型的实证分析［J］.旅游学刊，2017（6）.

［27］尤海涛，马波，陈磊.乡村旅游的本质回归：乡村性的认知与保护［J］.中国人口·资源与环境，2012（9）.

［28］李鹏，李柏文，田里.双层嵌套多元旅游业态概念模型初步研究［J］.旅游学刊，2012（4）.

［29］吕宛青，张冬，李露露.乡村旅游产业链内涵与特征研究［J］.旅游论坛，2012（1）.

[30] 吴其付.社区营造与乡村旅游社区韧性培育研究——以四川省成都市蒲江县明月村为例［J］.旅游研究，2022（1）.

[31] 王莹，叶云.基于旅游凝视的传统村落文化元素视觉表征研究——以宏村为例［J］.旅游研究，2021（3）.

[32] 王璐，皮常玲，郑向敏.民宿发展中的"温度"与"体验温感"研究［J］.旅游研究，2021（3）.

[33] 犹雁丹，童洪志.乡村民宿经营意愿影响因素实证分析——基于重庆市555份农户调研数据［J］.旅游研究，2021（6）.

[34] A. V. Seaton, M. M. Bennett.旅游产品营销［M］.北京：高等教育出版社，2004.

[35] 德克·格莱泽.旅游业危机管理［M］.北京：中国旅游出版社，2004.

[36] Abraham Pizam, Yoel Mansfeld.旅游消费者行为研究［M］.大连：东北财经大学出版社，2005.

[37] 楼嘉军，徐爱萍.休闲·旅游·民宿：观察与思考［M］.上海：上海交通大学出版社，2017.

[38] 郑宗清.旅游环境与保护［M］.北京：科学出版社，2011.

[39] 庄志民.旅游经济文化研究［M］.上海：立信会计出版社，2005.

[40] 史晓明.旅游产品设计经营实战手册［M］.北京：中国旅游出版社，2015.

[41] 向延平，乡村旅游驱动乡村振兴内在机理与动力机制研究［J］.湖南社会科学，2021（2）.

[42] 吴正海，范建刚.资源整合与利益共享的乡村旅游发展路径［J］.西北农林科技大学学报（社会科学版），2021（2）.

[43] 王云才，郭焕成，徐辉林.乡村旅游规划：原理与方法［M］.北京：科学出版社，2006.

[44] 云南省文化和旅游厅.云南乡村旅游景点案例（交流资料）［Z］.2019.

[45] Abraham Pizam, Yoel Mansfeld. 旅游消费者行为研究[M]. 大连：东北财经大学出版社，2005.

[46] A.J. 维尔. 休闲与旅游研究方法（第三版）[M]. 北京：中国人民大学出版社，2008.

[47] 严风林，赵立臣. 民宿创办指南[M]. 武汉：华中科技大学出版社 2019.

[48] 魏小安. 旅游目的地发展实证研究[M]. 北京：中国旅游出版社，2002.

[49] 罗治英. 地区形象论[M]. 北京：中央编译出版社，1997.

[50] 费孝通. 中国士绅——城乡关系论集[M]. 北京：外语教学与研究出版社，2011.

[51] 费孝通. 乡土中国[M]. 北京：人民出版社，2008.

[52] 费孝通. 江村经济[M]. 北京：北京大学出版社，2012.

责任编辑：李志忠　林昱辰
责任印制：闫立中
封面设计：中文天地

图书在版编目（CIP）数据

乡村旅游：从理论到实践 / 窦志萍著． —— 北京：中国旅游出版社，2022.10（2025.2重印）

ISBN 978-7-5032-7049-9

Ⅰ．①乡… Ⅱ．①窦… Ⅲ．①乡村旅游－旅游业发展－研究－中国 Ⅳ．① F592.3

中国版本图书馆CIP数据核字（2022）第194676号

书　　名	乡村旅游：从理论到实践
作　　者	窦志萍　著
出版发行	中国旅游出版社 （北京静安东里6号　邮编：100028） http://www.cttp.net.cn　E-mail:cttp@mct.gov.cn 营销中心电话：010-57377103，010-57377106 读者服务部电话：010-57377107
排　　版	北京旅教文化传播有限公司
经　　销	全国各地新华书店
印　　刷	北京明恒达印务有限公司
版　　次	2022年10月第1版　2025年2月第3次印刷
开　　本	720毫米 × 970毫米　1/16
印　　张	21
字　　数	350千
定　　价	48.00元
ISBN	978-7-5032-7049-9

版权所有　翻印必究
如发现质量问题，请直接与营销中心联系调换